PASSEND. SCHNELL. TREFFSICHER.

Oft hilft nur ein kurzer Prozess. Etwa bei Personal-Engpässen. Gut, wenn man sich dann auf einen Spezialisten verlassen kann, der gezielt zur Sache geht, um für neue Kapazitäten zu sorgen: Robert Half Finance & Accounting. Durch qualifizierte Fach- und Führungskräfte zur Festanstellung oder in Zeitarbeit. Die perfekt zum Unternehmen passen. Über 58 Jahre Erfahrung, enorme Ressourcen in mehr als 350 Büros und effiziente Rekrutierungs-Tools wie Company-In haben uns zum weltweit führenden Personaldienstleister im Finanz-, Rechnungs- und Bankwesen gemacht. Wann gehen wir für Sie auf die Suche? www.roberthalf.de

Innovation – ein Thema für das Controlling

Innovation ist ein Begriff, den man in der Tagespresse sehr häufig liest. Eine hoch entwickelte Volkswirtschaft wie die von Deutschland kann im Wettbewerb nur dann bestehen, wenn sie beständig und umfangreich innoviert. Der Begriff der Innovation ist dabei durchweg positiv besetzt. Allerdings bedeutet Innovation auch, Bestehendes über Bord zu werfen. Der berühmte österreichische Nationalökonom Joseph Schumpeter prägte dafür den Begriff der „schöpferischen Zerstörung".

Was hat das mit Controlling zu tun? Die erste Idee einer Antwort ergibt sich, wenn man an die fast sprichwörtliche Vergangenheitsorientierung vieler Controller denkt; die Vergangenheit sehr wichtig zu nehmen, führt leicht dazu, Innovation zu verhindern. Nun fühlen sich Controller selbst zunehmend unwohl in der alten Rolle; sie wollen als Berater des Managements fungieren. Entsprechende Veränderungen des Verhaltens sind zu beobachten und weitere zu erwarten. Zum Berater gehört auch das Anstoßen und Fördern von Neuerungen. Hier gibt es für Controller viel zu tun. Vier Beispiele mögen dies verdeutlichen.

(1) Produktinnovationen haben ihren Ursprung meist in Forschung und Entwicklung; hier haben die Controller in der Vergangenheit keine überzeugende Rolle gespielt. Das Führungsumfeld wich zu stark vom sicheren produktionsgeprägten Kontext ab. Wann und wie innovative Teams funktionieren, stand nicht auf der Ausbildungsagenda von Controllern.

(2) Für Controller war Zukunft zwar ein Standardthema. Fast jeder Controller beschäftigt sich mit Planung. Allerdings ist ihr Hauptfeld, die operative Planung, i. d. R. sehr konservativ. Von den drei Grundfunktionen der Planung (Prognose, Koordination und Motivation) steht dort Prognose nicht an erster Stelle, sondern Koordination. So ähnelt die Budgetierung häufig einer Fortschreibung. Das Planen von Strukturbrüchen ist ebenso wenig geübt wie das ständige Anpassen an ein volatiles Umfeld.

(3) Mit der Zukunft beschäftigen sich die Controller auch in der Investitionsplanung. Zwei Beobachtungen signalisieren, dass auch hier dem Thema Unsicherheit und Veränderung zu wenig Aufmerksamkeit gewidmet wird: Zum einen wird die Praxis beherrscht durch Rechenverfahren, die dem Muster der Net-Present-Value-Rechnung folgen. Realoptionen oder andere Verfahren, die auf Volatilität ausgerichtet sind, finden sich nur wenig. Zum anderen zeigen Controller häufig genau bei den Investitionen, die einen hohen Innovationsanteil besitzen, erhebliche Skepsis, vielleicht auch deshalb, weil von der Linie in der Vergangenheit häufig versucht wurde, mit dem Zusatz „innovativ" oder „strategisch" Investitionen auch dann durchwinken zu lassen, wenn sie sich nicht rechneten.

(4) Schließlich haben Controller ein ganz grundsätzliches Problem mit Innovationen: Wenn sie Manager herausfordern, sei es in Budgetgesprächen, sei es bei der Beurteilung von Investitionsplänen, dann bildet bisherige Erfahrung die entscheidende Messlatte. Gab es in den letzten Jahren im Markt jeweils nur 1 % Absatzsteigerung, dann ist es sehr wahrscheinlich, dass ein Planungswert von 10 % nicht die Realität treffen wird. Vielleicht gelingt dem Unternehmen aber gerade im nächsten Jahr der Durchbruch, an dem man lange gearbeitet hat. Innovatives ist mit einer hohen Wahrscheinlichkeit des Scheiterns verbunden und wird damit leicht abgelehnt.

Damit steht einer erhöhten Bedeutung von Innovationen für die Wettbewerbsfähigkeit der Unternehmen ein Controlling gegenüber, das keinen originären Zugang zum Innovationsphänomen besitzt – Grund genug, das gesamte Problemfeld in einem Sonderheft der ZfCM ausführlich anzugehen. Wir haben uns dabei von zwei Ideen leiten lassen. Zum einen stellt sich

Prof. Dr. Dr. h.c. Jürgen Weber

das Innovationsphänomen in unterschiedlichen Kontexten in sehr unterschiedlicher Weise dar. Neben einer grundsätzlichen Einführung finden sich deshalb Beiträge aus unterschiedlichen Unternehmenssituationen, sei es aus Start ups, sei es aus forschungsintensiven Unternehmen, sei es aus Institutionen, die sich quasi „hauptamtlich" mit Innovationen beschäftigen (Wissenschaftsstiftungen und Universitäten). Zum anderen wollen wir das Thema „Controlling & Innovation" aus zwei Perspektiven heraus beleuchten, die der Praxis einerseits und die der Wissenschaft andererseits. In Summe haben Sie damit ein prall gefülltes Sonderheft vor sich, das Sie auf dem Weg zu einer stärkeren Berücksichtigung von Innovationen und Innovationskraft begleiten kann, dies mit konkreten Hilfestellungen ebenso wie mit stichhaltigen Gründen, warum ein solcher Weg heute so wichtig ist. Wir hoffen, damit einen Anstoß geliefert zu haben, dieses Thema auf die Agenda möglichst vieler Controllerbereiche zu setzen.

Ihr

Jürgen Weber

INHALT

CONTROLLING VON INNOVATION

4 INNOVATIONSMANAGEMENT UND -CONTROLLING – THEORETISCHE GRUNDLAGEN UND PRAKTISCHE IMPLIKATIONEN
Prof. Dr. Hans Georg Gemünden/
Prof. Dr. Jörn Littkemann

19 CONTROLLING THE MESSY WORLD OF LOGISTICS SERVICE INNOVATION
Dr. J. Rod Franklin

SCHNITTSTELLE INNOVATION & CONTROLLING

26 UNEXPECTED ALLIES IN INNOVATION – AN ANALYSIS OF THE CONTROLLER'S CONTRIBUTION TO INNOVATION PROCESSES
Prof. Dr. Dr. h.c. Jürgen Weber/
Dr. Eric Zayer

36 CONTROLLER UND IHR BEITRAG ZUM ZUKUNFTSORIENTIERTEN INNOVATIONSMANAGEMENT
Dr. Rainer Vinkemeier/Moritz von Franz

KONTEXTSPEZIFISCHES INNOVATIONSCONTROLLING

45 PROBLEMORIENTIERTES INNOVATIONSCONTROLLING IN GROSSUNTERNEHMEN
Dr. Daniel Bösch

52 CONTROLLING FÜR INNOVATIVE JUNGE UNTERNEHMEN
Prof. Dr. Malte Brettel/Dr. Kerstin Faaß/
Dr. Florian Heinemann

68 CONTROLLING VON R&D-AKTIVITÄTEN IM INNOVATIONSWETTBEWERB: ERFAHRUNGEN DES TECHNOLOGIEUNTERNEHMENS INFINEON
Bernd Halemeyer/Eric Mayer/
Maximilian Treptow

77 INTERVIEW: „WIR SIND KOORDINIERENDE RATIONALITÄTSSICHERER, INSBESONDERE IM BEREICH INNOVATIONEN"
Mark Deinert

82 NEUE ENTWICKLUNGEN IM HOCHSCHULCONTROLLING
Prof. Dr. Dr. h.c. Hans-Ulrich Küpper

91 NOTWENDIGKEIT UND CHANCEN VON SYSTEMATISCHEN INNOVATIONSPROZESSEN UND DEREN KONTROLLE IN GEMEINNÜTZIGEN STIFTUNGEN
Dr. Johannes Meier/Vincent Paul Menken

Herausgeber und Beirat:

Herausgeber:
Prof. Dr. Dr. h.c. Jürgen Weber,
WHU – Otto Beisheim School of Management, Lehrstuhl für BWL, insb. Controlling & Telekommunikation, Stiftungslehrstuhl der Deutschen Telekom AG.
Prof. Dr. Dirk Hachmeister,
Universität Hohenheim, FG BWL insbes. Rechnungswesen und Finanzierung.

Prof. Dr. Thomas Hess,
LMU München,
Institut für Wirtschaftsinformatik und Neue Medien.
Prof. Dr. Utz Schäffer,
WHU – Otto Beisheim School of Management, Lehrstuhl für BWL, insb. Controlling und Unternehmenssteuerung.

Herausgeber-Beirat:
Dr. Ralf Eberenz, Beiersdorf AG, Leiter Corporate Accounting & Controlli
Dr. Alan Hippe, Continental Aktiengesellschaft, Mitglied des Vorstan
Guido Kerkhoff, Deutsche Telekom A Zentralbereichsleiter Group Accounting Reporting.

INNOVATION IM CONTROLLERBEREICH

95 INNOVATIONEN IM CONTROLLING – EINE NEUE UND NOTWENDIGE PERSPEKTIVE FÜR DIE ARBEIT DER CONTROLLER
Prof. Dr. Dr. h.c. Jürgen Weber

101 ANFORDERUNGEN AN EIN GESAMTHAFTES CONTROLLINGKONZEPT – EINE EMPIRISCHE PERSPEKTIVE
Dr. Johann E. Wieland

REDAKTION

1 EDITORIAL
2 INHALT
3 IMPRESSUM

www.zfcm.de

- AKTUELLES HEFT
- ARCHIV
- ONLINE FIRST
- JAHRESREGISTER
- TERMINE
- LINKS

Karl-Heinz Steinke, Deutsche Lufthansa AG, Leiter Konzerncontrolling & Kostenmanagement
Dr. Ulrich Vest, Springer Science + Business Media, Chief Financial Officer

Impressum

Verlag: Betriebswirtschaftlicher Verlag Dr. Th. Gabler | GWV Fachverlage GmbH
Postfach 1546 | 65173 Wiesbaden
Abraham-Lincoln-Straße 46
65189 Wiesbaden | www.zfcm.de

Geschäftsführer:
Dr. Ralf Birkelbach, Albrecht F. Schirmacher

Gesamtleitung Anzeigen: Thomas Werner
Gesamtleitung Produktion: Ingo Eichel
Gesamtleitung Vertrieb: Gabriel Göttlinger

Programmleitung Wissenschaft:
Claudia Splittgerber

Herausgeber: Prof. Dr. Dr. h.c. Jürgen Weber
Prof. Dr. Dirk Hachmeister
Prof. Dr. Thomas Hess
Prof. Dr. Utz Schäffer

Herausgeber dieses Sonderheftes:
Prof. Dr. Dr. h.c. Jürgen Weber

Schriftleitung WHU: Prof. Dr. Bernhard Hirsch
E-Mail: bhirsch@whu.edu

Verantwortliche Redakteure WHU/LMU:
Dipl.-Kfm. Heiko Icks
Tel.: (0261) 6509-466
E-Mail: heiko.icks@whu.edu
Dipl.-Kfm. Dipl.-Wirtsch.-Inf. Anton Preis
Tel.: (0261) 6509-478
E-Mail: anton.preis@whu.edu
Dipl.-Kffr. Sonja Willach
Tel.: (0261) 6509-477
E-Mail: sonja.willach@whu.edu
Dipl.-Kffr. Natalie Kink
Tel.: (089) 2180-6393
E-Mail: nkink@bwl.uni-muenchen.de
Dipl.-Kffr. Yvonne Kiefer
Tel.: (06722)9372433
E-Mail: yvonne.kiefer@gmx.net

Kontakt für Pressemitteilungen:
zfcm@whu.edu

Redaktion Gabler Verlag:
Jutta Hauser-Fahr, Tel.: (0611) 7878-235
Annelie Meisenheimer,
Tel.: (0611) 7878-232

Abonnentenbetreuung:
VVA-Zeitschriften-Service, Controlling & Management, Postfach 777, 33310 Gütersloh
Tel.: (05241) 8019-68, Fax (05241) 8096-20

Produktmanagement: Kristiane Alesch
Tel.: (0611) 7878-359

Anzeigenleitung GWV Media:
Christian Kannenberg,
Tel.: (0611) 7878-369
Es gilt die Anzeigenpreisliste vom 30.11.2006

Anzeigendisposition GWV Media:
Barbara Gerlach,
Telefon (0611) 7878-198,
Fax (0611) 7878-443

Produktion/Layout: Heiko Köllner,
Tel.: (0611) 7878-177

Bezugsmöglichkeit:
Das Heft erscheint sechsmal jährlich.
Preise: Einzelpreis € 32,– zzgl. Versand.
Jahresabonnementpreis Inland € 135,– für Studenten € 90,– (die aktuelle Immatrikulationsbescheinigung ist jeweils unaufgefordert nachzureichen); preisgebundener Jahresabonnementpreis Ausland € 141,–; Studentenpreis € 99,– (incl. Porto und ges. Mwst.). Abbestellungen sind sechs Wochen vor Ablauf des Bezugsjahres (s. letzte Abonnementrechnung) unter Angabe der Kundennummer schriftlich einzureichen; schriftliche Bestätigung erfolgt nicht. Jährlich können 1 bis 4 Sonderhefte hinzukommen. Sie werden Abonnenten mit einem Nachlass von 25% gegen gesonderte Rechnung geliefert.
Bei Nichtgefallen können Sonderhefte innerhalb einer Frist von 3 Wochen an die Vertriebsfirma zurückgesandt werden. Zusätzliche Liefer- und Versandkosten fallen nicht an.

Druck und Verarbeitung: Wilhelm & Adam, Heusenstamm
Satz: Satzwerk · Gestaltung und DTP, Dreieich

Die Zeitschrift und alle in ihr enthaltenen einzelnen Beiträge und Abbildungen sind urheberrechtlich geschützt. Jede Verwertung außerhalb der engen Grenzen des Urheberrechtes ist ohne Zustimmung des Verlages unzulässig und strafbar. Das gilt insbesondere für Vervielfältigungen, Übersetzungen, Mikroverfilmungen und die Einspeicherung in elektronischen Systemen. Nachdruckgenehmigung kann die Redaktion erteilen. Für unverlangt eingesandte Beiträge und Rezensionsexemplare wird nicht gehaftet. Jede im Bereich eines gewerblichen Unternehmens hergestellte oder benützte Kopie dient gewerblichen Zwecken gem. § 54 (2) UrhG und verpflichtet zur Gebührenzahlung an die VG WORT, Abteilung Wissenschaft, Goethestr. 49, 80336 München, von der die einzelnen Zahlungsmodalitäten zu erfragen sind.

Alle Rechte vorbehalten. Kein Teil dieser Zeitschrift darf ohne schriftliche Genehmigung des Verlages vervielfältigt oder verbreitet werden. Unter dieses Verbot fällt insbesondere die gewerbliche Vervielfältigung per Kopie, die Aufnahme in elektronische Datenbanken und die Vervielfältigung auf CD-ROM und allen anderen elektronischen Datenträgern.

Hinweise für Autoren:
Der Autor ist mit der Veröffentlichung seines Beitrags damit einverstanden, dass sein Beitrag außer in der Zeitschrift auch durch Lizenzvergabe in anderen Zeitschriften (auch übersetzt), durch Nachdruck in Sammelbänden (z.B. zu Jubiläen der Zeitschrift oder des Verlages oder in Themenbänden), durch längere Auszüge in Büchern des Verlages auch zu Werbezwecken, durch Vervielfältigung und Verbreitung auf CD-ROM oder anderen Datenträgern, durch Speicherung auf Datenbanken, deren Weitergabe und den Abruf von solchen Datenbanken während der Dauer des Urheberrechtsschutzes an dem Beitrag im In- und Ausland vom Verlag und seinen Lizenznehmern genutzt wird.

© Betriebswirtschaftlicher Verlag
Dr. Th. Gabler/GWV Fachverlage GmbH, Wiesbaden 2007.
Der Verlag ist ein Unternehmen von Springer Science+Business Media. ISSN 1614-1822
Bis 2002: krp-Kostenrechnungspraxis

Innovationsmanagement und -controlling – Theoretische Grundlagen und praktische Implikationen*

Hans Georg Gemünden/Jörn Littkemann

Einführung

Für die meisten Unternehmen ist in der heutigen Zeit das Hervorbringen von Innovationen – Veräußerung neuer Produkte am Markt oder Einführung neuer Verfahren in den Betrieb – eine wichtige Voraussetzung geworden, um dauerhaft im Wettbewerb überleben zu können. Wenn sich jedoch ein Unternehmen der Innovation stellt, hat es eine Fülle hoch komplexer Management- und Controllingaufgaben zu lösen. Denn von dem Zeitpunkt an, in dem die Idee zur Innovation geboren wurde, bis zu einer Erfolg versprechenden Umsetzung am Markt oder im Betrieb kann es ein langer und beschwerlicher Weg werden. Es gilt, vielfältige Konfliktpotenziale aufzuspüren und aus dem Weg zu räumen. Ziel des Innovationsmanagements und -controllings ist es, diesen Prozess bewusst zu gestalten und zu steuern. Der Erfolg einer Innovation hängt allerdings nicht nur von der angestrebten Realisierung technologisch und strategisch orientierter Zielsetzungen ab, sondern wird zudem maßgeblich davon beeinflusst, ob es gelingt, die unterschiedlichen Aktivitäten eines Innovationsprozesses zielgerichtet – vor allem im Hinblick auf wirtschaftliche Effizienz – zu koordinieren. In diesem grundlegenden Beitrag wird daher aufgezeigt, welche maßgeblichen Verfahren und Methoden ein Unternehmen zur Steuerung des Innovationsvorhabens einsetzen kann, um die von der Unternehmensleitung verfolgten Innovationsziele zu erreichen.

- Der Innovationsbegriff ist subjektiv; er kann von Unternehmen zu Unternehmen unterschiedlich ausgelegt werden.
- Entscheidend für den Innovationserfolg ist ein angemessenes Innovationsbewusstsein, gepaart mit nachhaltiger Potenzialerkennung und fundierter Risikobeurteilung.
- Innovationen sind das Ergebnis komplexer, unsicherer Prozesse; die Aufgabe des Controllings besteht daher nicht nur darin, einmalig eine Beurteilung abzugeben und diese dann zu verteidigen, sondern immer wieder nach präziseren und besser belastbaren Informationen zu fragen.
- Das Controlling übernimmt in der Frühphase des Innovationsprozesses die Ausrichtung der Suchfelder Märkte und Technologien, in der Mittelphase die Hinterfragung der entdeckten Potenziale, in der Endphase wird der Controller zum Terminjäger, Motivator und Koordinator.
- Im internen Controllingsystem sind Innovationen als (immaterielle) Investitionen mithilfe von eigens dafür erstellten Innovationsabrechnungen zu steuern.
- Die detaillierte Ausgestaltung des Innovationscontrollings hängt von einer Vielzahl personen-, projekt- und systembezogener Faktoren ab.

Begriff der Innovation und angemessenes Innovationsbewusstsein

Um zu illustrieren, worum es bei dem Management und Controlling von Innovationen im Einzelnen geht, mögen zunächst einige *Beispiele für Innovationen*

Univ.-Prof. Dr. Hans Georg Gemünden ist Inhaber des Lehrstuhls für Technologie- und Innovationsmanagement an der Technischen Universität Berlin. Technische Universität Berlin, Lehrstuhl für Technologie- und Innovationsmanagement, Straße des 17. Juni 135, H71, 10623 Berlin, Tel.: 030/314-26 090, Fax: 0 30/3 14-2 60 89, E-Mail: hans.gemuenden@tim.tu-berlin.de

dienen. Im Manager Magazin wurden Anfang der neunziger Jahre des vorigen Jahrhunderts folgende Entwicklungen und Prozesse als herausragende Innovationen vorgestellt (vgl. Hauschildt 1992, S. 52 f.):

- Entwicklung des Microprozessors 860 durch die Intel-Corporation, der mit rund 1 Mio. Transistoren das leistungsstärkste Konkurrenzprodukt etwa um das Vierfache übertrifft,
- Durchsetzung des alkoholfreien Biers unter der Marke „Clausthaler" durch die Binding-Brauerei,
- Einführung der CD-Rom-Technik in den Pharmahandel durch die Firma Daig + Lauer, die das Informationssystem von Apotheken revolutioniert,
- Verwirklichung der „lean production" im Opel-Werk Eisenach,
- Präsentation einer neuen Kaffeemaschine mit einem Intervall-Brühsystem durch die Melitta-Gruppe.

Die aufgeführten Beispiele verdeutlichen, dass Innovationen das *Ergebnis eines Prozesses* sind (vgl. Hauschildt 1992, S. 53). Bei ihnen geht es um etwas Neues: in erster Linie um neue Produkte und neue Verfahren; dies schließt neue Vertragsformen, neue Vertriebswege, neue Werbestrategien, neue Corporate Identity etc. mit ein. Innovationen unterscheiden sich gegenüber dem vorangegangenen Zustand merklich, wie immer die Merklichkeit auch bestimmt werde. Die *Neuartigkeit* muss wahrnehmbar sein und wahrgenommen werden. Innovationen heben sich damit deutlich von ihrer Umgebung ab; sie sind isolierbar. Die Neuartigkeit besteht im Kern darin, dass *Zwecke und Mittel* neu bestimmt oder verknüpft werden. Innovation ist somit wesentlich mehr als nur ein technisches Problem. Innovationen können das Ergebnis systematischer und laufender Forschung und Entwicklung sein, der Begriff umschließt aber darüber hinausgehend auch solche Neuerungen, die lediglich ein einziges Mal hervorgebracht werden oder die nicht technischen Charakters sind. Die Innovation hat sich sodann auf einem Markt oder im innerbetrieblichen Einsatz zu bewähren. Das Hervorbringen der Idee genügt nicht. Die Innovation ist ein Prozess, der von der Hervorbringung der Idee bis zu ihrer *Verwertung* reicht. Dieser Prozess ist erfolgreich abgeschlossen, wenn die Innovation entweder direkt (etwa auf einem Markt für Patente) verwertet oder indirekt zur Hervorbringung der neuen Produkte bzw. zur Rationalisierung der Betriebs- und Geschäftsprozesse laufend eingesetzt wird. Der Innovationsprozess ist erfolglos abgeschlossen, wenn eine sog. Abbruchentscheidung erfolgt; das ist der Entschluss, ein begonnenes Innovationsprojekt vor der Verwertung zu beenden.

Innovationen unterscheiden sich sowohl der *Art* nach als auch dem *Innovationsgrad* nach. Ferner kommt es darauf an, in welcher *Phase* sich ein Innovationsprozess befindet.

Die Art der Innovation als Einflussfaktor des Controllings

Der *Art* nach unterscheidet man insbesondere zwischen Produkt- und Dienstleistungsinnovationen auf der einen Seite und Verfahrens-, Prozess- und Infrastrukturinnovationen auf der anderen Seite. Bei Produkt- und Dienstleistungsinnovationen fließen einem Unternehmen über den Markt Erlöse zu, Verfahrens-, Prozess- und Infrastrukturinnovationen ermöglichen eine Senkung von Kosten, verkürzen Durchlaufzeiten von Prozessen oder verbessern die Qualität von Produkten und Dienstleistungen und tragen dadurch direkt oder indirekt zur Wertsteigerung bei. Indirekt bedeutet, dass z. B. Investitionen in eine IT-Infrastruktur zum Ideenmanagement getätigt werden, welche erst in nachfolgenden Perioden zu Kostensenkungen, Durchlaufzeitenverkürzungen oder Qualitätssteigerungen in Innovationsprozessen führen. Produkt- und Dienstleistungsinnovationen müssen im Markt durchgesetzt werden, d. h. es müssen sowohl Kunden gewonnen als auch die Marktposition gegenüber Wettbewerbern (nachhaltig) verteidigt werden. Hier ist es Aufgabe des Controllings, die Informationen zur Attraktivität der angepeilten Zielgruppe(n), zum Kundennutzen, zum Preis-Leistungs-Verhältnis und zu den (nachhaltigen) Vor- und Nachteilen gegenüber den Wettbewerbern sorgfältig zu prüfen und ggf. strategische Veränderungen einzuleiten. Bei den im Unternehmen durchzusetzenden Verfahrens-, Prozess- und Infrastrukturinnovationen ist zu prüfen, inwieweit hinreichend Transparenz, Partizipation und Qualifikation in den angestrebten Organisationsentwicklungsprojekten vorgesehen sind, sodass die Einstellungs- und Verhaltensakzeptanz dieser Innovationen auch in den vorgesehenen Zeit- und Budgetzielen erreicht werden können. Außerdem müssen die Informationen zum angestrebten Ausmaß an Kostensenkung, Durchlaufzeitverkürzung und Qualitätsverbesserung kritisch geprüft werden, wobei Qualität nicht nur Zuverlässigkeit und Liefertreue beinhalten sollte, sondern auch Qualitätskomponenten wie z. B. Flexibilität, Benutzerfreundlichkeit, Benutzermotivation oder Benutzerlernen. Hinsichtlich der Art von Innovationen gab es in der jüngeren Vergangenheit eine ganze Reihe neuer Vorschläge: so wur-

Univ.-Prof. Dr. Jörn Littkemann ist Inhaber des Lehrstuhls für Betriebswirtschaftslehre, insbes. Unternehmensrechnung und Controlling der FernUniversität Hagen.

FernUniversität in Hagen, Lehrstuhl für Betriebswirtschaftslehre, insbes. Unternehmensrechnung und Controlling, Universitätsstr. 41 (ESG),

58084 Hagen,
Tel.: 0 23 31/9 87-26 71,
Fax.: 0 23 31/9 87-48 65,
E-Mail: joern.littkemann@fernuni-hagen.de

den z. B. strategische Innovationen, Sozialinnovationen, organisatorische Innovationen, Managementinnovationen, Marketinginnovationen, Finanzinnovationen, Plattforminnovationen oder auch Wissensinnovationen als neue Phänomene eingebracht. Es handelt sich bei diesen Phänomenen nicht immer um völlig neue Dinge, aber es wird deutlich, dass der Begriff „Innovation" weiter zu fassen ist als Produkt- und Verfahrensinnovation. Wichtig ist, dass die Art der benötigten Informationen und die Aufgaben des Controllings je nach Art der Innovation unterschiedlich ausfallen.

Das Ausmaß an Innovation als Einflussfaktor des Controllings

Der Einsatz von bestimmten Management- und Controllinginstrumenten zur Steuerung des Innovationsprozesses hängt darüber hinaus davon ab, um welchen Typ von Innovation es sich handelt. Dabei unterscheidet man vordergründig radikale und inkrementale Innovationen. Bei den sog. *radikalen Innovationen* handelt es sich um neue Produkte oder neue Verfahren mit einem hohen Innovationsgrad und nicht lediglich um geringe Produkt- bzw. Verfahrensvariationen (sog. *inkrementale Innovationen*), die zumeist nur einen niedrigen Innovationsgrad aufweisen. Lassen Sie uns dies an einem Beispiel für eine mögliche zukünftige radikale Innovation veranschaulichen und dann auf verschiedene Dimensionen des Begriffes Innovationsgrad näher eingehen.

Der „Spirit of Berlin" unseres Informatik-Kollegen Raúl Rojas von der FU Berlin ist ein autonomes robotisches Fahrzeug, ein Mini-Van, der mit Sensoren und Videokameras ausgestattet wurde. Der Fahrer hat die Möglichkeit, das Auto selbst zu steuern oder dieses per Knopfdruck dem Computer zu überlassen. Dieser kann über eine spezielle Elektronik das Auto lenken, bremsen, beschleunigen sowie alle Komponenten des Autos ein- und ausschalten. Verschiedene, miteinander kombinierte Sensoren am Auto erkennen Passanten, Autos, Krafträder und andere Verkehrsteilnehmer. Der „Spirit of Berlin" findet mithilfe eines GPS-Navigationssystems, das um einiges genauer ist als herkömmliche GPS-Systeme, seinen Weg im Verkehr besser als jeder Taxifahrer. (Siehe http://www.fu-berlin.de/presse/fup/2007/fup_07_092/index.html)

Was wäre, wenn derartige Fahrzeuge nicht nur zum Objekt- und Wachschutz in definierten Gebieten eingesetzt würden oder als fahrerlose LKWs in Hafenanlagen, sondern großzahlig in unserem ganz normalen Straßenverkehr? Sie, verehrte Leser, bräuchten nicht mehr unbedingt ein eigenes Auto in einer Großstadt wie Berlin, sondern könnten eines rufen, wenn Sie es brauchen. Es käme zu Ihnen! Wir bräuchten wahrscheinlich weniger Parkplätze, weniger Autos und könnten bei diesen sehr viel mehr Wert auf Umweltfreundlichkeit, Sicherheit und Langlebigkeit legen, weil sie viel intensiver genutzt werden. Die Mobilitätskonzepte würden revolutioniert.

Dies wäre ein Beispiel für eine radikale Innovation. Das vorliegende Produkt zeichnet sich sowohl durch einen ganz neuen Kundennutzen als auch durch ein ganz neues technologisches Konzept aus, bei dem Navigationssysteme, Sensoren und Roboter als wichtige bereits bestehende Elemente zu einem neuartigen Anwendungssystem kombiniert werden. Wenn die Innovation ganz neuartige Zwecke ermöglicht und/oder, wenn die (neue) Zweckerfüllung durch ganz neue Technologiekombinationen erfüllt wird, dann sprechen wir von radikalen Innovationen. Andere Begriffe dafür sind Durchbruchsinnovationen, diskontinuierliche Innovationen oder disruptive Innovationen, wobei mit dem Begriff „disruptiv" darauf abgestellt wird, dass bisher existierende Lösungskonzepte verdrängt werden, so wie z. B. das Fax den Fernschreiber verdrängt hat.

Der Innovationsgehalt eines neuen Produktes wird jedoch keineswegs nur durch eine neue Technologiekombination und/oder einen neuen Produktnutzen beschrieben. Vielmehr muss auch berücksichtigt werden, dass die Organisationen, die eine radikale Innovation erschaffen, sich selbst verändern bzw. verändern müssen und dass sich auch ihr Umfeld verändert bzw. verändern muss, um die Innovation zu ermöglichen. Es sind daher vier Arten von Innovationsgraden zu unterscheiden: markt-, technologie-, organisations- und umfeldbezogener Innovationsgrad (vgl. Gemünden/Salomo 2005).

Marktbezogener Innovationsgrad

Eine Innovation weist einen hohen Innovationsgrad für den Markt auf, wenn sie aus Sicht der zukünftigen Nutzer einen signifikanten Wertzuwachs bedeutet. Dies kann auf der erstmaligen Erfüllung eines wichtigen, bisher unerfüllten Bedürfnisses beruhen, auf einem Nutzensprung von bisher nur teilweise erfüllten Bedürfnissen und/oder auf einer signifikanten Kostensenkung der Bedürfnisbefriedigung. Je mehr Kunden davon betroffen sind und je größer deren Nutzungsvolumen ist, desto höher der marktbezogene Innovationsgrad. Der Innovationsgrad für den Markt ergibt sich auch aus einer signifikanten Veränderung der Spielregeln des Wettbewerbs oder des Wegfalls von Wertschöpfungsstufen. Der Marktinnovationsgrad lässt sich auch an erforderlichen Einstellungs- und Verhaltensänderungen ablesen. Er äußert sich daher nicht nur in Marktchancen und Marktpotenzialen, sondern auch in Marktwiderständen und Risiken, sowie in erforderlichen Investitionen, um neue Märkte zu erschließen und auszubauen.

Technologiebezogener Innovationsgrad

Die Ermöglichung von ganz neuen Funktionalitäten, Leistungssprüngen oder sprunghaften Kostensenkungen beruht meistens nicht nur auf neuen Geschäftsmodellen oder organisatorischen Veränderungen, sondern auch auf neuen System- und Komponententechnologien. Technologischer Fortschritt äußert sich in ganz neuen technologischen Prinzipien, neuen Architekturen oder neuen Materialien. Wie beim marktbezogenen Innovationsgrad gibt es auch beim technologiebezogenen Innovationsgrad nicht nur Verbesserungspotenziale, sondern auch (unbekannte) Risiken, die sich in unerwünschten „Neben"-Wirkungen äußern. Man muss deshalb z. B. bei neuen Medikamenten oder Therapien zwischen besserer Wirksamkeit und Verträglichkeit einerseits und schädlichen Nebenwirkungen andererseits abwägen und neue Lösungen sorgfältig testen, sowie die weitere Forschung und Entwicklung darauf richten, diese Balance zu verbessern. Kreativitätstechniken wie TRIZ (Theorie des erfinderischen Problemlösens; vgl. Möhrle 2005) setzen sogar gezielt an widersprüchlichen Anforderungen an und versuchen, diese Konflikte durch Einsatz neuer technischer Prinzipien, Materialien oder Systemarchitekturen zu überwinden, um zu werthaltigen Innovationen zu kommen.

Organisationsbezogener Innovationsgrad

Die Erforschung und Entwicklung neuer Technologien und neuer Produkte sowie deren Vermarktung kann vor allem bei einem hohen Innovationsgrad nicht nur auf Basis der bestehenden Kompetenzen erfolgen. Es ist vielmehr notwendig, dass eine innovierende Organisation neues Wissen generiert oder von außen aufnimmt und verarbeitet. Die Lernprozesse beziehen sich jedoch nicht nur auf den Erwerb, die Verarbeitung, Speicherung und Verwertung neuen Wissens. Es ist vielmehr erforderlich, dass sich die Organisation selbst verändert, wobei unter Organisation nicht nur die formale Struktur gemeint ist, sondern die soziale Institution als Ganzes. Hohe Innovationsgrade mit Blick auf Veränderungen der innovierenden Organisation äußern sich in Veränderungen von Strategie, formaler Struktur, Prozessen, Kompetenzen, Kultur und Anreizsystemen. Neben diesen „internen" Merkmalen lässt sich der Innovationsgrad an Veränderungen der Kooperationspartner, Kunden und Wettbewerber, also am externen Innovationsnetzwerk ablesen. Grundlegende Veränderungen des Wertschöpfungsdesigns bieten erhebliche Potenziale, bergen aber auch große Risiken, vor allem, wenn die Veränderungsprozesse in kurzer Frist und unter Integration anderer Organisationen im Rahmen von Akquisitionen und Fusionen erfolgen sollen.

Umfeldbezogener Innovationsgrad

Die Entwicklung grundlegend neuer Technologien, Geschäftsmodelle, Produkte und Dienstleistungen erfolgt im Allgemeinen nicht in einer einzelnen Organisation, sondern bei einer Vielzahl von Akteuren, die in komplexen Wettbewerbs- und Kooperationsbeziehungen miteinander stehen. Außerdem vollzieht sich häufig parallel zu einem technologischen Wandel auch eine Veränderung in der öffentlichen und privaten Innovationsfinanzierung sowie in der Regulierung und Institutionalisierung. Diese Veränderungen können Innovationen beflügeln oder hemmen, insbesondere in den stärker öffentlich finanzierten und stärker regulierten Branchen wie z. B. in der Gesundheitswirtschaft oder im Kultur- und Bildungsbereich, in netz- und infrastrukturgeprägten Branchen (Verkehrswirtschaft, Telekommunikation, Energie, Ver- und Entsorgung). Ein günstiges nationales oder regionales Umfeld für das Hervorbringen eines neuen Produktdesigns, das später ein globaler Standard wird, besteht auch im Anspruchsniveau und der Erfindungsfreude der Nutzer sowie der Art und Weise wie der Innovationswettbewerb zwischen den Anbietern ausgetragen wird bzw. welche unterstützenden kooperativen Innovationsnetzwerke sich formieren.

Radikale Innovationen haben oft ein sehr großes Erfolgspotenzial, aber Unternehmen, die radikale Innovationen erfinden, entdecken und/oder entwickeln, sind keineswegs immer erfolgreich. Beispiele wie die Magnetschwebebahn Transrapid, der es noch nicht gelungen ist, das traditionelle Rad-Schiene-System zu verdrängen, das Brennstoffzellen-Auto, Video 2000 oder der Wankelmotor zeigen, dass es keine Garantie gibt, dass ein als technisch überlegen angesehenes Design sich auch tatsächlich durchsetzt. Selbst wenn es letztendlich zu einem Erfolg kommt, dauert es meist recht lange, bis sich dieser einstellt. So brauchten die heute weit verbreiteten Navigationssysteme gut 30 Jahre bis sie den Weg in den Markt fanden und wenn man genau hinschaut, dann sieht man, dass es bereits in den 80er-Jahren schon eine Reihe von Innovationen gab, die damals schon „im Prinzip" verfügbar waren und in Zeitungen, Büchern und Filmen sehr anschaulich beschrieben wurden – aber erst heute nach und nach zu Massenprodukten geworden sind. Angesichts solcher Zeiträume ist es keinesfalls gesichert, dass die frühen Pioniere auch die später erfolgreichen Massenhersteller sein werden.

Die erste Aufgabe des Innovationsmanagements ist es, ein angemessenes Bewusstsein für die zu beurteilende Innovation zu entwickeln. Fehler können sowohl auftreten, wenn die Entscheider das Potenzial unter- oder überschätzen als auch, wenn sie die Risiken unter- oder überschätzen. So wurde beispielsweise das Potenzial von SMS stark unterschätzt, während das Potenzial von UMTS stark überschätzt wurde, was zur Folge hatte, dass für die Lizenzen zu viel gezahlt wurde. Beim Airbus A380 und bei dem Lkw-Maut-System Toll Collect wurden die Komplexitätsrisiken massiv unterschätzt, während beim Jahr-2000-Problem die Risiken, Softwarefehler zu finden und zu beheben, oftmals überschätzt wurden.

Die Phase des Innovationsprozesses als Einflussfaktor des Controllings

Den *frühen Phasen* des Innovationsprozesses kommt eine besondere Bedeutung zu, da hier die Gestaltungsfreiheit am größten ist und die nutzen- und kostenbestimmenden Parameter der Innovation festgelegt werden. Auf der anderen Seite ist auch die Unsicherheit über die Entscheidungswirkungen besonders groß. Empfehlungen aus der Ingenieurs- und Praktikerliteratur, in die frühen Phasen mehr zu investieren, weil der Aufwand gering, aber die Kosten- und Nutzenwirkungen hoch seien, ist entgegenzuhalten, dass viele Initiativen zu einem späteren Zeitpunkt abgebrochen werden und diese Kosten mit zu tragen sind. Zudem müssen auch die Ressourcen für die Umsetzung der Initiativen bereitgestellt werden. Es stellt sich somit ein Optimierungsproblem hinsichtlich des Umfangs an Ressourceneinsatz in den frühen Phasen. Zusätzlich ergibt sich auch ein Such- und Auswahlproblem nach Lösungsvorschlägen, deren Umsetzung sich besonders lohnt.

Initiativen zur Innovation lassen sich durch verschiedene Paradigmen erklären (Gemünden 2001). Das Planungsparadigma und das unternehmerische Paradigma bieten einen *top-down-Ansatz* an: Beim

Planungsparadigma versucht man, aus einem „road-mapping" von Technologieentwicklungen, Marktentwicklungen und gesellschaftlichen Veränderungen besonders attraktive Such- und Handlungsfelder abzuleiten, um die Anstrengungen zu fokussieren. Die Kritik an Aufwand und Schwerfälligkeit der Umsetzung solcher Planungen sowie an der Risikoscheu der Entscheidungsträger begründet das *unternehmerische Paradigma*, bei dem der Schwerpunkt auf eigenverantwortlichem pro-aktivem Handeln und rascher Umsetzung liegt. *Bottom-up-Ansätze* wie das *Divergenz-* und das *Barrierenparadigma* gehen von Mitarbeitern und Führungskräften unterer und mittlerer Ebenen aus, die Innovationsbedürftigkeit und Innovationsmöglichkeit erkennen und aktiv werden (sollen). Gewährt man diesen Akteuren mehr Handlungsspielraum und Unterstützung, nehmen die Initiativen zu. Bei zunehmendem Handlungsspielraum entwickelt sich der Nutzenzuwachs jedoch nur degressiv, während die Kosten für die Auswahl und die frustrierende Ablehnung linear steigen. Das *Trichter-Paradigma* liefert eine anschauliche Beschreibung des Flusses und der Metamorphose von Initiativen durch das Innovationssystem einer Organisation. Empirische Studien weisen darauf hin, dass der „Mund des Trichters" recht weit geöffnet sein sollte, insbesondere auch gegenüber externen Initiativen und der „Hals" relativ steil ausfallen sollte, d. h. eine frühe und effektive Selektion geeigneter Initiativen wichtig ist. Für werthaltige Initiativen, die bereits verfolgt wurden, aber nicht (mehr) in den Trichter passen, sollte mithilfe der Methoden des Corporate Venture Managements eine externe Verwertung gesucht werden. Im *Netzwerk-Paradigma* steht die externe Gewinnung von Innnovations-Initiativen im Mittelpunkt.

In den frühen Phasen des Innovationsprozesses kommt auch der *Zielbildung und der Risikoabsicherung* eine besondere Rolle zu (Gemünden 1995). Klare Ziele sind wichtig für die Motivation und die Koordination der Beteiligten. Die Ziele sind jedoch gerade bei hoch innovativen Entscheidungen nicht gegeben, sondern vielmehr Gegenstand eines zeit- und arbeitsaufwändigen Lernprozesses. Es gilt, sowohl die Chancen, „was man wollen kann", als auch die Risiken, unerwünschte Nebenwirkungen und unerwartet hohe Kosten oder Zeitbedarfe, zu erkennen. Daher empfiehlt es sich, bei komplexen hoch innovativen Vorhaben Machbarkeitsstudien durchzuführen, um eine größere Zielklarheit und Zielstabilität in den späteren Phasen zu gewährleisten. Es ist sinnvoll, die Lernziele für die Reduktion der markt-, technologie- und umfeldbezogenen Unsicherheiten zu formulieren und deren Umsetzung organisatorisch zu unterstützen.

In den *späteren Phasen* nehmen Unsicherheit und Gestaltungsfreiheiten ab, aber die Komplexität, gemessen an der Zahl der zu koordinierenden Akteure und ihrer (weltweiten) Schnittstellen, nimmt zu. Die schnelle und zuverlässige Umsetzung der Konzepte ist erfolgskritisch, da Zeitverzögerungen und Fehler in diesen Phasen mit hohen zusätzlichen Kosten oder Erlöseinbußen verbunden sind. Die Prozesssteuerung durch Ablauforganisation, Planung und Kontrolle rückt in den Vordergrund. Um Zeit einzusparen, rückt man von traditionellen sequenziellen Ablaufmustern ab und versucht, Phasen zu überlappen und Aktivitäten zu parallelisieren, erhöht aber dadurch den Planungs- und Koordinationsbedarf und die Risiken. Die bevorzugten Maßnahmen für diese Phasen sind klar definierte Ziele und Prozesse, zeitaktuelles Projektcontrolling, insbesondere an wohl definierten Meilensteinen und ein gutes Schnittstellenmanagement zwischen den betroffenen Akteuren. Dem Konfigurations- und Wissensmanagement sowie dem Qualitätsmanagement kommt in diesen Phasen der Implementierung und ‚Roll-out' eine große Bedeutung zu.

Für das Controlling ergibt sich die Konsequenz, dass sich die Maßstäbe der Beurteilung während des Prozesses verändern. In den frühen Phasen liegt das Schwergewicht auf Effektivität, auf der Identifizierung und vorläufigen Validierung von technologischen und marktbezogenen Potenzialen, auf der Sicherung von Kundennutzen und Kostensenkung sowie auf der Verteidigung der Innovation gegenüber Wettbewerbern. Später werden die Anforderungen immer konkreter, es müssen auch zahlreiche gesetzliche Bestimmungen erfüllt werden, und zwar in unterschiedlichen Ländern und die Anforderungen der Produktion, des Handels und der Wertschöpfungspartner müssen berücksichtigt werden. Wegen der zunehmenden Kapitalbindung wird die Einhaltung von Zeit- und Kostenzielen immer wichtiger, die Anforderungen an die Disziplin steigen. Das Controlling muss diesem phasenspezifischen Wandel der Anforderungen Rechnung tragen und nicht nur die Beurteilungsmaßstäbe verändern, sondern auch die Instrumente und die Belastbarkeit der Planungen und die Schlagkraft der Umsetzung.

Grundlagen des Innovationsmanagements

So eingängig die Forderung nach Innovation für ein Unternehmen ist, so ist sie doch oftmals nur ein Lippenbekenntnis. Denn Innovationen sind erhebliche Störenfriede im betrieblichen Alltag. Sie verlangen aufwändige Lernprozesse. Sie bedeuten grundsätzliche Umstellungen. Sie machen einen erlangten Status fragwürdig. Sie vernichten Herrschaftswissen. Sie stellen traditionelle Geschäftsbeziehungen in Frage. Sie fordern Abkehr von vertrauten und bequem gewordenen Routinen. Kein Wunder, dass die Historie von Innovationen eine unendliche Geschichte des Widerstands gegen sie ist. Dieser *Widerstand* hat eine rationale Oberfläche und einen weniger rationalen Kern (vgl. Witte 1973, S. 5 ff.). Auf der rationalen Oberfläche finden sich technologische Argumente, die das Funktionieren der Innovation in Frage stellen, und nicht zuletzt ökonomische Argumente, die den Erfolg der Innovation bezweifeln. Die eigentlichen Ursachen des Widerstands gegen Innovationen sind motivationale Gründe (sog. Barrieren des Nicht-Wollens) oder kognitive Gründe (sog. Barrieren des Nicht-Wissens). Wer also die Innovation will, muss sich darauf einstellen, dass er mit erheblichem Widerstand gegen die Einführung des Neuen rechnen muss.

Hat man sich für eine (Produkt-)Innovation entschieden, muss man eine Institution auswählen, die die Aufgaben des Innovationsmanagements, insbesondere das Ingangsetzen und das Erhalten des Innovationsprozesses (nicht zuletzt gegen auftretende Widerstände), wahrnimmt. Dies kann bspw. ein betrieblicher Funktions- bzw. Teilbereich, eine eigenständig für die Innovation gebildete Projektgruppe, eine speziell für Innovationsvorhaben zuständige Dauerinstanz oder die Unternehmensleitung selbst sein. Maßgebend sind dabei nicht der Name dieser Institution, sondern die Funktionen, die sich aus dem Innovationsmanagement ergeben und die auf diese Institution übertragen werden. Unabhängig davon, welche Institution das Management der Innovation übernimmt: Die Innovation wird dadurch im Unternehmen organisatorisch abgegrenzt. Sie bekommt somit eine eigene, spezifische Organisationsstruktur – und damit verbunden eigene Ziele und eigene Ressourcen zeitlicher, finanzieller, personeller oder anderer Art. Ist dies der Fall, spricht man von einem *Projekt* – genauer: von einem Innovationsprojekt (vgl. Keim/Littkemann 2005, S. 64 f.).

Die Sichtweise im Folgenden ist vordergründig die des *Managements und Controllings eines einzelnen Innovationsprojekts* (Innovationsmanagement und -controlling im engeren Sinne), nicht die des Meta-Projektmanagements und -controllings, welche sich vornehmlich mit der Auswahl, Steuerung und Überwachung mehrerer, miteinander konkurrierender Projekte beschäftigt (Innovationsmanagement und -controlling im weiteren Sinne).

Grundlagen des Innovationscontrollings

Unter Controlling versteht man allgemein die Planung und Kontrolle (im Sinne einer koordinierten Steuerung) der typischen Betriebs- und Geschäftsprozesse im Unternehmen (vgl. ausführlich Littkemann 2006, S. 8 ff.). Es gilt, die Unternehmensleitung beim Treffen wichtiger betrieblicher Entscheidungen zu unterstützen. In der praktischen Gestaltung bedeutet Controlling vor allem das Betreiben eines systematischen Informationsmanagements, das die Kontrolle (als kritischen Nachvollzug) mit der Planung (als gedanklichen Vorvollzug) verknüpft (vgl. Hauschildt/Schewe 1993, S. 17 ff.). Damit steht Controlling sowohl im Dienste der Effektivität (Erreichung der gesetzten Ziele), als auch im Dienste der Effizienz (Vermeidung von Unwirtschaftlichkeiten in Kosten und Zeit bei der Zielerreichung).

Bezogen auf die Steuerung von Innovationsprozessen bedeutet dies zweierlei (vgl. Littkemann/Lewerenz 2000, S. 22): Erstens ist festzulegen, welche Informationen beschafft werden müssen und wie diese zu strukturieren sind. Dazu bedarf es in erster Linie der Heranziehung von Instrumenten aus dem Rechnungswesen. Es sind materielle und formelle Kriterien aufzustellen, nach denen innovationsadäquate Planungs- und Kontrollrechnungen (sog. Innovationsabrechnungen) entwickelt und eingesetzt werden können *(funktionales Innovationscontrolling)*. Zweitens müssen die Aufgaben der Informationsgewinnung und -verarbeitung mit bestimmten, am Innovationsprozess beteiligten Stellen bzw. Instanzen verknüpft werden. Der Projektcontroller soll möglichst Ansprechpartner sowohl für die Projektleitung als auch für das Auftrag gebende Top-Management sein. Dabei gilt es vor allem festzulegen, mit welchen Kompetenzen das Projektcontrolling in das Projektteam eingebunden werden muss bzw. soll *(institutionales Innovationscontrolling)*. Im Einzelnen gehören zum projektbezogenen Tätigkeitsbereich eines Projektcontrollers die folgenden Aufgabenfelder:

- Den Projektverantwortlichen koordinierte und aktualisierte Instrumente und Hilfsmittel zum aperiodischen Selbstcontrolling zur Verfügung zu stellen,
- das Berichtswesen zu organisieren und zu überwachen,
- für die Ausbildung in Anwendung und Handhabung der Instrumente sorgen,
- die Projektverantwortlichen beraten und unterstützen sowie
- der Unternehmensleitung bedürfnisgerechte Informationen über den Projektverlauf liefern.

Innovationen aus Sicht des Controllings

Aus Sicht des Controllings sind folgende *Eigenschaften einer Innovation* von besonderer Bedeutung (vgl. Hauschildt 1992, S. 53 f.):

Innovationen sind Investitionen. Sie sind anfangs mit erheblichen Ausgaben verbunden, die in Erwartung von Einnahmen in zukünftigen Perioden getätigt werden. Sie sind *immateriell*, da sie nicht auf ein physisch begreifbares Investitionsobjekt zurückführbar sind. Der *Zeithorizont der Einnahmeerwartung* ist in der Regel weit gespannt. Es kann zu Rückschlägen und Fehlversuchen kommen. Zwischen getätigten Ausgaben und erwarteten Einnahmen können mehrere Jahre liegen. Auch unter diesem Aspekt haben Innovationen Investitionscharakter. Innovationen unterliegen einem besonderen *Risiko*. Sie sind neu für das innovierende Unternehmen, da sie zumeist in ein völlig unbekanntes Sachgebiet führen. Die Möglichkeit, die Zahlungsströme und damit den Innovationserfolg zu prognostizieren, ist merklich geringer als bei vertrauten Produkten oder Verfahren. Selbst wenn Innovationen sich als Projekt isolieren lassen, erwächst ihre Erfolgswirkung oftmals aus dem *Verbund mit anderen Produktionsfaktoren* und Potenzialen des Unternehmens. Innovationsprozesse *dauern oftmals sehr lange*, es kommt zu vielfältigen Um- und Irrwegen. Das Ende dieser Prozesse ist vielfach nicht vorhersehbar. Nebeneffekte, wie z.B. Lerneffekte aufgrund von Fehlversuchen, sind kaum prognostizierbar und bewertbar. *Innovationen führen zu neuen Produkten* oder Verfahren und damit zu technologisch bestimmbaren Objekten bzw. Prozessdarstellungen. Diese können auch durchaus Gegenstand des Rechtsverkehrs sein und damit den Charakter eines selbstständigen Vermögensgegenstands erlangen. Aber das Wesen der Innovation ist durch diese technischen oder rechtlichen Verwertungsformen nicht hinreichend charakterisiert. Es liegt ja in der neuartigen Verknüpfung von Zwecken und Mitteln, die durch das technische oder rechtliche Substrat nicht zum Ausdruck gebracht wird.

Aus Sicht des Controllings sind *Innovationen* somit *immaterielle Investitionen*. Wie bei jeder Investition ist auch die Planung und Durchführung eines Innovationsprozesses mit erheblichen Risiken verbunden, eröffnet auf der anderen Seite jedoch auch die Möglichkeit der Erzielung überdurchschnittlich hoher Renditen. Allerdings werden Innovationen im klassischen Rechnungswesen, insbesondere im externen Rechnungswesen zumeist nicht als solche angesehen und behandelt (vgl. dazu Littkemann 2005, S. 15 ff.). Im Folgenden wird sich daher auf das innerbetriebliche Rechnungswesen bzw. das interne Controllingsystem eines Unternehmens beschränkt, dessen Aufbau frei von gesetzlichen Restriktionen ist.

Funktionales Innovationscontrolling

Das Grundkonzept der Innovationsabrechnung: Die Innovation als Investition

Um die Innovation zielgerichtet steuern zu können, muss sie im internen Controllingsystem eines Unternehmens als Investition erfasst werden. Es werden modifizierte Planungs- und Kontrollrechnungen benötigt, die die soeben beschriebenen spezifischen Controllingeigenschaften einer Innovation berücksichtigen (sog. *Innovationsabrechnungen*). Im Folgenden werden das Grundkonzept einer Innovationsabrechnung beschrieben und daran anschließend zwei Innovationscontrollinginstrumente vorgestellt, die auf dem Grundkonzept basieren und speziell zur Steuerung von Innovationen mit einem hohen bzw. niedrigen Innovationsgrad eingesetzt werden können (vgl. ausführlich zu Instrumenten des Innovationscontrollings Keim/Littkemann 2005, S. 135 ff.; Littkemann/Holtrup/Schrader 2005, S. 51 ff.). Das Grundkonzept basiert zum einen darauf, dass ein Projekt-, Erfolgs- und Zukunftsbezug der Innovation in den internen Abrechnungen hergestellt wird, und zum anderen darauf, dass die innovationsbezogenen Erlöse und Kosten als Zahlungen im finanzwirtschaftlichen Sinn aufgefasst werden.

Vor allem durch den letzten Punkt wird der Bezug zu einem investitionstheoretisch gestalteten Rechnungswesen geschaffen (vgl. zur Notwendigkeit der Verknüpfung von Kosten- und Investitionsrechnung Küpper 1985, S. 26 ff.). Im Einzelnen setzt sich der Aufbau einer Innovationsabrechnung demnach aus den folgenden drei Controllingbausteinen zusammen (vgl. Littkemann 2005, S. 34 ff.).

Projektbezug der Innovation: Die Innovation bekommt im Kontenplan des betrieblichen Rechnungswesens eine oder sogar mehrere Nummern zugewiesen. Voraussetzung dafür ist, dass die Innovation zeitlich (durch Beginn und Ende) und sachlich (durch institutionelle Zuständigkeiten) isolierbar ist. Dies bedeutet Verantwortung und damit die Zuweisung von Rechten und Pflichten an die zuständigen Stellen. Gleichzeitig wird mit der Erlangung des Projektbezugs die Innovation im Unternehmen transparent, das heißt bewusst gemacht. Ziel aus Sicht der Unternehmensleitung ist zu wissen, „was wir wo und mit welcher Absicht machen und was es kostet" (Schröter 1989, S. 221). Demnach hat die Berücksichtigung des Projektbezugs der Innovation im Rechnungswesen folgende abrechnungstechnische Konsequenzen über die bloße Kontenplanberücksichtigung hinaus:

- Aufspaltung der Projektkosten im Rahmen der *Kostenartenrechnung*,
- Einrichtung von gesonderten, das Projekt betreffenden *Kostenstellen*,
- Abrechnung des Projekts als *Kostenträger* und
- Erstellung von *Vergleichsrechnungen* für die Projektkosten (z. B. Soll-/Ist-Vergleiche).

Erfolgsbezug der Innovation: Die Innovation wird im betrieblichen Rechnungswesen durch eine Gegenüberstellung von positiven und negativen Wertgrößen abgerechnet. Voraussetzung dafür ist, dass man sich des Investitionscharakters der Innovation bewusst wird. Denn zur Ermittlung des wirtschaftlichen Innovationserfolgs sind alle relevanten Aus- und Einzahlungen zu berücksichtigen. Dies verlangt in zeitlicher Hinsicht die Aufstellung kumulativer Beträge, in sachlicher Hinsicht die Erfassung aller Ausgaben, sowohl mit Aufwands- bzw. Kostencharakter als auch mit Aktivierungscharakter. Die Berechnung des Innovationserfolgs macht den Stellenwert des Projekts im Unternehmen deutlich. Neben die Erfolgsermittlung der operativen Bereiche treten somit die Projekterfolge aus innovativen Tätigkeiten, um zu einer detaillierten Aufspaltung des Unternehmenserfolgs zu kommen. Zudem erhält man eine Abrechnung, anhand derer eine ökonomische Leistungsbeurteilung des Projektleiters bzw. des Projektteams möglich ist. Die Berücksichtigung des Erfolgsbezugs der Innovation im Rechnungswesen wird durch folgende Abrechnungen umgesetzt:

- Erstellung von investitionsähnlichen Erfolgsrechnungen für die Innovation *(Projekt-Deckungsbeitragsrechnungen)* mit kumulativen, vergangenheitsbezogenen Größen.

Zukunftsbezug der Innovation: Der Investitionscharakter der Innovation verlangt überdies die Einbeziehung zukünftiger Daten in die Erfolgsermittlung. Sie sind unerlässlich für die Entscheidung der Projektfortführung. Aber auch nach Projektende sind erwartete Einnahmen und Ausgaben in der Innovationsabrechnung von Bedeutung. Sie binden die relevanten Instanzen der Routineorganisation, den erwarteten Innovationserfolg zu realisieren. Dabei kommt es weniger darauf an, den Erfolg mit aller Macht auf Heller und Pfennig ausrechnen zu wollen, als vielmehr die ungefähre Größenordnung des Betrags kennen zu lernen. Denn die Ermittlung des wirtschaftlichen Innovationserfolgs verknüpft die Bereiche des Projektmanagements und der Routineorganisation. Spätere Abweichungen vom Ergebnis, Prognosefehler, falsche Diskontierungssätze etc., bieten Anlässe für vielfältige Diskussionen. Insofern kann man die Innovationsabrechnung als ein Instrument des Schnittstellencontrollings ansehen (vgl. dazu Eisenberg/Littkemann 2006, S. 671 ff.). Hinsichtlich der praktischen Ausgestaltung der Planungs- und Kontrollrechnungen ist allerdings zu bedenken, dass die unsicheren Daten derart gekennzeichnet werden, dass es nicht zur Verwechslung mit den sicheren Daten kommen kann. Zur Berücksichtigung des

Zukunftsbezugs der Innovation im Rechnungswesen müssen die Erfolgsabrechnungen demnach ergänzt werden um:

- Erstellung von investitionsähnlichen Erfolgsrechnungen für die Innovation *(Projekt-Deckungsbeitragsrechnungen)* mit kumulativen, vergangenheits- und zukunftsbezogenen Größen.

Zusammenfassend lässt sich festhalten, dass der Projektbezug einer Innovation im internen Rechnungswesen durch eine *kostenbezogene Abrechnung* hergestellt werden kann, die für das Innovationsprojekt eine separate Kostenarten-, Kostenstellen- und Kostenträgerrechnung vorsieht. Der Erfolgs- und Zukunftsbezug einer Innovation lässt sich durch investitionsorientiert erstellte Projekt-Deckungsbeitragsrechnungen realisieren *(ergebnisbezogene Abrechnung)*. In der Kostenrechnung kann der Zukunftsbezug der Innovation im Rahmen gesonderter Kostenvergleichsrechnungen berücksichtigt werden. Im Grunde genommen spricht man erst dann von einer (vollständigen) Innovationsabrechnung, wenn alle diese Teilabrechnungen erstellt werden (vgl. Littkemann 2005, S. 37 ff.); ansonsten kommt es zu Innovationsabrechnungen unterschiedlich starken Abrechnungsgrades (vgl. Abb. 1).

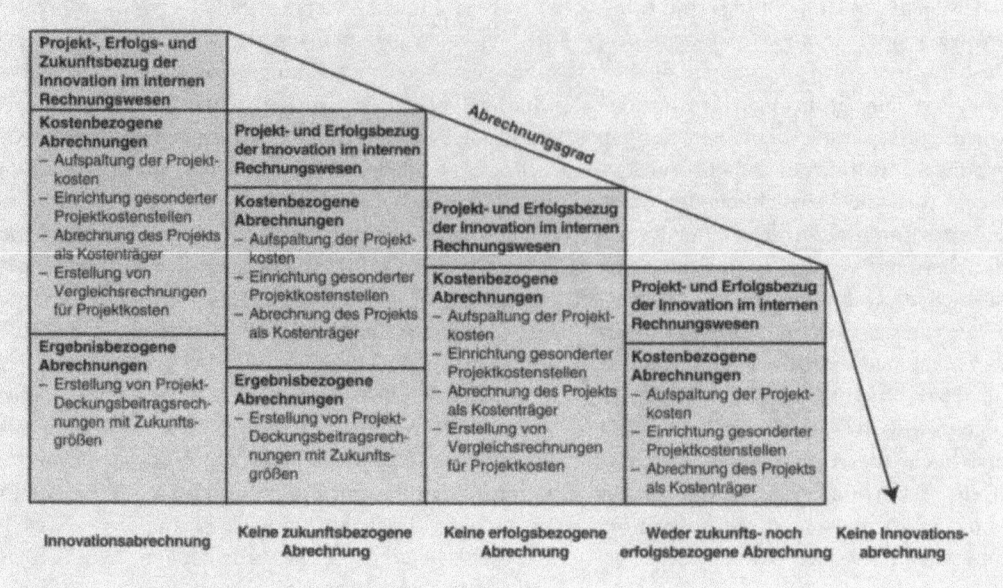

Abbildung 1: Innovationsabrechnung und Abrechnungsgrad

Die Innovationsergebnisrechnung als Instrument zur Steuerung radikaler Innovationen

Ein betriebswirtschaftliches Konzept zur Innovationsabrechnung im Rechnungswesen, das auf einer Investitionsrechnung aufbaut, wurde Anfang bis Mitte der neunziger Jahre des vorigen Jahrhunderts von Hauschildt (1994, S. 1017 ff.) entwickelt. Aufgrund seiner einfachen und klaren Struktur eignet sich das Konzept hauptsächlich zur Steuerung von radikalen Innovationen, also von höchst unsicheren und extrem risikobehafteten Innovationen (hoher Innovationsgrad). Hauschildt stellt die Innovation in den Mittelpunkt seiner Betrachtungen, indem er sie als Investition begreift und innerhalb seiner Abrechnungen wie einen materiellen Vermögensgegenstand behandelt. Dabei verknüpft er finanzwirtschaftliche Investitionsrechnungen mit Methoden des betrieblichen Rechnungswesens. Der Innovationserfolg kann in Form eines *Kapitalwerts zu jedem Zeitpunkt des Projektverlaufs* errechnet werden, indem realisierte und erwartete Einnahmen den realisierten und erwarteten Ausgaben gegenübergestellt werden, wobei interne Leistungsverrechnungen mit anderen Innovationsprojekten zu berücksichtigen sind. „Feinheiten" wie z. B. Diskontierungen aufgrund anzusetzender Zinssätze bleiben dabei allerdings außer Acht. Im Mittelpunkt steht die Prognose der zu erwartenden Ein- und Auszahlungen, Diskussionen über die Wahl des „richtigen" Zinssatzes spielen bei hoch innovativen Projekten eine vergleichsweise unbedeutende Rolle. Im Hinterkopf muss man allerdings behalten, dass dann die Kosten des Eigenkapitals zur Finanzierung der Innovation in den Investitionsrechnungen nicht enthalten sind. Wie bei Riebels Konzept der Einzelkosten- und Deckungsbeitragsrechnungen werden als Rechengrößen *Zahlungen*, keine fiktiven Größen, wie z. B. Aufwand und Ertrag, verwendet (vgl. Hauschildt 1994, S. 1019; ähnlich Riebel 1987, S. 1154 ff.). Hauschildt differenziert nicht zwischen den Begriffen Ausgaben und Auszahlungen auf der einen Seite sowie Einnahmen und Einzahlungen auf der anderen Seite. Er versteht unter diesen Größen – allerdings *nicht diskontierte* (!) – Zahlungen im finanzwirtschaftlichen Sinne.

Hauschildt stellt die Abrechnungen in *Kontenform* auf, wodurch die praktische Nähe zur Finanzbuchhaltung dokumentiert wird (vgl. Abb. 2). Durch diese Form der sog. *Innovationsergebnisrechnung* wird nicht nur der Abrechnungsbezug der Innovation im Rechnungswesen (Projekt-, Erfolgs- und Zukunftsbezug) hergestellt, sondern auch der Übergang vom Innovationsprozess zur Routineorganisation vollzogen. Denn nach Projektabschluss wird der zu erwartende Innovationserfolg auf die Konten der operativen Bereiche umgebucht, die damit die Verantwortung für die Erfolgsrealisierung übertragen bekommen. Dies ist natürlich nur dann sinnvoll, wenn Vertreter der operativen Bereiche am Innovationsprojekt mitgewirkt haben und an der Erstellung der Prognosezahlen beteiligt waren. In diesem Zusammenhang kom-

Einnahmen
1. realisierte (kumulierte) Einnahmen
   a) extern über den Markt, z. B. Lizenzen
   b) an andere Prozesse weiterbelastete Ausgaben, z. B. Weitergabe von Teilergebnissen
   c) sonstige Einnahmen, z. B. Subventionen
2. Zukünftige (gesamt zu schätzende) Einnahmen

Ausgaben
3. realisierte (kumulierte) Ausgaben
   a) extern über den Markt, z. B. Konstruktionstisch, Büromaterial
   b) von anderen Prozessen übernommene Ausgaben, z. B. Gehälter
   c) sonstige Ausgaben, z. B. Gebühren
4. Zukünftige (gesamt zu schätzende) Ausgaben

Innovationserfolg
5. Einnahmen (1. + 2.) − Ausgaben (3. − 4.)

Abbildung 2: Grobgliederung einer Innovationsergebnisrechnung (während des Projektverlaufs)

		t = 0	t = 1	t = 2	t = 3	t = 4
EZ	Direkte Einzahlungen		1,50	1,80	1,50	3,50
	Indirekte Einzahlungen		3,60	3,60	3,60	
AZ	Direkte Auszahlungen	−5,40	−2,00	−2,00	−2,00	
	Indirekte Auszahlungen		−1,70	−1,70	−1,70	
KA	Kreditaufnahme	5,40				
	Tilgung		−1,80	−1,80	−1,80	
	Sollzinsen		−0,54	−0,36	−0,18	
KK	Aufnahme		0,94	1,54	2,35	
	Tilgung			−0,94	−1,54	−2,35
	Sollzinsen			−0,14	−0,23	−0,35
Geldanlage						0,80
Finanzierungssaldo		0,00	0,00	0,00	0,00	0,00
Bestandssaldo		−5,40	−4,54	−3,34	−2,35	+0,80

Abbildung 3: Innovationswertermittlung mit VOFI (alle Angaben in Mio. €)

men die Innovationsergebnisrechnungen von Hauschildt im Falle einer Produktinnovation einer strategischen Planung im Sinne eines integrierten *Produktlebenszyklus-Konzepts* sehr nahe, ohne auf den Vorteil einer organisatorischen Trennung zwischen Innovationsmanagement und dem Management der Routineorganisation verzichten zu müssen.

Der vollständige Finanzplan (VOFI) als Instrument zur Steuerung inkrementaler Innovationen

Bei inkrementalen Innovationen (niedriger Innovationsgrad), bei denen üblicherweise im Vergleich zu radikalen Innovationen die Zahlungsreihen weniger unsicher sind und die Finanzierung des Projektes zumeist klarer ist, empfiehlt sich der Einsatz eines vollständigen Finanzplanes (VOFI) zum Controlling des Innovationsvorhabens. Wie die an den Kapitalwert angelehnte Innovationsergebnisrechnung nach Hauschildt basiert der VOFI ebenfalls auf einem Investitionsrechenverfahren und kann über den gesamten Projektverlauf in jeder Periode zu Planungs- und Kontrollzwecken eingesetzt werden. Der VOFI hat gegenüber dem Kapitalwertverfahren jedoch den Vorteil, dass das dem Kapitalwert inhärente Problem der Prämisse von einheitlichen Kalkulationszinssätzen aufgehoben werden kann (vgl. Littkemann/Fietz/Krechel 2006, S. 137 f.). In einem VOFI werden alle dem Investitionsobjekt zugehörigen direkt und indirekt zurechenbaren Zahlungen, einschließlich der Finanzierungskosten bzw. der Anlageerträge und Steuerfolgen, explizit ausgewiesen (zur Vereinfachung wird jedoch im Folgenden der Steueraspekt vernachlässigt; vgl. grundlegend zum Aufbau eines VOFI Schulte/Littkemann 2006, S. 628 ff.). Die Zahlungen werden in tabellarischer Form dargestellt. Auf diesem Wege wird fortlaufend die *Investitions- mit der Finanzierungsentscheidung verknüpft*. Somit werden die Entscheidungsträger des Innovationsprojekts in jeder Periode des Projektverlaufs gezwungen zu überlegen, wie Auszahlungsüberschüsse zu finanzieren bzw. Einzahlungsüberschüsse anzulegen sind, um einen ausgeglichenen Finanzierungssaldo zu erreichen. Der VOFI berechnet den *Endwert* als Maß zur Beurteilung der Wirtschaftlichkeit eines Innovationskalküls. Ein positiver Endwert (Bestandssaldo der letzten betrachteten Periode) spiegelt die Höhe des Guthabens, ein negativer Endwert die Höhe des Kreditstandes am Ende des durchgeführten Innovationsprojekts wider. Die Endwertkonzeption bietet gegenüber dem Kapitalwertverfahren den Vorteil der unmittelbaren Nachvollziehbarkeit des Zielwertes, da dieser als Guthaben- bzw. Kreditstand am Planungshorizont gleichzeitig ein Begriff des externen Rechnungswesens ist (vgl. Grob 1989, S. 5 ff.).

Die Nutzung des VOFI im Rahmen einer Investitionsentscheidung für oder gegen die Durchführung einer Produktinnovation soll im Folgenden anhand eines kleinen *Fallbeispiels* verdeutlicht werden (vgl. ausführlich zum Beispiel Littkemann 2003, S. 223 ff.). Geplant sei der Einkauf einer neuen Maschine, durch deren Einsatz ein Unternehmen ein Kernprodukt maßgeblich weiterentwickeln möchte (Produktvariation). Für das gesamte Innovationsvorhaben einschließlich der Produktverwertung wird mit einem Zeitraum von drei Jahren gerechnet (Produktlebenszyklus). Zudem wird eine Anfangsauszahlung in Höhe von 5,4 Mio. € angenommen. An laufenden Zahlungen werden insgesamt 15,6 Mio. € Einzahlungen und 11,1 Mio. € Auszahlungen einkalkuliert (vgl. Abb. 3 zur Aufteilung der Zahlungen auf die einzelnen Perioden). Die direkten Ein- und Auszahlungen können der Innovation ohne Nebenrechnung zugeschlagen werden. Die indirekten Zahlungen innerhalb des Planungszeitraums wurden durch Erfahrungswerte der Vergangenheit prognostiziert und in gleichen Teilen für alle Produkte des Unternehmens auf die Innovation umgelegt. Im Weiteren ist geplant, am Ende des Produktlebenszyklus die Maschine gegen einen geschätzten Verkaufserlös in Höhe von 3,5 Mio. € zu veräußern. Das Beispielsunternehmen verfügt für das geplante Innovationsvorhaben über keine Eigenmittel. Daher soll zunächst über die Hausbank ein Annuitätenkredit in Höhe der einmaligen Anfangsauszahlung zu einem Sollzinsfuß von 10,0 % aufgenommen werden. Liquiditätsengpässe innerhalb der Planungsperioden können über einen Kontokorrentkredit mit einem Sollzinsfuß von 15,0 % gedeckt und Einzahlungsüberschüsse zu einem Habenszins von 2,0 % angelegt werden. In Abb. 3 ist das Ergebnis der Berechnung des Innovationskalküls für das Fallbeispiel dargestellt.

Die Berechnung weist in Periode t = 4 einen positiven Bestandssaldo in Höhe von 0,8 Mio. € (= Endwert) aus. Daher handelt es sich unter der Voraussetzung, dass die prognostizierten Ein- und Auszahlungen zutreffen, um eine rentable Innovation. Der vollständige Finanzplan bietet somit eine transparente Endwertbestimmung bei relativ realitätsnaher Abbildung der Finanzierungs- und Anlagemöglichkeiten, indem er die Prämisse des vollkommenen Finanzmarktes in Bezug auf einen einheitlichen Zinssatz aufhebt. Unsicherheiten (vor allem über die Güte der gemachten Prognosen) oder die Flexibilität von Handlungsfolgen (bspw. durch Realoptionen; vgl. dazu Littkemann/Holtrup/Schrader 2005, S. 52 ff.) werden im VOFI aber ebenso wie in der Innovationsergebnisrechnung nicht berücksichtigt.

Widerstände gegen das Innovationscontrolling

Gesetzliche Regelungen, die die Gestaltung des internen Rechnungswesens einschränken, existieren nicht. Jedoch gibt es eine Reihe von Faktoren, die bei der Gestaltung von Innovationsabrechnungen im innerbetrieblichen Controllingsystem zu beachten sind (vgl. Littkemann 2005, S. 29 ff.):

Kreativitätsbehinderung durch Innovationscontrolling: Man muss damit rechnen, dass Innovationscontrolling bei kreativ arbeitenden Forschern und Entwicklern nicht unbedingt auf Gegenliebe stößt. Der kreative Freiraum wird eingeschränkt. Es wird Rechenschaft verlangt. Das Vertrauensverhältnis zwischen technischen und kaufmännischen Bereichen wird – sofern überhaupt vorhanden – gestört. Ein Teil der Arbeitszeit geht für die Erfassung von Daten für das Innovationscontrolling verloren. Man muss in der Situation der Einführung eines Innovationscontrollings darauf gefasst sein, dass es zu einem Kreativitätsverlust kommen kann.

Vernachlässigung technischer Kriterien im Innovationscontrolling: Innovationscontrolling basiert auf ökonomischen Größen. Es wird ein wirtschaftlicher Erfolg ermittelt. Technische Kriterien werden nicht erfasst. Somit gehört die Ermittlung eines technischen Innovationserfolgs nicht (primär) zu den Aufgabengebieten des – vornehmlich rechnungswesenorientierten – Innovationscontrollings. Dazu muss auf qualitative und semi-quantitative Instrumente des Projektmanagements zurückgegriffen werden (vgl. Keim/Littkemann 2005).

Einbeziehung von Prognosedaten in das Innovationscontrolling: Man muss sich bewusst sein, dass in den Innovationsabrechnungen größtenteils Prognosedaten enthalten sind bzw. sein müssen. Dies bedeutet: Die Erwartungen müssen nicht zutreffen. Man kann sich irren – und für äußerst radikale Innovationsprozesse gilt überdies sogar: Man darf sich irren (können). Dies betrifft hauptsächlich die Schätzung der Erlöse, da diese in der Regel wesentlich schwieriger zu bestimmen sind als die Plankosten. Fehlprognosen sind menschlich. Sie lassen sich nicht „verbieten". Wichtig ist allerdings, dass man nachvollziehen kann, warum man sich geirrt hat. Diese Erfahrungen können darüber hinaus nützlich für spätere Innovationen sein.

Wirtschaftlichkeitsaspekte hinsichtlich des Innovationscontrollings: Die Implementierung und fortwährende Pflege eines Innovationscontrollingsystems kostet Zeit und Geld. Man muss abwägen, ob es dies wert ist. Die gesamten Kosten für ein solches System sind im Verhältnis zum entstehenden Nutzen zu sehen. Ist die betriebliche Innovationsrate niedrig oder handelt es sich im Unternehmen bei den durchgeführten Innovationen um – kosten- und erfolgsmäßig – vernachlässigbare Tatbestände, muss man sorgfältig überlegen, ob ein Innovationscontrolling den entscheidenden Nutzen bringt. Entscheidet man sich für das Innovationscontrolling, muss ebenfalls jeder Schritt der Ausgestaltung im Hinblick auf die Wirtschaftlichkeit geprüft werden – bspw. ob es bei einem entsprechenden Leistungsaustausch notwendig ist, eine Verrechnung dieser Kosten zwischen den beteiligten Innovationsprojekten vorzunehmen oder nicht.

Zuordnungsschwierigkeiten hinsichtlich der Ausgestaltung von Innovationsabrechnungen: Auf das immer wieder hervorgebrachte Argument gegen die praktische Ausgestaltung von Innovationsabrechnungen – die betreffenden Kosten und Erlöse ließen sich nicht eindeutig definieren, und selbst wenn, könne man sie nicht eindeutig isolieren und zuordnen – soll hier nur der Vollständigkeit halber eingegangen werden, da dieses vornehmlich sachlicher Grundlagen entbehrt (vgl. Hauschildt 2004, S. 523 ff). Zum einen ist das Erfassungs- und Zurechnungsproblem generell in der Kosten- und Leistungsrechnung gegeben. Wer sagt, er könne nicht abrechnen, will möglicherweise nicht abrechnen. Man sperrt sich gegen das innerbetriebliche Rechnungswesen mit all seinen überwachungstechnischen Konsequenzen, wie z. B. die Transparenz und Zuordnung von Verantwortlichkeiten. Zum anderen existieren in den Wirtschaftswissenschaften allgemein anerkannte Standards, z. B.

zur Spezifizierung von Ausgaben für Forschung und Entwicklung (Frascati-Handbuch, hrsg. vom Bundesministerium für Forschung und Technologie 1982). Solche Standards lassen sich auch für Innovationen in jedem Unternehmen entwickeln, wobei die jeweiligen betriebsbedingten Besonderheiten berücksichtigt werden können. Kurzum: Argumente des Nicht-Abrechnen-Könnens haben den Charakter von „Killer-Phrasen" und werden oftmals von den Opponenten als Innovationsbarrieren verwendet.

Zudem ist mit Reaktionen seitens der Beteiligten und Betroffenen auf die Ergebnisse der Abrechnungen aus dem Innovationscontrolling zu rechnen. Eine interne Berichterstattung über Innovationen ist zumeist mit folgenden Konsequenzen verbunden (vgl. Littkemann 2005, S. 31 ff.):

Transparenz der Innovation im Betriebsergebnis: Der (wirtschaftliche) Erfolg der Innovation taucht im Betriebsergebnis des internen Rechnungswesens auf. Er wird transparent für die Stellen, die Zugang zu diesen Daten haben. Die Unternehmensleitung muss sich entscheiden, welchen Stellen diese Informationen zugänglich gemacht werden. Denn durch die Berichterstattung über Innovationen können interne Opponenten auf die Innovation aufmerksam gemacht werden, die den Innovationsprozess – unter Umständen unbemerkt – empfindlich behindern können (sog. destruktiver Widerstand). Auf der anderen Seite kann es aber gerade Sinn machen, die Innovation intern bekannt zu machen, um möglicherweise neue Argumente von nicht „innovationsblinden" Stellen geliefert zu bekommen, an die man zu Beginn des Innovationsprozesses oder während des Innovationsverlaufs (noch) nicht gedacht hat (sog. konstruktiver Widerstand).

Vergleichsmöglichkeiten mit anderen Innovationsprojekten: Erfolgsvergleiche ökonomischer Natur zwischen verschiedenen Innovationsprojekten werden möglich. Dies kann dazu führen, dass es zu Grabenkämpfen zwischen verschiedenen Projektteams kommt. Ressourcenverschwendung und Ineffizienzen sind die Folge. Insbesondere wenn die kreativen Mitarbeiter des Innovationsbereichs bisher nicht gewohnt waren, wirtschaftlich Rechenschaft abzulegen. Die Situation eines plötzlich auftretenden Konkurrenzkampfes und internen Wettbewerbs kann negative Auswirkungen auf den Innovationserfolg haben. Es muss im Interesse der Unternehmensleitung liegen, dass es zu einem positiven Wettstreit zwischen den Projektteams kommt. Den projektverantwortlichen Leitern muss daher genügend Spielraum eingeräumt werden, um zu begründen, warum ihr Projektergebnis unter dem eines internen Konkurrenten liegt.

Motivationserhöhung des Projektteams durch die Innovationsabrechnung: Geht man davon aus, dass vorher keine Bewertung der Tätigkeit der an der Innovation hauptsächlich beteiligten, zumeist technisch orientierten Leistungsbereiche im Unternehmen praktiziert wurde, so erhofft man sich durch eine Innovationsabrechnung einen Motivationsschub dieser Mitarbeiter. Denn ihre Tätigkeit wird nun separat im Unternehmensergebnis als eigener Erfolgsbeitrag – und nicht nur allgemein als Teil des Personalaufwands – sichtbar. Aber gerade aus den indirekten Leistungsbereichen hört man jedoch immer wieder Äußerungen, dass es leider nicht möglich sei, den Erfolg ihrer Tätigkeit zu messen. Dies dient jedoch oft nur als Schutzargument, hinter dem sich diese Bereiche gerne verschanzen. Denn Innovationscontrolling auf Basis ökonomischer Planungs- und Kontrollrechnungen sorgt für Ruhe und Unfrieden. Historisch gewachsene Bequemlichkeit und Sicherheiten sind in Gefahr. Daher muss man damit rechnen, dass es gerade die technischen Bereiche selbst sind, die eine wirtschaftlich orientierte Innovationsabrechnung – speziell aus dem kaufmännischen Rechnungswesen – ablehnen. Durch diese feindliche Haltung kann sich die erhoffte Motivationswirkung in ihr Gegenteil verkehren. Daher ist es wichtig, dass die Unternehmensleitung neben der Innovationsabrechnung noch andere Bewertungsmaßstäbe, z. B. Prozessstruktur- oder Meilensteinanalysen, heranzieht, um nicht das Gefühl einer einseitigen Bewertung wirtschaftlicher Art zu vermitteln.

Akzeptanz der Innovationsabrechnung als Planungs- und Kontrollinstrument: Sorgfältig durchgeführte Planungen und Kontrollen gehören zwar auf der einen Seite zu den Erfolgsfaktoren des Innovationscontrollings – so verspricht man sich von ihrem Einsatz Effektivitäts- und Effizienzgewinne. Auf der anderen Seite können sie auch schnell zu Innovationsbarrieren werden, wenn sie unreflektiert eingesetzt werden. Dies trifft insbesondere auf Abrechnungen aus dem Rechnungswesen zu, denen seitens der Techniker „per se" eine innovationshemmende Eigenschaft zugesprochen wird. Wird man in einer solchen Situation das Schwergewicht auf den Kontrollprozess legen, muss man sich auf Akzeptanzprobleme gegenüber den Abrechnungen einstellen. Seitens der Mitarbeiter kann sich das Gefühl breit machen, die Erfolgsermittlung diene lediglich zur Aufdeckung innerbetrieblicher Schwachstellen, die in der Konsequenz zur Wegrationalisierung der eigenen Arbeitsplätze führt. Gewinnt man die Mitarbeiter des Innovationsprojektteams nicht für die Abrechnung, werden unter Umständen falsche Daten geliefert, die den Informationsgehalt dieser Controllinginstrumente stark einschränken können. Die Unternehmensleitung muss daher bei der erstmaligen Anwendung von Innovationsabrechnungen Begründungen für den Einsatz dieser Instrumente liefern. Es muss ein Bewusstsein dafür geschaffen werden, warum die Ermittlung eines ökonomischen Innovationserfolgs eine wichtige Größe für das Unternehmen ist – ohne dass die Beteiligten mit negativen Konsequenzen für ihren eigenen Arbeitsplatz rechnen müssen.

Institutionales Innovationscontrolling

Im Rahmen des institutionalen Innovationscontrollings ist zu klären, wie die unternehmensinterne Controllingabteilung bzw. ein speziell für Innovationen zuständiges Projektcontrolling in den Innovationsprozess einzubeziehen ist (vgl. Littkemann/Lewerenz 2000, S. 26 f.). Institutionelle Zuständigkeit bedeutet, dass die einzelnen controllingbezogenen Informationsaktivitäten bestimmten Stellen zugeordnet werden. Im Innovationsfall bedeutet dies, dass vornehmlich zwischen dem *Projektteam*, dem *Projektcontrolling* und der Auftrag gebenden Instanz, im Zweifel dem *Top-Management*, eine *Aufgabenabgrenzung* stattfinden muss. Das Idealbild ist wie folgt zu skizzieren: Das Projektteam erstattet laufend Bericht über den ökonomischen Fortschritt des Innovationsprozesses an das Projektcontrolling. Dieses prüft in einem ersten Schritt die Berichte, indem ein Soll-/Ist-Vergleich der Innovationsziele vorgenommen wird. In einem zweiten Schritt leitet das Projektcontrolling auf Basis der Prüfergebnisse ggf. eine Zielrevision oder eine Maßnahmenentscheidung ein. Bei starken (negativen) Zielabweichungen informiert das Projektcontrolling zudem das Top-Management über die aufgetretenen Fehlentwicklungen des Projekts. Unter Umständen greift das Top-Management dann direkt in den Innovationsprozess ein.

Auf operativer Ebene kommt es somit zwischen dem Projektteam und dem Projektcontrolling zu einem ständigen wechselseitigen Datenaustausch. Beide Instanzen sind sowohl mit Informationsrechten als auch mit Informationspflichten ausgestattet. Die bewusste Zusammenarbeit zwischen Technikern und Kaufleuten fördert das gegenseitige Verständnis und hilft, frühzeitig Probleme im Konsens zu lösen. Wird dabei die *hohe Relevanz wirtschaftlicher Zielsetzungen im Innovationsprozess* akzeptiert, trägt dies wesentlich zum Erfolg des Innovationscontrollings bei (vgl. Littkemann 1998, S. 70 ff.). Eine zielgerichtete Zusammenarbeit zwischen Technikern und Kaufleuten ist in der Praxis jedoch keinesfalls eine Selbstverständlichkeit; insbesondere bei vielen Großunternehmen besteht nach wie vor die Tendenz, die beiden Bereiche geografisch bzw. räumlich strikt zu trennen und somit eine Kommunikation untereinander erst gar nicht stattfinden zu lassen. So berichtet Wiebecke von einem schweizerischen Unternehmen der Chemieindustrie, dass die Techniker/Naturwissenschaftler einerseits und die Kaufleute andererseits das Firmengelände durch unterschiedliche Tore betreten mussten. „Der Leiter einer Forschungseinheit habe einmal, ins Gespräch mit einem Mitarbeiter der kaufmännischen Abteilung vertieft, den Eingang der Kaufleute benutzt. Dieser Vorfall sei gleichentags in einem Rundschreiben des Firmenleiters mit Befremden vermerkt worden" (Wiebecke 1989, S. 129). Durch solche *organisatorischen (Fehl)-Entwicklungen* droht die Gefahr, dass die Koordination der Unternehmensaktivitäten erheblichen Schaden nimmt. Eine fruchtbare Zusammenarbeit in einem bunt zusammen gewürfelten Projektteam, deren Mitarbeiter sich zuvor nicht austauschen (können) und eine vollkommen andere „Sprache" sprechen, dürfte unter diesen Umständen kaum zu erwarten sein.

Sofern das Projektteam den Innovationsauftrag von einer höher gelegenen Linieninstanz bzw. von der Unternehmensleitung erhalten hat, muss auch diese Stelle über den Projektverlauf informiert werden. Dies geschieht in der Regel durch das Projektcontrolling zu für das Projekt strategisch wichtigen Zeitpunkten. Droht das *Projekt* aufgrund einer neuen Marktlage, technologischer Schwierigkeiten oder durch Fehler in der Projektdurchführung zu *scheitern*, muss die Unternehmensleitung sofort informiert werden. Gemeinsam mit dem Projektteam muss überlegt werden, ob eine Projektfortführung weiterhin sinnvoll ist. Hierbei ist abzuwägen, bis zu welchem Punkt Maßnahmenentscheidungen noch vom Projektteam selber getroffen werden können oder von der Unternehmensleitung getroffen werden müssen.

Im Rahmen der Zuweisung institutioneller Zuständigkeiten ist es des Weiteren von besonderer Bedeutung, welche Stelle für die *Aufstellung von Prognosedaten* verantwortlich ist. Vordergründig ist dabei an das Projektteam zu denken, das mit der nötigen Fachkompetenz ausgestattet ist. Allerdings ist es nicht sinnvoll, sich ausschließlich auf die subjektive Einschätzung zukünftiger Entwicklungen von relevanten Parametern durch das Projektteam zu verlassen. Es ist hilfreich, zusätzlich auf Erfahrungswerte früherer, ähnlich gelagerter Innovationsprojekte und ggf. auf objektive Situationsanalysen unternehmensexterner Institutionen zurückzugreifen. Zudem ist hier der Vertriebsbereich gefragt, der durch geeignete Marktforschungsanalysen aufgefordert ist, den möglichen Absatz des neuen Produkts zumindest näherungsweise zu konkretisieren.

Aus Sicht eines institutionalen Innovationscontrollings ist der *Grad an Selbstcontrolling für das Projektteam* um so höher, je geringer die sachlichen und zeitlichen Anforderungen der Berichterstattung an das Projektteam und je höher die Freiheitsgrade bei der Aufstellung der Prognosedaten durch das Projektteam sind und je größer die Verantwortung des Projektteams für Maßnahmenentscheidungen bei Kostenabweichungen ist.

Kontextfaktoren der Gestaltung des Innovationscontrollings

Kontext und Selbstcontrolling

Die Gestaltung des Innovationscontrollings und insbesondere die Festlegung des Selbstcontrollinggrads für das Projektteam hängt von einer Vielzahl unterschiedlicher Kontextfaktoren ab (vgl. zum Konzept des Selbstcontrollings Littkemann 2006, S. 28 ff.), die bei der Organisationsgestaltung zu berücksichtigen sind. In Abb. 4 sind einige der wichtigsten Parameter dargestellt, wobei eine Unterteilung in personen-, projekt- und systembezogene Faktoren vorgenommen wurde (vgl. ausführlich Littkemann/Lewerenz 2000, S. 26 ff.). In der zweiten Spalte wird der vermutete Einfluss auf die Höhe des Grads an Selbstcontrolling für das Projektteam angegeben: ein Pluszeichen steht dabei für einen hohen, ein Minuszeichen für einen niedrigen Selbstcontrollinggrad.

Personenbezogene Faktoren

Erfolgreiche Innovationstätigkeit erfordert das Zusammenwirken höchst unterschiedlicher Personen (Hauschildt 2004, S. 195 ff.). Jede Innovation ist untrennbar verbunden mit bestimmten *Schlüsselpersonen* (sog. Promotoren), die den In-

CONTROLLING VON INNOVATION

Einflussfaktoren auf das Selbstcontrolling

	−	+
1. Personenbezogene Faktoren		
• Engagement des Top-Managements in der operativen Projektarbeit	•	
• „Kreativer Genius" als Projektleiter	•	
• „Bastler/Tüftler" als Projektleiter		•
• innovationsfeindliche Einstellung des Projektcontrollers	•	
2. Projektbezogene Faktoren		
• Implementierung einer separaten, abteilungsübergreifenden Projektgruppe		•
• Frühzeitige Implementierung einer eigenständigen Projektgruppe		•
• hohe Unsicherheit in der Kosten- und Zeitplanung		•
• Fremdfinanzierung des Projekts	•	
3. Systembezogene Faktoren		
• Unternehmensgröße		•
• Innovationshäufigkeit im Unternehmen		•
• hoher Wettbewerbsdruck		•
• gute wirtschaftliche Lage des Unternehmens	•	

Abbildung 4: Einflussfaktoren auf das Selbstcontrolling des Projektteams

novationsprozess durch ihr Handeln vorantreiben und gegen Widerstände durchzusetzen versuchen. Die Einstellungen und Werte sowie persönlichen Zielsetzungen der am Innovationsprozess Beteiligten finden ihren Niederschlag nicht nur im (technischen) Innovationsergebnis, sondern sind auch für die innerbetriebliche Gestaltung des Innovationscontrollings bedeutsam. Hier ist in erster Linie an das Zusammenspiel zwischen Top-Management (als auftraggebende Instanz), Projektteam (als auftragnehmende Instanz) und Projektcontrolling (als prozesssteuernde Instanz) zu denken (vgl. Littkemann 1997).

Wenn sich das *Top-Management* persönlich in der laufenden Projektarbeit engagiert und an der Bearbeitung von operativen Aufgaben mitwirkt, dürfte dies nicht nur Auswirkungen auf eine insgesamt sinkende Bedeutung des Controllings haben, sondern auch zu einem niedrigeren Selbstcontrollinggrad führen. In diesen Fällen spielt das Projektcontrolling lediglich eine untergeordnete Rolle. Die Projektorganisation ist zumeist vollständig auf die Bedürfnisse der Unternehmensleitung zugeschnitten. Das Top-Management ist durch den persönlichen Kontakt laufend über den Projektfortschritt informiert, was den Planungs- und Kontrollaufwand sinken lässt. Durch die starke Dominanz des Top-Managements werden die Rechte des Projektteams, die lokalen Erwartungs- und Aktionsparameter selbstständig planen und kontrollieren zu dürfen, jedoch stark beschnitten. Der Innovationserfolg ist daher maßgeblich von den persönlichen Fähigkeiten des Top-Managements abhängig.

Aber auch die *Einstellungen und Werte des Projektleiters* und des *Projektcontrollers* als weitere führende Personen im Innovationsprozess sind von Bedeutung. Handelt es sich bei dem Projektleiter um jemanden, der permanent kreative Ideen entwickelt und in seinem Tatendrang nur schwer zu bremsen ist, wird man ihm im Zweifel einen geringeren Grad an Selbstcontrolling zubilligen wollen, da die Gefahr groß ist, dass er die eigentlichen Innovationszielsetzungen aus dem Auge verliert und sich zu stark in Detailentwicklungen engagiert. In diesem Fall wird es notwendig sein, auf Fremdcontrolling zurückzugreifen, um auf die Relevanz wirtschaftlicher Zielsetzungen aufmerksam zu machen. Der Projektcontroller muss allerdings diplomatisches Geschick im Umgang mit diesem Typus eines Projektleiters aufweisen. Fühlt sich dieser in seinem Handlungsspielraum allzu sehr eingeengt, kommt es schnell zur Verärgerung und einer Blockierhaltung. Die Quelle sprudelnder Ideen versiegt dann schnell.

Anders ist der Fall gelagert, wenn es sich bei dem Projektleiter um einen Bastler oder Tüftler handelt, der nach technischer Perfektion strebt. Zwar weist dieser Projektleitertyp häufig ein ausgeprägtes Kostenbewusstsein auf, mit einem schnellen Projektabschluss ist jedoch zumeist nicht zu rechnen. Der Tüftler findet immer noch etwas, das sich verbessern lässt. Seine Handlungsspielräume sind dahingehend zu erweitern, dass ihm bewusst gemacht wird, Risiken eingehen zu dürfen. Es müssen auch (kostspielige) Fehlentwicklungen erlaubt sein. Vordringlichste Aufgabe des Projektcontrollings besteht in diesen Fällen darin, die Zeitziele zu überwachen. Es gilt, auf die Termineinhaltung zu drängen, um die baldige Amortisation des eingesetzten Risikokapitals gewährleisten zu können. Insgesamt wird somit deutlich, dass der Innovationserfolg nicht nur von den technischen Fähigkeiten des Projektleiters und seines Teams abhängig ist, sondern auch davon, inwieweit der zuständige Projektcontroller in der Lage ist, die Erreichung der ökonomischen Zielsetzungen zu gewährleisten.

Der *Projektcontroller* befindet sich bei seiner Tätigkeit auf einem *schmalen Grat*. Auf der einen Seite muss er die Nähe zum Projektteam suchen. Ohne ein Mindestmaß an Kenntnis über den Innovationsgegenstand und einen persönlichen Einblick in den Alltag der Projektarbeit wird er es nicht nur schwer haben, den Projektfortschritt entsprechend bewerten zu können, sondern wird darüber hinaus auch mit Akzeptanzproblemen zu kämpfen haben. Er muss Treiber des Innovationsprozesses sein, um auch Anregungen zu mehr Aktivitäten geben zu können. Denn immer wieder glauben Projektverantwortliche Kosten sparen zu können, wenn sie bestimmte F&E-Aktivitäten unterlassen. Auf der anderen Seite ist der Projektcontroller gezwungen, die nötige Distanz zu den Mitgliedern des Projektteams zu wahren. Ist er zu stark in das Projektteam integriert, besteht die Gefahr, dass er sich zu stark für das Projekt begeistern lässt. Dabei kommt speziell dem Projektcontroller die Aufgabe zu, nicht nur für ein treibendes, sondern auch für ein bremsendes Element im Innovationsprozess zu sorgen. Er soll insbesondere dann wachsam sein, wenn das Projektteam zu übertriebenem Innovationsenthusiasmus neigt. Verliert er seine Neutralität gegenüber der Innovation, drohen Fehlsteuerungen. Dies kann allerdings auch dann zutreffen, wenn der Projektcontroller aus persönlichen Gründen der Innovation ablehnend gegenübersteht. Hierbei entsteht großes *Konfliktpotenzial* zwischen Projektleiter und Projektcontroller, wobei sachliche Konflikte zumeist hinter persönlichen Konflikten zurücktreten. In beiden Fällen muss die Unternehmensleitung eingreifen. Zumeist ist die naheliegende Lösung, die Position des Projektcontrollers auszutauschen, da auf die durch den Innovationsprozess erworbene fachliche Kompetenz der einzelnen Projektmitarbeiter – insbesondere mit zunehmender Innovationsdauer – in der Regel nur schwer zu verzichten ist. Ein Personalwechsel im Projektteam dürfte sich deshalb wesentlich schwieriger gestalten.

Projektbezogene Faktoren

Die Auswahl der Methoden des Projektmanagements, mit Hilfe derer die Realisierung des Innovationsprozesses im Unternehmen vollzogen wird, bleibt nicht ohne Einfluss auf die Höhe des Selbstcontrollinggrads. Die gewählte Form der Projektorganisation ist in erster Linie davon abhängig, welchen Stellenwert die Unternehmensleitung der durchzuführenden Innovation beimisst. Je komplexer und risikobehafteter eine Innovation ist *(radikale Innovation)*, desto bedeutsamer ist sie in der Regel für das Top-Management. Bei sehr risikobehafteten Innovationen sind der Verlauf des Innovationsprozesses und das Innovationsergebnis nur schwer abzuschätzen. Die Kosten- und Zeitplanung unterliegt großen Unsicherheiten, wobei im Zweifel von worst-case-Szenarien auszugehen ist. Daher wird in diesen Fällen das Projektteam mit höheren Freiheitsgraden in der Festlegung der Erwartungs- und Aktionsparameter versehen. Dadurch soll fortwährend die Kreativität der Ideenfindung und Flexibilität des Handelns erhalten bleiben. Es ist eine separate, abteilungsübergreifende Projektgruppe zu bilden, deren Tätigkeit ausschließlich auf die Durchführung der betrachteten Innovation fokussiert ist. In diesem Zusammenhang empfiehlt es sich, möglichst frühzeitig während des Innovationsverlaufs eine eigenständige Projektgruppe zu installieren. In diesem Fall haben es Opponenten gegen die Innovation wesentlich schwerer, ihre Argumente hervorzubringen und gegebenenfalls durchzusetzen. Durch die frühzeitige Implementierung einer eigenständigen, für die Innovation zuständigen Projektgruppe dokumentiert das Top-Management, wie bedeutend der Innovationserfolg für das gesamte Unternehmen ist. Widerstände aus bereichsegoistischen oder persönlichen Gründen werden so unterbunden.

Ist der Komplexitätsgrad einer Innovation hingegen niedrig *(inkrementale Innovation)*, kann zumeist auf die Bildung einer separaten Projektgruppe verzichtet werden. Die Projektarbeit kann von Teilen einer federführenden Abteilung, z. B. der FuE-Abteilung, übernommen werden und braucht auch nicht in Vollzeittätigkeit ausgeübt werden. Der Innovationsprozess wird mit in der Vergangenheit routinemäßig erworbenen Methoden und Techniken durchgeführt. Je eher auf frühere Erfahrungswerte zurückgegriffen werden kann, desto bedeutender wird Kosten- und Zeiteffizienz. In diesem Fall werden die Projektmitarbeiter mit eher geringeren Handlungsspielräumen versehen, da der Kreativität eine wesentlich niedrigere Bedeutung zukommt und die Effizienz wirtschaftlichen Handelns im Vordergrund steht.

Die Art der *Projektfinanzierung* steht ebenfalls im Zusammenhang mit dem Selbstcontrollinggrad. Wird das Projekt fremdfinanziert, verlangen die Kreditgeber wirtschaftliche Nachweise über den Innovationsverlauf. Dies trifft zwar prinzipiell auch auf eigenfinanzierte Projekte zu, der Verhandlungsspielraum ist dann jedoch wesentlich größer. Berichterstattungsformen und -termine lassen sich flexibler handhaben. Insbesondere bei sehr risikoreichen Innovationen ist laufende Berichterstattung über die Planungs- und Kontrolldaten gegenüber Dritten zwingend. Dies schränkt den Selbstcontrollinggrad des Projektteams ein. Damit es nicht zu Kreativität hindernden Wirkungen kommt, ist das diplomatische Geschick des Projektcontrollers gefragt. Auf der einen Seite darf er der Projektgruppe nicht das Gefühl vermitteln, dass diese zu stark in ihren Handlungsspielräumen beschnitten wird. Auf der anderen Seite muss er den Kreditgebern verdeutlichen, dass deren Vorgaben Berücksichtigung im Innovationsprozess finden.

Systembezogene Faktoren

Zu den systembezogenen Faktoren gehören die konstitutiven Rahmenbedingungen des innovierenden Unternehmens, die zwar in keinem direkten Zusammenhang zur Gestaltung des Innovationscontrollings stehen, jedoch indirekte Wirkungen auf die Höhe des Selbstcontrollinggrads ausüben. So wirkt bspw. die *Unternehmensgröße* latent negativ auf den Grad an Selbstcontrolling für das Projektteam. Großunternehmen verfügen zumeist über ein stark ausgebautes Planungs- und Kontrollsystem. Die Vorteile des Planungs- und Kontrollsystems liegen in der effizienten Steuerung der Routineprozesse. Wird dieses System unbesehen auf die Steuerung von Innovationen übertragen, dürfte es jedoch zu Fehlsteuerungen kommen, da insbesondere bei hochkomplexen Innovationen die Effizienzziele zunächst nicht im Vordergrund des Innovationscontrollings stehen.

Handelt es sich bei dem innovierenden Unternehmen um eine Firma, in der *Innovationen eher selten* vorkommen, dürfte dies – abgesehen von zumeist fehlendem Management-Know-how – ebenfalls zu negativen Wirkungen auf den Selbstcontrollinggrad führen. Da das interne Rechnungswesen in diesen Fällen nicht auf Innovationen zugeschnitten ist, wird der Investitionscharakter der Innovation nicht erkannt. Die Innovation wird als bloßer Kostenverursacher ohne zukünftigen Erfolgsbezug gesehen (vgl. Hauschildt 2004, S. 165 ff.). Es besteht die Gefahr, dass das Projekt vorschnell abgebrochen wird.

Herrscht *starker Wettbewerbsdruck* für das innovierende Unternehmen, wird es eher zu einem höheren Selbstcontrollinggrad kommen. Zeit wird zu einem entscheidenden Faktor für den Innovationserfolg. Dem Projektteam werden dann größere Handlungsspielräume eingeräumt, auf die Erstellung allzu komplexer Innovationsabrechnungen wird trotz des wachsenden Risikos eines Fehlschlages zumeist verzichtet.

Auch die gegenwärtige *wirtschaftliche Lage* des innovierenden Unternehmens bleibt nicht ohne Wirkung auf den Selbstcontrollinggrad. Befindet sich das Unternehmen in einer über den Erwartungen liegenden Gewinnsituation, steht „Spielgeld" zur Verfügung. Es ist dann eher bereit, Risiko behaftete Projekte mit ungewissem Ausgang zu starten. Diese Situation fördert tendenziell den Prozess des Selbstcontrollings.

Abschließend lässt sich festhalten, dass sich das Optimum eines Selbstcontrollinggrads nicht in allgemeiner Form bestimmen lässt; es wird immer noch von weiteren Faktoren und der spezifischen Situation des innovierenden Unternehmens abhängen. Große Verantwortung lastet dabei auf der Person des Projektcontrollers, der mit viel Fingerspitzengefühl in Einzelfällen entscheiden muss.

■ Fazit

Im Regelfall ist das *Innovationscontrolling am erfolgreichsten*, wenn es auf der bewussten Zusammenarbeit zwischen Projektmanagement und Projektcontrolling basiert. Dies bedeutet, dass auf der einen Seite die Installation eines eigenständig handelnden Projektteams zur Schaffung von Handlungsspielräumen notwendig ist, damit die kreativen Kräfte freigesetzt werden können. Auf der anderen Seite muss jedoch durch den Funktionsmechanismus eines die Innovation problemadäquat behandelnden Controllingsystems der Innovationsprozess gesteuert werden, um den Handlungsspielraum der kreativen Kräfte zu begrenzen, damit die ökonomisch orientierten Zielsetzungen erreicht werden können. Im Zweifel ist dabei der Erstellung von Innovationsabrechnungen, die die Innovation als Investition in ihren Abrechnungen behandeln, der Vorzug vor einer aktiven Mitarbeit des Projektcontrollings am Innovationsprozess zu geben.

Anmerkung
* Die Autoren widmen diesen Beitrag ihrem Doktorvater Prof. Dr. Dr. h.c. Jürgen Hauschildt.

Literatur

BIERICH, M.: Innovation und Wettbewerbsfähigkeit: zwei Fallbeispiele aus dem Hause Bosch, in: DICHTL, E. et al. (Hrsg.): Innovation und Wettbewerbsfähigkeit, Wiesbaden 1987, S. 1–15.

BROCKHOFF, K.: Forschung und Entwicklung – Planung und Kontrolle, 5. Aufl., München/Wien 1999.

Bundesminister für Forschung und Technologie (Hrsg.): Frascati-Handbuch – Die Messung wissenschaftlicher und technischer Tätigkeiten, Bonn 1982.

EISENBERG, D./LITTKEMANN, J.: Schnittstellencontrolling, in: LITTKEMANN, J. (Hrsg.): Unternehmenscontrolling – Konzepte, Instrumente, praktische Anwendungen mit durchgängiger Fallstudie, Herne/Berlin 2006, S. 1–128.

GEMÜNDEN, H. G.: Zielbildung, in: CORSTEN, H./REISS, M. (Hrsg.): Handbuch Unternehmensführung. Konzepte – Instrumente – Schnittstellen, Wiesbaden 1995, S. 251–266.

GEMÜNDEN, H. G.: Die Entstehung von Innovationen: eine Diskussion theoretischer Ansätze, in: HAMEL, W./GEMÜNDEN, H. G. (Hrsg.): Außergewöhnliche Entscheidungen. Festschrift für JÜRGEN HAUSCHILDT, München 2001 S. 409–440.

GEMÜNDEN, H. G./SALOMO, S.: Der Einfluss der Projektautonomie auf den Projekterfolg, in: AMELINGMEYER, J./HARLAND, P. (Hrsg.): Technologiemanagement und Marketing. Festschrift für Prof. Dr. Dr. h.c. GÜNTER SPECHT, Wiesbaden 2005, S. 63–82.

GROB, H. L.: Investitionsrechnung mit vollständigen Finanzplänen, München 1989.

HAUSCHILDT, J.: Ist das Rechnungswesen innovationsfeindlich?, in: BOYSEN, K. et al. (Hrsg.): Der Wirtschaftsprüfer vor innovativen Herausforderungen, Stuttgart 1992, S. 51–67.

HAUSCHILDT, J.: Die Innovationsergebnisrechnung – Instrument des F&E-Controlling, in: Betriebs-Berater, 35. Jg. (1994), S. 1017–1020.

HAUSCHILDT, J.: Innovationsmanagement, 3. Aufl., München 2004.

HAUSCHILDT, J./SCHEWE, G.: Der Controller in der Bank, 2. Aufl., Frankfurt am Main 1993.

HAUSCHILDT, J./SCHLAAK, T.: Zur Messung des Innovationsgrades neuartiger Produkte, in: Zeitschrift für Betriebswirtschaft, 71. Jg. (2001), S. 161–182.

KEIM, G./LITTKEMANN, J.: Methoden des Projektmanagements und -controlling, in: LITTKEMANN, J. (Hrsg.): Innovationscontrolling, München 2005, S. 57–151.

KÜPPER, H.-U.: Investitionstheoretische Fundierung der Kostenrechnung, in: Zeitschrift für betriebswirtschaftliche Forschung, 37. Jg. (1985), S. 26–46.

LITTKEMANN, J.: Erfolgreiches Innovationscontrolling – Ergebnisse einer empirischen Untersuchung, in: Zeitschrift für Betriebswirtschaft, 67. Jg. (1997), S. 1309–1331.

LITTKEMANN, J.: Projektmanagement und Projektcontrolling – Gestaltungsansätze in der Praxis, in: Zeitschrift Führung und Organisation, 67. Jg. (1998), S. 68–73.

LITTKEMANN, J.: Controlling von Spielerinvestitionen in der Fußball-Bundesliga, in: WEBER, J./HIRSCH, B. (Hrsg.): Zur Zukunft der Controllingforschung, Wiesbaden 2003, S. 219–232.

LITTKEMANN, J.: Einführung in das Innovationscontrolling, in: LITTKEMANN, J. (Hrsg.): Innovationscontrolling, München 2005, S. 3–55.

LITTKEMANN, J.: Konzeption des Controlling, in: LITTKEMANN, J. (Hrsg.): Unternehmenscontrolling – Konzepte, Instrumente, praktische Anwendungen mit durchgängiger Fallstudie, Herne/Berlin 2006, S. 1–128.

LITTKEMANN, J./FIETZ, A./KRECHEL, S.: Instrumente zum Controlling von Spielerinvestitionen im Profifußball, in: Zeitschrift für Controlling, 18. Jg. (2006), S. 133–140.

LITTKEMANN, J./HOLTRUP, M./SCHRADER, C.: Besonderheiten der Bewertung hochinnovativer Unternehmen im Rahmen des Akquisitionscontrollings, in: Zeitschrift für Controlling & Management, Sonderheft 3 (2005), S. 40–57.

LITTKEMANN, J./LEWERENZ, S.: Organisation des Innovationscontrollings, in: io management, Heft 11 (2000), S. 20–30.

MÖHRLE, M. G.: How combinations of TRIZ tools are used in companies – results of a cluster analysis, in: R&D Management, Volume 35, Issue 3 (2005).

RIEBEL, P.: Überlegungen zur Integration von Unternehmensplanung und Unternehmensrechnung, in: Zeitschrift für Betriebswirtschaft, 57. Jg. (1987), S. 1154–1168.

SCHRÖTER, M. R.: F&E-Controlling bei Lurgi, in: LÜCKE, W./DIETZ, J.-W. (Hrsg.): Innovation und Controlling, Wiesbaden 1989, S. 205–229.

SCHULTE, K./LITTKEMANN, J.: Investitionscontrolling, in: LITTKEMANN, J. (Hrsg.): Unternehmenscontrolling – Konzepte, Instrumente, praktische Anwendungen mit durchgängiger Fallstudie, Herne/Berlin 2006, S. 555–665.

WIEBECKE, G.: Das Interface zwischen F&E und Marketing – Kulturelle Unterschiede und die bereichsübergreifende Kommunikation, Zürich 1989.

WITTE, E.: Organisation für Innovationsentscheidungen – Das Promotoren-Modell, Göttingen 1973.

Controlling the Messy World of Logistics Service Innovation

J. Rod Franklin

Introduction

Little research has been conducted in how Logistics Service Providers (LSPs) develop logistics service innovations (Flint et al. 2005). In fact, the topic of service innovation in general has only recently become of interest to researchers (Sundbo 1997). The work performed by current researchers into services innovation focuses generally on issues arising in professional service activities (Den Hartog 2000), the banking and financial services industry (Gadrey et al. 1995), software development (Clements et al. 2002) and other knowledge intensive service operations (Miles et al. 2000). To the extent that logistics service innovation has been researched at all the focus has been on the technical underpinnings of providing logistics activities and not on how innovation actually occurs within the context of an LSPs operation (Zacharia 2001).

The lack of research into how logistics service innovation occurs within a LSP results from several factors. First, the LSP industry is a relatively new phenomena (Regan/Song 2000). Traditionally companies have conducted their logistics operations through internal groups. Third party service providers were used only for temporary storage and transport services or for international freight movement, something that until recently was not very important.

The second fact that has contributed to a lack of research into logistics service innovation has been the fragmented nature of the LSP industry (Regan/Song 2000). Until recently, thousands of small local and regional companies have provided the vast majority of outsourced logistics services to companies using third parties. With the rapid move to a more global economy the industry has begun to consolidate with several large firms now managing a significant portion of the outsourced logistics business (ING 2007).

A final fact that innovation researchers have not looked at the LSP industry is that, until recently, there have been few true innovations that can be attributed to activities in the industry (Flint et al. 2005). The disaggregated nature of the LSP industry, the strategic back water in which the industry operated and the basic nature of traditional logistics services all contributed to an industry outlook that was traditional and risk adverse. Innovation in this context was rare and unnecessary. The drive noted by Schumpeter that leads industries to be overcome through creative destruction did not exist and, therefore, did not occur (Schumpeter 1934).

The rapid switch from local and regional to global trade that occurred in the late 1980s and through the 1990s brought about a dramatic change in the nature of competition in the LSP marketplace (Mur-

- Innovation in logistics services is a messy business because of the context in which logistics service innovation occurs the time and cost pressures that are placed on the Logistics Service Provider (LSP).
- Effective management control is critical, therefore, if the benefits of field innovations are to accrue to the LSP.
- Traditional LSP management control systems do not pay attention to innovation activities.
- This paper presents a non-traditional boundary control process used by an LSP to strategically channel innovation activities through formal monitoring and feedback systems; and an informal "tools and platform" process.

phy/Poist 1998). Enterprises pursuing global sourcing strategies had the option of expanding internal logistics operations or outsourcing these operations to global LSPs. Core competency decisions made many of these enterprises look at logistics as a service to be provided by external service providers (Menon et al. 1998). As global trade grew the need for the few global LSPs to also expand their opera-

Dr. J. Rod Franklin is Vice President, Product Development for Kuehne + Nagel, one of the world's largest logistics service providers. He received his Doctorate in Management from Case Western Reserve University in Cleveland, Ohio. In addition, Dr. Franklin holds a Masters Degree in Business Administration from Harvard, a Masters Degree in Mechanical Engineering from Stanford and a Bachelors Degree in Mechanical Engineering from Purdue University.
Kuehne + Nagel Management AG, Dorfstrasse 50, Postfach 67, CH-8834 Schindellegi, Switzerland, rod.franklin@kuehne-nagel.com

tions increased, and a wave of industry consolidation began (ING 2007).

The expansion of outsourcing requirements coupled with the increasing importance of logistics operations because of globalization began to force LSPs to re-examine their traditional approaches to logistics service provision and move to a more innovation focused strategy to differentiate themselves (Sheffi 1990). Following in the paths marked out by product innovation companies, most of the LSPs chose to implement innovation strategies based on existing innovation models (Dolfsma 2004). The results of attempting to follow in the foot steps of product innovation companies have been mixed (Dolfsma 2004).

Because of the less than hoped for "return on innovation" that resulted from following traditional innovation models Kuehne + Nagel, a leading global LSP, decided to experiment with its innovation strategy. In 2004, Kuehne + Nagel began testing a concept that involved the use of corporately developed platforms and tools to see if a more customer focused, flexible approach to innovation might better fit its business operations. The tools and platform approach to innovation follows a pattern of "democratized" innovation (von Hippel 2005) in which innovation occurs through the interaction of customers and internal solutions design teams using special tools that allow for the rapid development of logistics service on top of stable infrastructures (the platforms). Kuehne + Nagel management hoped that this approach would channel field based innovations in such a manner as to allow the entire company to benefit from innovations developed for specific customers.

While the tools and platform approach was thought to be able to channel the "mechanical" elements of innovation, Kuehne + Nagel management felt that they still required some central control processes to strategically control what essentially was to be a highly decentralized innovation system. To address this need for a higher level of control, Kuehne + Nagel employed a strategy that leveraged its culture, existing management control systems and corporate policies to ensure that innovations followed management's strategic vision. This approach, similar to Simons' concept of „levers of control" (Simons 1995), was thought to address the strategic concerns of management while allowing field personnel the freedom to develop innovative logistics service solutions for customers in a cost effective and timely fashion.

It is critical to note that Kuehne + Nagel's approach to controlling the distributed process of innovation that characterizes innovation within a global LSP addresses both the day-to-day physical activities of innovation and the longer term strategic leverage and direction of these innovation activities. Kuehne + Nagel's management believed that it was essential to the company's ability to capture maximum returns on innovation to develop mechanisms for the control of both components of the innovation process and not simply address one or the other element of innovation.

Physical Control of Innovation

The ultimate objective of any Logistics Service Provider is to grow their business profitably. Innovations allow the LSP to differentiate its service offerings and generate greater profits from these differentiated services. It is therefore extremely important for the Logistics Service Provider to capitalize on the innovations that its field personnel develop in response to customer needs. Unfortunately, given the democratized nature of LSP innovation activities and the lack of traditional processes for controlling innovation, capturing value from field innovation activities has not been easy for LSPs (Song/Regan 2001).

Two approaches are available to the LSP to capture value from its portfolio of distributed innovation activity. One approach can be termed a reactive approach. In this approach, LSP field personnel innovate on behalf of a customer and the LSP, if it has proper sensing tools, responds to the innovation by generalizing and commercializing it (Haeckel 1999). The reactive approach to capitalizing on innovations is, in fact, the model generally followed by Logistics Service Providers and reflects what can best be deemed an opportunistic, but not strategic, response to customer requirements.

While the reactive model of commercialization predominates, it in no way optimizes the LSP's return on innovation activities. Nor does this model allow the LSP to follow a strategic course of action (Simons 1995). Reactive capitalization of innovations by LSPs is problematic since one can never assure oneself that the path that results from opportunistically commercializing a promising field developed innovation is the proper path for the LSP to be following. In addition, by simply reacting to innovations from the field the LSP has no idea which innovation has the potential for greatest long term advantage. Selection, therefore, is at best problematic and, in certain instances, strategically and financially damaging.

Take as an example the decision by a US LSP in the mid 1990s to commercialize an innovative order management solution that had been implemented for the delivery of training material for a franchise training company. The particular solution developed by this LSP's field team allowed the training company's franchise operators to view an online catalog of training material and company branded stationary products, place orders online, track these online orders and take deliver of the orders all in a closed loop process. The service took advantage of the then emerging Internet as a mechanism for linking franchisees, the parent company and the warehouse where these products were stored all in an integrated and real time manner.

Prior to implementing this particular customer driven solution the LSP had never participated in any online order management service. Its previous operations had, in fact, never focused on providing any sort of high volume pick and pack operation. Ignoring this fact, and enamored by the potential profits that the business-to-consumer market appeared to have at this time, management of the LSP decided to commercialize the online order management service. Several years later, after spending several million dollars on re-engineering the field developed online order management system and failing to attract any customers because of its lack of sales and organizational knowledge of the business-to-consumer market, the LSP abandoned its efforts to develop the order management service.

As this example indicates, simply reacting to an innovation opportunity developed through a democratized innovation process is not necessarily good. In fact, it can be argued that a reactive model leads, more often than generally thought, to loosing propositions like the one described in the previous case. Being opportunistic might lead to positive returns, but in business a less risky approach is one that is driven by strategic intent and not hope.

The Platform and Toolkit Approach to Innovation Value Capture

A more strategic approach to the capitalization of field innovations involves the planned channeling of initiative. This approach requires the Logistics Service Provider to identify specific business platforms that it wishes to build services around and then develop toolkits that allow field personnel to rapidly assemble solutions on top of these platforms to the benefit of both customers and the LSP (von Hippel/Katz 2002). Since the toolkits provided by the Logistics Service Provider to its field personnel are not general purpose toolkits, but tools for building solutions on top of strategically developed platforms, they channel the innovation activities engaged in by the distributed field organization along pathways that the LSP can strategically exploit. However, since the toolkits allow the field teams and their customer developmental freedom within the platform framework, they facilitate innovation and capture value that is not present in an ad hoc model.

The provision of toolkits to customers to create unique solutions for themselves based on a product manufacturer's platform is not a new concept (Ramirez, 1999). Software companies, for example, have provided toolkits (software development kits or SDKs) to developers for many years. In the physical product space modular component designs have enabled the users of personal computers, personal printers, and personal entertainment and gaming centers to customize their personal systems in highly innovative ways (Meyer/Lehnerd 1997). In addition, these modular designs have enabled add on equipment manufacturers to reliably develop new and innovative extensions to these systems thus enhancing the sell through of the original equipment manufacturer's "platform."

Unfortunately, within the logistics service market the strategic application of the platform and toolkit approach to channeling innovation has not generally been followed. When Kuehne + Nagel began considering the use of this approach it could find no example of a competitor using a platform and tools model in its industry. Kuehne + Nagel was thus left to test this innovation model on its own.

Testing the Platform and Toolkit Model

Because Logistics Service Providers have generally ignored using a strategically developed platform and toolkit model to channel field based innovation activities Kuehne + Nagel management wondered whether or not this approach would work in the LSP market. To test whether a true strategic channeling model might provide benefits management at Kuehne + Nagel decided to test the model.

Kuehne + Nagel, like most LSPs, had grown from a regional provider of logistics services to a global provider of services. Its field personnel maintained a significant degree of autonomy over their local activities and were referred to within the organization as entrepreneurs. This reference clearly indicated management's perception and expectation that these individuals were to address customer issues in a pro-active manner without worrying too much about corporate approvals. To ensure that control was maintained in the organization, a strong set of financial objectives and controls were used by the organization to focus the entrepreneurial actions of the field on opportunities that at least would return a positive monetary benefit to the organization. However, no controls were in place to ensure that the positive benefits of innovations extended beyond the initial implementation for a single customer. Strategic use of innovations remained a relatively ad hoc activity based on informal knowledge of activities in the various regions.

Given the freedom that management of Kuehne + Nagel had given its field organization to develop solutions for their customers, Kuehne + Nagel had a portfolio of services, many of which overlapped, that could not be leveraged to the benefit of either Kuehne + Nagel or its many other customers. The concept of a platform and toolkit approach for channeling innovation activities was viewed by management as one potential way to gain broader benefits from local entrepreneurial activities. Although the concept was received by management with some degree of skepticism due to its lack of use in the LSP market, Kuehne + Nagel's management decided the idea had sufficient merit to pilot in a real life situation.

Kuehne + Nagel selected a new business field that it was about to enter in which to pilot the platform and toolkit model. This business field was what the company called its Lead Logistics Service (LLS). Because this was a new business field and required new systems and processes to be developed, management felt that employing a new business model for controlling field activities could be implemented more successfully than in an existing business area where history and operating practices would get in the way of any radically different approach to operations.

The LLS business, as defined by Kuehne + Nagel, was to focus on the management of logistics delivery processes and not the execution of these processes. By using this definition the LLS operation

was separated from the traditional business of the Logistics Service Provider in that it did not actually carry out any physical function, its role was the coordination and management of third parties performing the physical activities. The primary functions of the LLS organization would be:
- Network design, optimization, and setup;
- Process development and planning;
- Schedule development and management;
- Contracting and contract management;
- Financial auditing and reporting;
- Continuous improvement; and
- General reporting and event management.

Third party service providers were expected to be controlled through the LLS management function and perform the work planned by the LLS team. The platform and toolkit approach to field innovation activities was felt by Kuehne + Nagel's management to be a good approach to facilitating what was thought to be a complex and highly variable service offering.

After considerable analysis and discussion, management at the LSP decided on a software platform and service toolkit model shown in Figure 1.

The functional modules with vertical descriptions in the figure were to serve as the toolkits for field personnel. These toolkits could be used to construct customer specific services that would be "plugged" into the platform and, because they would have been developed through the use of the toolkits, these services could be extended and leveraged for new customers or for expansion of existing customer services to new geographies.

As with all new services, the development of the platform and toolkit concept was not without problems. Software and toolkit design issues delayed the implementation of the service offering by almost one year. However, once the software, toolkits and processes for implementing the service model had been built the service was tested with extremely positive results. Field personnel were able to, within the design constraints of the toolkits, rapidly develop custom solutions for customers and implement them on top of the service platform. Customer satisfaction was shown to be high since the services being delivered were well documented and reliable. Service profitability was also higher than anticipated since a structured approach with high quality outputs resulted when the platform and toolkit model was employed. Finally, and most important for this discussion, field based innovation was now being physically controlled in such a way that it could be channeled in a strategic manner enabling Kuehne + Nagel to potentially generate higher economic returns.

Strategic Control of Innovation

Physically controlling the innovation activities of its LLS personnel was a significant achievement for Kuehne + Nagel. However, without the ability to strategically control these activities, Kuehne + Nagel's management recognized that it would be unable to capture the full benefits of the innovation efforts of its field personnel. This recognition came about because, although constrained by the capabilities of the tools and platform concept, there were still an almost infinite range of solutions that could be developed in response to customer demands. For Kuehne + Nagel to further focus its field innovation activities required that control mechanisms be implemented that ensured that the strategic intent of management would be followed in any innovation effort.

Kuehne + Nagel's management had considered several options in its efforts to impose strategic intent on its democratized innovation activities. One option that appeared attractive involved using the concepts being embraced in the "beyond budgeting" approach to management control (Hope/Fraser 2003). This approach is based on five basic principles stated as follows:
1. governance through clearly articulated corporate principles and boundaries;
2. creation of high performance environments based on relative measures for success;
3. local decision making freedom within defined boundaries;
4. local team responsibility; and
5. local accountability for customer success.

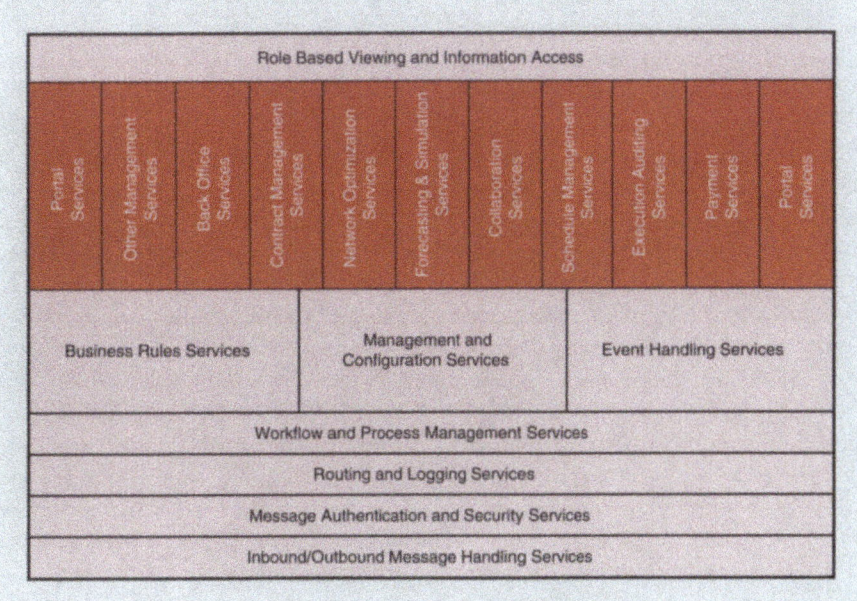

Abbildung 1: Example of a service toolkit model

Kuehne + Nagel management recognized, however, that the high ambiguity and dynamic nature of international logistics demands would require some modifications to this approach if it were to be successfully applied in the organization.

Traditional management control systems generally follow the cybernetic concepts of positive and negative feedback systems (Simon 1976). These systems are designed to identify deviations from expected outputs based on known inputs and to correct these deviations by feeding back control information that modifies the input parameters (Lorange and Morton 1974). Kuehne + Nagel's management control system followed these concepts with a vengeance. Strict financial control and reporting of deviations was managed through the capture of key operating statistics covering revenue, operating expenditures, overhead expenditures and profits and comparing these statistics against formally approved plans and comparative ratios. Any deviation from budget, or from current comparative ratios, had to be explained in detail on a monthly basis. Corrective action plans were required for variances that were projected to have a negative influence on any key budget variable.

The strict nature of the formal management control system acted to make field personnel conservative in their approach to innovation and, in certain instances, caused innovation activities to go „under ground" to avoid causing variances to show up in the monthly reports. Since it was Kuehne + Nagel's desire to encourage innovation neither a conservative approach to customer request nor an under grounding of innovation activities was desirable. However, it was also not desirable for corporate management to lose strategic control over the innovation process.

In an attempt to maintain strategic control while encouraging open innovation activities, Kuehne + Nagel's management decided to relax the constraints imposed by its traditional management control system. At the same time, however, management tightened the boundary controls that it had in place for field activities and re-emphasized the importance of Kuehne + Nagel's historical growth based on entrepreneurship of field personnel. This triangular model of control was felt by management to be capable of supporting a field focused innovation model while ensuring that management's strategic intent was being followed

To implement its new innovation control system, Kuehne + Nagel's management embarked on a systematic education and training program for the new LLS team. Each team member was given an introduction to the history of Kuehne + Nagel that emphasized the company's his-

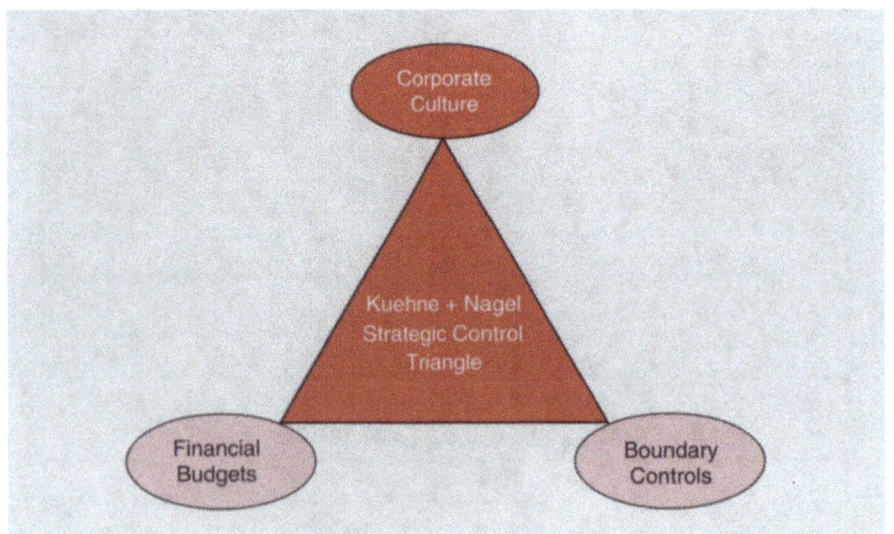

Abbildung 2: Kuehne + Nagel Innovation Management Control Triangle

toric success through field based entrepreneurship. In addition, training on Kuehne + Nagel's standard approach to financial success for projects was provided. Finally, each team member was provided training on Kuehne + Nagel's management procedures and strategy so that they would be familiar with both the constraints that standard or new practices were to be performed under and the direction that management had set for the company.

The success of Kuehne + Nagel's triangular controlling process has been borne out in the innovation activities of the LLS team. As was stated previously, returns from the LLS operations have exceeded management expectations. More importantly, innovations developed by the team have been leveraged by the company across geographies and product lines generating returns to innovation efforts of over 25 % on an annualized basis. These positive results have encouraged management to look further into the ideas embodied in the management control process for the LLS organization to see whether they may have broader implications for other parts of the organization.

Summary

The control of logistics innovation activities is an area that is still not well understood. The experiences of Kuehne + Nagel in trying to begin to understand what works and what does not for controlling innovation indicates that both the physical process of innovation and the strategic direction of innovation activities must be addressed to obtain the highest return from innovation activities. In the distributed or democratized world of the global Logistics Service Provider this means that both the tools used by field innovation teams and the management control systems used by corporate management need to be developed in a coordinated manner to channel innovation activities along pathways that comply with corporate strategies and that can be replicable across customers and geographies.

Kuehne + Nagel's experiences in its pilot implementation of this type of a coordinated approach of physical and strategic control mechanisms appear to be able to address the traditionally ad hoc and chaotic nature of field based logistics innovation. Further work is required to determine if such a program can be implemented in existing service divisions where entrenched thinking may inhibit acceptance of the controlling mechanisms described. However, the success that Kuehne + Nagel has experienced in implementing this approach in a new service delivery organization provides encouragement that, should entrenched practices be overcome, this new process for controlling innovation is well worth the time and effort to implement.

References

CLEMENTS, P./NORTHROP, L.: Software Product Lines: Practices and Patterns, New York 2002.
DEN HARTOG, P.: Knowledge Intensive Business Services as Co-producers of Innovation, in: International Journal of Innovation Management (2000), Heft 4, S. 491 – 528.
DOLFSMA, W.: The Process of New Service Development: Issues of Formalization and Appropriability. ERIM Report Series: Research in Management, ERS-2004-051-ORG. Erasmus Universiteit Rotterdam, Rotterdam 2004.
FLINT, D.J./LARSSON, E./GAMMELGAARD, B./MENTZER, J.: Logistics Innovation: A Customer Value-Oriented Social Process, in: Journal of Business Logistics, 26. Jg. (2006), Heft 1, S. 113 – 147.
GADREY, J./GALLOUJ, F./WEINSTEIN, O.: New Modes of Innovation: How Services Benefit Industry, in: International Journal of Service Industry Management (1995), Heft 6, S. 4 – 16.
HAECKEL, S. H.: Adaptive Enterprise: Creating and Leading Sense and Respond Organizations, Boston 1999.
HOPE, J./FRASER, R.: Beyond Budgeting: How Managers Can Break Free from the Annual Performance Trap, Boston 2003.
ING: Transportation & Logistics Majors. Geneva: ING Private Banking Report, Genf 2007.
LORANGE, P./MORTON M. S.: A Framework for Management Control, in: Sloan Management Review (1974), Heft 16, S. 41 – 56.
MENON, M. K./McGINNIS M. A./ACKERMAN K. B.: Selection Criteria for Providers of Third-Party Logistics Services: An Exploratory Study, in: Journal of Business Logistics, 19. Jg. (1998), Heft 1, S. 121 – 137.
MEYER, M. H./LEHNERD A. P.: The Power of Product Platforms: Building Value and Cost Leadership, New York 1997.
MILES, I./BODEN, M. J.: Services, Knowledge and Intellectual Property, in: ANDERSEN, B./HOWELLS, J./HULL, R./MILES, I./ROBERTS, J. (Hrsg.): Knowledge and Innovation in the New Service Economy, Cheltenham, UK (2000), S. 159 – 177.
MURPHY, P. R./POIST R. F.: Third-Party Logistics Usage: An Assessment of Propositions Based on Previous Research, in: Transportation Journal, 37. Jg. (1998), Heft 4, S. 26 – 35.
RAMIREZ, R.: Value Co-Production: Intellectual Origins and Implications for Practice and Research, in: Strategic Management Journal, 20. Jg. (1999), Heft 1, S. 49 – 65.
REGAN A. C./SONG J.: An Industry in Transition: Third Party Logistics in the Information Age. Paper presented at the Transportation Research Board, 80th Annual Meeting, Washington D. C. 2000.
SCHUMPETER, J.: The Theory of Economic Development: An Inquiry into Profits, Capital, Credit, Interest and the Business Cycle (1934). Nachdruck: New Brunswick, NJ 2003.
SHEFFI, Y.: Third Party Logistics: Present and Future Prospects, in: Journal of Business Logistics, 11. Jg. (1990), Heft 2, S. 27 – 39.
SIMON, H. A.: Administrative Behavior: A Study of Decision-Making Processes in Administrative Situations, 3. Auflage, New York 1976.
SIMONS, R.: Levers of Control: How Managers Use Innovative Control Systems to Drive Strategic Renewal, Boston 1995.
SONG, J./REGAN, A.: Transition or Transformation? Emerging Freight Transportation Intermediaries. Transportation Research Record no. 1763 (2001), S. 1 – 5.
SUNDBO, J.: Management of Innovation in Services, in: The Service Industries Journal, 17. Jg. (1997), Heft 3, S. 432 – 455.
VON HIPPEL, E.: The Sources of Innovation, New York 1988.
von Hippel, E.: Democratizing Innovation, Cambridge 2005.
VON HIPPEL, E./KATZ, R.: Shifting Innovation to Users via Toolkits, in: Management Science, 48. Jg. (2002), Heft 7, S. 821 – 833.
ZACHARIA, Z.G.; Research and Development in Supply Chain Management, in: MENTZER, J. T. (Hrsg.): Supply Chain Management, Thousand Oaks, CA (2001), S. 127 – 153.

MEFFERT MARKETING
DER KLASSIKER – NEU IN DER 10. AUFLAGE

WWW.GABLER.DE

Heribert Meffert | Christoph Burmann | Manfred Kirchgeorg
Marketing
Grundlagen marktorientierter Unternehmensführung
Konzepte – Instrumente – Praxisbeispiele
10., vollst. überarb. u. erw. Aufl. 2007. ca. 950 S.
Geb. ca. EUR 39,90
ISBN 978-3-409-69018-8

Dieses bewährte Standardwerk liefert Studierenden und Marketingexperten die gesamten Grundlagen des Marketingmanagements in prägnanter und umfassender Form. Der Marketing-Klassiker erscheint in der 10. Auflage in komplett neu überarbeiteter Fassung. Alle Kapitel wurden überarbeitet und neue Entwicklungen wurden integriert. Die bewährte entscheidungsorientierte Strukturierung des Marketingmanagements wird durch die Einarbeitung von markt- und resourcenbasierten Ansätzen inhaltlich vertieft und didaktisch geschickt aufbereitet. Darüber hinaus widmen sich die Autoren umfassend den heute wichtigen Fragen des Wertbeitrages des Marketings und bieten hiermit eine interessante Synthese aus bewährtem und modernem Marketingverständnis.

Der Autor

Prof. Dr. Dr. h.c. mult. Heribert Meffert ist Professor der Betriebswirtschaftslehre, insbesondere Marketing, und emeritierter Direktor des Instituts für Marketing am Marketing Centrum der Universität Münster (MCM) sowie ehemaliger Vorsitzender des Vorstandes der Bertelsmann Stiftung.
Prof. Dr. Christoph Burmann ist Inhaber des Lehrstuhls für innovatives Markenmanagement (LiM) an der Universität Bremen.
Prof. Dr. Manfred Kirchgeorg ist Inhaber des Lehrstuhls Marketingmanagement an der HHL – Leipzig Graduate School of Management.

Aus dem Inhalt

- Konzeptionelle Grundlagen des Marketings
- Käuferverhaltens- und Marketingforschung
- Marketingziele
- Marketingstrategien
- Marketing-Mix
- Marketingorganisation und -implementierung
- Marketing-Controlling

Einfach bestellen:
kerstin.kuchta@gwv-fachverlage.de Telefon +49(0)611. 7878-626

KOMPETENZ IN SACHEN WIRTSCHAFT

Unexpected Allies in Innovation

An Analysis of the Controller's Contribution to Innovation Processes[1]

Jürgen Weber/Eric Zayer

1. Introduction

The importance of a constant stream of innovative products to a company's long term success has long been accepted. The same is true of the need for strong management involvement in innovation. While innovation processes have always been considered a challenging terrain for managers, several trends have recently increased the pressure. For one, growing global competition has raised the need for innovation. Second, the increasing orientation of companies towards shareholder value concepts has forced managers to watch the use of funds and innovations' contributions to the company more closely. Tight management is needed to guarantee a steady flow of economically successful innovations that create shareholder value. In consequence, managers face the increasingly complex task of integrating innovation processes into the strategic and operational planning and monitoring systems used in other parts of the company.

In this paper, the authors want to put forth the hypothesis that the performance of innovation processes can be improved by introducing a specialized employee that supports managers. In Germany, there is such a specialized employee: the Controller[2]. While not commonly integrated into innovation processes, Controllers are frequently delegated tasks such as information retrieval and reporting, planning and monitoring and economic evaluation in many other functional areas. Given the challenges management faces in the field of innovation and the heightened importance of proper management, the authors want to critically discuss and evaluate the Controller's potential contribution to the innovation process.

2. Definitions

In this chapter, readers will first be introduced to the authors' concept of Controllers. Further, the innovation process' characteristics will be briefly described. At the end of the chapter, the reader should have a clear impression of the Controller's characteristics, skills, tasks and relationship with management so that his role in the innovation process can be logically derived in Chapter 3.

2.1 The Controller

Although originally an American concept[3], Controller positions are today mostly limited to Central Europe. Controllers have become a common institution in German companies in the second half of the 20th century and take over a multitude of different tasks there. Hence, it is first necessary to develop a common understanding of Controllers and to differentiate them from managers.

Probably the most apparent distinction relates to the tasks that are attributed to Controllers versus managers. While a manager is expected to exercise leadership, have a vision, make decisions fast and intuitively, manage people and drive them to complete projects successfully, the Controller is a highly specialized employee who works as a supporting

---

- Successful innovation is a strategic imperative for a company's long term economic success.
- Innovation has to be incorporated into strategic and operational planning systems and needs to be monitored rigorously.
- The Controller can support innovation by acting as a critical counterpart to managers and ensuring that innovation is carried out in the most effective and efficient ways.
- Using empirically identified key success factors of innovation processes the authors show where the Controller's contribution is most valuable.

Prof. Dr. Dr. h.c. Jürgen Weber is Holder of the Chair for Controlling & Telecommunications, WHU – Otto Beisheim School of Management, Burgplatz 2, 56179 Vallendar, www.whu.edu/control, and Editor of the journal „Zeitschrift für Controlling & Management", www.zfcm.de

and challenging counterpart to the manager to ensure economically sound decisions in three distinct areas: financial and accounting information supply, planning and monitoring processes and analytical economic evaluation.

By comparing Controllers and managers along four dimensions (know-how, character traits, motivational structure and cost), the main differences become apparent. The Controller sets himself apart by his specific *know-how*. His solid economic and business education and his in-depth focus on financial and accounting aspects set him apart from managers that do not necessarily have the Controller's strong financial know-how but rather come from an engineering[4] or sales/marketing background. His competencies in planning and monitoring processes, financial-information systems and analytical evaluation tools allow Controllers to act as an "economic conscience" and to check plans and projects for their economic viability. This way, they can ensure that only financially profitable projects are implemented. Comparing *character traits* reveals that Controllers are commonly perceived as rather unemotional, skeptical, risk-averse, accurate and analytical persons. Being charged with high-level responsibilities and the management of their subordinates, managers typically have little time for in-depth economic analyses and often have to adopt an intuitive, more optimistic "can-do" approach towards problems. In consequence, the Controller can counterbalance the more risk-seeking and more intuitive managers with his more analytical approach to ensure sound decision-making. Further, in the case of disputes, the Controller can contribute economic analyses to create a more objective basis for the discussions.

Third, controllers share a common *motivational structure* – since they are not directly responsible for the (past) decisions of management, they are more independent in their evaluations than managers that inevitably develop a strong commitment to their projects and that typically have a strong determination to realize their ideas. Hence, Controllers are in a good position to take the role of a critical counterpart and ensure objective, unbiased economic evaluations. Also, in discussions among managers from different departments, the Controller can leverage his uninvolved position and offer a less biased perspective to mediate any potential conflicts. Fourth, Controllers are set apart by their *cost;* in general they are somewhat "cheaper" than managers who carry the full responsibility; therefore Controllers should take over repetitive administrative tasks and free up the managers' time.

As pointed out, the Controller's mission is to ensure financially sound, rational behavior. He does so by a combination of supporting and challenging tasks. The supporting aspect materializes for example when the Controller unburdens the manager from repetitive administrative tasks and frees up the latter's time for more important activities. Another supporting aspect comes to light when the Controller supplements the manager in fields where the Controller's specialized financial and accounting know-how allows him to perform tasks more effectively than the manager. The challenging aspect expresses itself in the Controller acting as a critical counterpart, counterbalancing the manager and challenging his decisions and actions like a devil's advocate. The authors believe that managers accept the Controller's criticalness only because he also delivers directly usable contributions in his supporting function. It is thus important to understand the Controller as a carrier of a bundle of tasks that cannot be split up.

The Controllers' mission as supporting and challenging counterparts that ensure rational behavior has an important implication: there is no static set of specific tasks that can be attributed to Controllers. Rather, their tasks are to a high degree situation-specific and may change over time. Controllers have to actively scan their environment for potential bottlenecks to rational behavior and work to mitigate these in consequence. Among other factors, the manager's business knowledge and leadership style will predominantly influence the Controllers' role (see Weber 2002, p. 72). For example, in the case that a manager is an engineering expert with limited knowledge about financial evaluation, the Controller should not expect to be told what to do; rather, he has to supplement the manager and actively take over tasks relevant to the economic evaluation and then convince the manager of their importance.

One of the strengths of this approach to Controllership is that Controllers' tasks in new functions or in the future can be extrapolated more easily. By analyzing the situational factors and identifying potential bottlenecks to rational behavior, Controllers' tasks can be identified reliably. Hence, the authors will attempt to show typical bottlenecks in the innovation process and derive examples of the Controller's potential contribution.

2.2 The Innovation Process

The focus of this paper is on technical product and process innovations, defined as the successful deployment of an idea

Dr. Eric Zayer
was Research Assistant at the Chair for Controlling & Telecommunications, WHU – Otto Beisheim School of Management, Burgplatz 2, 56179 Vallendar, www.whu.edu/control, and works as Consultant for Bain & Company today.

that is new to the company (see Hauschildt 1993, p. 11). Technical innovations are the result of a more or less well structured innovation process which is defined as the *"(...) sequence of activities and decisions that have the objective to introduce or deploy a new product"* (Gerpott 1999, p. 49, translated by the authors)[5]. While there are several different depictions for this process (see Stippel 1999, p. 20 for an overview), they typically show a sequence of steps from the innovation strategy and the initial idea for innovation to the commercialization and market diffusion and involve predominantly three departments: R&D, manufacturing and marketing (see Schewe 1994, p. 28).

There is a strong consensus among practitioners and theoreticians that the innovation process is too important for the company to leave to pure chance (see Brockhoff 1999b) and hence needs proper management. The goal of innovation management must be to guarantee the steady flow of economically successful, innovative products that are necessary for the company to attain its overall long term goals and create shareholder value[6] (see Gupta/Wilemon/Attuahene-Gima 2000, p. 57 or Stippel 1999, p. 36). To achieve this objective, innovation management involves both step-specific as well as process-spanning activities and tasks (see Stippel 1999, p. 36).

However, the innovation process is defined by some characteristics that make it a challenging area for management (a more detailed description of potentially relevant particularities will be given in chapter 4.2). The more challenging the process, the more managers need support – thus it is surprising that Controllers are rarely integrated in innovation processes; even in Germany, where Controllers are common in other areas of management. It is probable that innovation managers have no experience working with Controllers and are unsure of their potential benefits and that Controllers on the other hand have been ignoring innovation processes, finding them too technical, too unstructured or too difficult to evaluate. To counter these arguments, the Controller's potential contributions will be identified and evaluated in the subsequent chapters.

3. The Controller's Potential Contributions to the Innovation Process

In the following section, the authors will identify the Controller's potential contribution to the innovation process in his function as a counterpart who supports and challenges the manager. As pointed out before, the Controller can contribute to the individual steps of the innovation process (section 3.1) as well as to the overarching process level (section 3.2).

3.1 Contributions to Individual Process Steps

For the purposes of this analysis, the objectives and main management tasks of each individual process step will be outlined briefly. As pointed out before, the Controller will have to assess the manager's background and leadership and decide where he should best unburden, supplement or challenge the manager to ensure rational behavior. In the following sections, examples of potential Controller contributions will be given. However, this should not imply that the Controller will engage in all of the activities all the time – depending on the manager's abilities and orientation, the Controller will assume different roles and tasks in different situations.

Strategy Phase

In the first process step, the strategy for innovation and technology has to be determined.

The manager can delegate tasks such as information retrieval and editing for the strategic analysis to the more analytical Controller. If the Controller assumes that the manager is too intuitive in his decisions, the Controller can support the manager with analytical tools (e. g. technology-lifecycle or portfolio analysis) to ensure a logical derivation of the strategy (see Kreikebaum 1991 or Bürgel/Haller/Binder 1996).

Given the importance of innovation to the company's long term profitability, the innovation strategy has to be coordinated with the corporate strategy and other related functional strategies, e. g. the marketing strategy (see Brockhoff/Chakrabarti 1988). Making use of the Controller's experience with corporate planning, the manager can delegate this task to the Controller to free up his own time for other tasks.

Being more independent than the manager, the Controller can take over an important role in the strategic check-up. He can dedicate more time to check premises

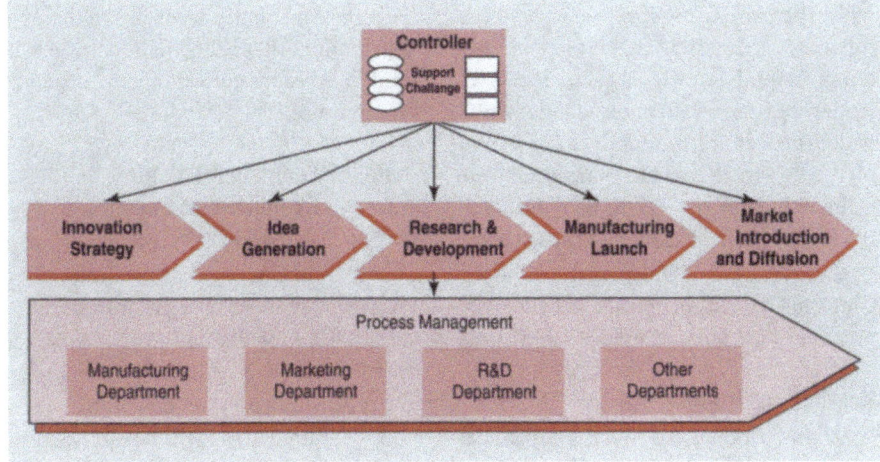

Figure 1: The Innovation Process
Source: Sabisch 1991, p. 16, Hauschildt 1993 and the Structure of Brockhoff 1999b

and to challenge the quality of analysis and the comprehensiveness of the resulting strategy than the time-pressed manager. Further, the Controller can use his access to information systems to track the strategy's implementation. In the case that relevant new information emerges, the Controller should check whether the strategy is still adequate and push for adjustments when necessary.

Idea Generation Phase

In the following process step, ideas have to be *generated, evaluated* and *selected*.

Managers can delegate the set-up of the structured idea generation process to the Controller. Using his experience with coordinating complex processes that span several departments, the Controller can make sure that employees from all relevant departments are integrated into a structured process that provides for the use of creative techniques and a staged evaluation process (see Stockbauer 1989, p. 201 and p. 210). During the evaluation, the Controller can make sure that the potentially biased manager allows for a balanced evaluation integrating aspects from marketing as well as R&D and manufacturing. The manager can delegate the economic evaluation of ideas to the Controller, leveraging the latter's advantage on the tool side. In addition, the unbiased Controller can act as an economic conscience and make sure that the selected ideas are in line with the previously fixed innovation strategy. Further, the Controller should ensure that ideas with weak evaluations are excluded from further development to save the company's scarce resources.

Research and Development Phase

In the *research and development* process step, a project will be started to generate usable technical knowledge (see Gerpott 1999, p. 28).

The first area where a Controller could contribute in this step is in the internal or external development decision (see Gerpott 1999, p. 227). Essentially, the Controller can counterbalance any biases to keep development internal as he is probably less prone to the ,Not-Invented-Here' syndrome (see Mehrwald 1999 for a detailed discussion) than the managers and engineers that are more directly and more emotionally involved.

The Controller's budgeting experience makes him an ideal choice for the handling of the project's budgeting. He can support the bottom-up budget calculations and reconcile these with management's top-down calculations in the ensuing negotiations (see Brockhoff 1987, Brockhoff/Chakrabarti 1997 or Brockhoff 2001, p. 64).

During the following process, the manager can assign the administrative monitoring function to the Controller. Profiting from his experience with information systems, the Controller may take on all tasks of recording, analyzing and reporting cost, time and performance information. When the development project reaches its pre-defined gates, the Controller can participate in committee meetings to ensure rational go/no-go decisions, e.g. by challenging overly optimistic sales and cost forecasts (see Weber/Hirsch/Linder/Zayer 2003, p. 14). Using his more analytical approach, the Controller can calculate the effects of competitor reactions on sales forecasts and improve the quality of cost estimates by using benchmarking studies and historic cost curves. The Controller should make sure that also more intuitive managers incorporate the financial facts into their decisions. Providing a sound financial analysis can be especially helpful when there are conflicting views between different members of the team. By delivering methods and hard facts, the Controller can focus disputes on data and make them more productive. For example, conflicts between marketing and technical departments can be emotionally defused by providing methods such as quality function deployment (Hauser/Clausing 1988) or target costing approaches (see Seidenschwarz 1993).

Manufacturing Launch Phase

When the product is transferred from development into production, the Controller can again contribute to supporting and challenging management.

The Controller should be integrated in the make-or-buy decision or when there is a decision between different facilities and methods to prevent potential biases or contortions and ensure proper analysis. After the initial introduction to production, the Controller can use his experience with information systems and ensure that costs and quality are monitored very closely and that deviations from the previously planned target values be reported directly to ensure prompt reactions.

Market Introduction and Diffusion Phase

In the last phase, the proper marketing mix has to be decided on (see Albers 2001, p. 83 and Albers 1989).

When the remaining three Ps (price, place and promotion) of the marketing mix's four Ps (see McCarthy 1981) have to be decided on, the manager can once more delegate tasks that fall into the Controller's competence areas. For example when determining the innovation's price, the Controller can supply information on marginal costs and target contribution margins as input into price setting and make sure the resulting price reflects the product's competitive environment and the value the product potentially creates for the customer (see Kotler/Bliemel 1999, Chapter 17). Also, the manager can have his Controller conduct an economic analysis of planned promotional activities (see Schulz-Moll/Esser/Klein-Bölting 2003, p. 165). Another example of the Controller's contribution to the marketing mix includes the calculation of contribution margins of different distribution channels which can then be used in decisions concerning the product's distribution.

3.2 Contributions to the Overall Process

So far, the Controller's contribution in distinct process steps has been described. However, it is equally important for a successful implementation that the overall innovation process is well-managed and coordinated (see Brockhoff 1986, p. 354). Three areas will be analyzed for the Controller's contribution on the process level: process management, coordination and champions of innovation.

Process Management

The Controller can trigger innovation processes, e. g. when his revenue extrapolations (based on the current product line up) indicate a gap to the previously fixed targets for that time point. Directing the management's attention to the strategic revenue gap, the Controller creates awareness for the need for innovation (see Stockbauer 1991).

Once the need for innovation has been acknowledged, the manager can delegate tasks such as budgeting, objective setting and the process set-up for the overall innovation process to the Controller. During the course of the innovation process, the Controller can deploy his strength of measuring and aggregating information into performance indicators and take on the documentation and monitoring of the implementation. Stippel (1999) presents over 40 specific performance indicators as well as a system that integrates these. By collecting and aggregating data, the Controller enables the manager to gain a quick overview and thus facilitates the manager's job of managing the complex process. Even without direct instruction, the Controller should track the innovation's progress to make sure that the process is on track.

An important aspect of managing the innovation process is to integrate it into the overall company and its overarching planning, monitoring and reporting systems. Being responsible for monitoring and reporting in other areas of the company, the Controller can integrate innovation measures into the overall reporting system. Reporting innovation measures companywide will inevitably direct senior management's attention to innovation processes and help innovation managers focus on important aspects; according to the old lore: *"What gets measured, gets done"*[7].

Coordination

The complex innovation process is characterized by a high number of interfaces, e.g. interfaces between the R&D, marketing and manufacturing departments or interfaces between the individual process stages (see Gaiser 1993, p.4 or Brockhoff 1989). Coordination of these interfaces is important to guarantee a smooth implementation (see Gupta/Raj/Wilemon 1986). Controllers are known as taking an important stake in the coordination of different entities in the company – therefore, their specific role in the innovation process will be highlighted here[8].

At the outset of the innovation process, the Controller can avail his involvement in the planning cycle and the process set-up to create interfaces between the necessary departments and thus take care of the integration of all relevant groups. During the course of the innovation process, the controller can take advantage of his experience with information systems to organize the flow of information between different departments and provide the team with the relevant information (e. g. process status, the percentage of budget used or the expected net present value). Empirical studies confirm the need for improved information flows (see Littkemann 1997, p. 185). Another important aspect of the Controller's interface function is to provide a common language to members of the innovation process, since communication problems often prevent understanding between departments (see Brockhoff 1989, p. 73). R&D personnel often converse in very technical terms that are hard to understand for non-experts; marketing has its own lingo and so does manufacturing. By providing numbers on cost, sales and revenue projections, the Controller can provide a common language, an Esperanto, that the different parties can communicate in. Third, the Controller can use his position as an unbiased outsider (i. e. not coming from a marketing, manufacturing or R&D department) and his less emotional personality to moderate in conflicts and make sure that all arguments are equally considered[9] and that the best solution for the company overall is chosen.

Champion of Innovation

Schon (1963, p. 74) was the first to describe the importance of a "champion" (or "innovation promotor") that is not directly involved in the technical innovation work but that helps to sell the innovation within the organization. Over time, several distinct roles for innovation champions have been identified (see Witte 1973, Hauschildt/Chakrabarti 1998, Hauschildt/Kirchmann 1998 and Walter/Gemünden 1998). A detailed look at champion literature reveals that the Controller resembles the descriptions of the process promotor (see Hauschildt/Chakrabarti 1998) and can thus take an important role in driving innovation processes to success.

In-depth knowledge of the organization and information flows characterize the process promotor. The Controller typically accumulates this kind of detailed know-how during the planning cycle or when designing information systems. This allows him to communicate more easily with members of different departments and across hierarchical levels.

Process promotors are supposed to translate technical lingo into "corporate language" and communicate the innovation's progress in the organization. The Controller not only has good access to different departments and top management, but his economical evaluations can also serve as a commonly understood language. Hence, the Controller can help transmit the innovation's status probably better than purely technically-oriented staff. By making innovations measurable and by reporting performance indicators, the Controller not only creates awareness for innovation at different levels of the organization, but also establishes more trust in the innovation process.

Another important aspect of the process promotor is the ability to transfer vague ideas into actionable objectives with solid processes to achieve these. Considered a planning specialist, the Controller is used to set up structured processes. In addition, his involvement in developing corporate strategy should help him to create a link between corporate strategy and innovation activities. This contribution especially should help keep innovation processes in line with the overall strategy and create shareholder value. The Controller is hence in an ideal spot to fulfill the role of a process promotor.

4. Evaluation of the Controller's Contribution

4.1 Relevance

In the previous chapter, the Controller's potential contributions to the innovation process were identified. However, a question remains: how relevant is the contribution to the innovation process? Evidence can be derived by comparing the Controller's contribution with the success factors that have been identified in previous empirical studies. Since there is a large amount of success-factor studies, Ernst's (2002) meta-analysis, that groups the success factors into five broader categories (new product development-process, organization, culture, senior management and strategy) will be used as a framework for the following discussion. Due to space constraints, the authors had to omit the sources of the original studies – interested readers should refer to Ernst's paper for an overview.

New Product Development Process

In the new product development process category, strong orientation to market demands, good preparatory work, (especially the clear definition of the product), high quality of planning (i. e. the set-up of a structured process) as well as continuous commercial assessment are identified as significant success factors.

While the Controller supports the orientation to market demands only indirectly through his coordination tasks and by ensuring that the marketing department's opinions are integrated adequately in the evaluations, the Controller can contribute strongly to planning, process management and commercial assessment. Being a specialist in the field of planning, the Controller can take over the complete process set-up and planning of (financial) process targets. Given the Controllers' strong competencies in evaluation tools and his direct access to the company's information system, he is obviously in an ideal situation to support the continuous commercial assessment.

Organization

Well operating cross-functional teams, a strong project leader with adequate qualification and authority, high autonomy and responsibility of the team, strong commitment of the leader and intense communication within the team are considered the relevant success factors with respect to the organization of the new product development process.

Although the Controller can do little more than make sure that cross-functional teams are set in place, he can contribute significantly to the remaining 4 success factors. By acting as a supporting and critical counterpart to the project leader, the Controller supplements the manager's technical knowledge with his business knowledge, thus increasing the overall qualification of the project's management. The more the senior management can be sure that the team combines all necessary capabilities for the economic success of the project, the more it will be ready to let the team work autonomously. With his reporting and monitoring activities, the Controller makes the project manager feel more traceable and accountable for his actions, thereby increasing his commitment to the project's success. By facilitating information flows, offering a common language for communication and moderating in situations of conflict, the Controller can help intensify communication within the team.

Culture

Although only a limited scope of cultural elements have been tested so far, 4 factors have been identified as critical for success in the culture field: a systematic innovation scheme, an entrepreneurial, innovation-friendly climate (indicated by free time for researchers to work on their personal field of interest, support for work on unofficial projects and corporate venture capital) and the existence of innovation champions.

While the Controller's impact on the climate in general is unclear, the Controller can use his process responsibility to create systematic schemes to deal with innovations. Further, the Controller can use his position in the planning and budgeting cycle to ensure that researchers are granted time and resources to fulfill their interests. However, most evident is probably the Controller's contribution as predestined process promoter.

Senior Management

Two main factors concerning senior management appear to be relevant to success: top management's material and non-material support for the innovation and its accountability.

As shown above, the Controller can increase senior management's likeliness to invest significantly into innovation processes by directing their awareness to innovation, supporting innovation personnel in the communication of their needs and by making innovation more controllable. With his information and reporting system, the Controller can increase the accountability of senior management and thus increase pressure on top management indirectly.

Innovation Strategy

In the field of strategy, three main success factors materialize: clear definition of the innovation objectives and the innovation's meaning for the overall company, strategic focus and long term momentum.

Being actively integrated in the definition of innovation objectives and coordinating the corporate and innovation strategy, the Controller not only contributes to the clear and strict definition of objectives but also handles their communication within the organization. In his role as supporting process coordinator, the Controller ensures that the innovation's momentum is maintained throughout the whole process and that it does not get stuck at the transition between two phases or interfaces.

Conclusion

The analysis indicates that the Controller can deliver a significantly positive contribution to 13 of the 17 identified success factors. Hence, it is highly probable that the integration of Controllers improves the success probability of an innovation process.

4.2 Potential Issues

Given the particularities of the innovation process, having a Controller work in the field can also be perilous. Unwanted side-effects can occur if the Controller is unaware of or incapable of dealing with the particularities of the innovation environment. In this section, potential traps for Controllers will be identified and ways to cope with these particularities will be presented.

Short-Term Focus

Controllers often adopt a short-term accounting focus and are often backwards-looking in their analysis, e. g. when interpreting historic cost data. This is not compatible with innovation's orientation towards the long-term future. Failure to recognize this aspect could lead the Controller to oppose innovation projects with the rationale that they are not profitable in the short-run. To counter this effect, the Controller has to understand the long-term investment character of innovation and adapt his evaluation and control systems accordingly (see Littkemann 1997, p. 12).

Reluctance to Systems Change

Being used to working in routine areas, Controllers might have difficulties working with innovation processes that are typically singular and unique; two innovation processes seldom are alike. Within the process, untested, new ways to solve a problem might have to be taken and structures and systems that were compatible with former processes might have to be changed. If the Controller opposes necessary changes or is too slow (e. g. to adapt his reporting systems), he can harm the innovation process' success. It is crucial that the Controller accepts the individual process' uniqueness. While critically challenging the need for change, he has to be ready to adapt to new situations wherever necessary.

Failure to adapt Work Style

Innovation processes can exhibit a complexity that, in combination with the high level of uncertainty, might make them resemble something closer to chaos than to a structured process. Being known for their preference for well-planned, logically-structured, tightly-monitored processes, Controllers may seem to be an unlikely contributor to innovation processes. If they try to directly transfer their preferences and work-styles, they might represent more of a hazard than a benefit for innovation processes. Since complexity and uncertainty render detailed planning next to impossible, detailed planning would not only be a waste of time, but demanding strict compliance with inappropriate plans would certainly discourage managers. Rather, the Controller has to embrace complexity and uncertainties as necessary evils. Instead of fighting them, he should classify processes by their amount of complexity and uncertainty and adapt his systems and tools to the context. The Controller should use tools have been designed to incorporate uncertainty and flexibilities, like for example the "rolling detailing of planning" instead of a fixed plan; modern, less rigid budgeting techniques that are adapted to situations of high uncertainty like "Beyond Budgeting" (see Hope/Fraser 2003 and Weber/Linder 2003) or evaluation tools like Real Options that can price flexibility (see Trigeorgis 1996).

Failure to Recognize Risk

While manufacturing processes are generally well understood and mastered, innovation processes typically exhibit much higher technical, market and economic risks. Failing to recognize the higher levels of risk, the Controller could be a precarious counselor. The Controller has to incorporate the existing risks into his planning (e. g. by making sure that the company's future does not solely depend on the success of a single innovation, using a balanced portfolio approach). In his monitoring task, the Controller should actively look for indicators suggesting a failure to be able to react (i. e. improve or terminate) quickly. In the evaluation of projects, special attention should be placed on risk as opposed to focusing only on revenue aspects. Risks should be mapped and explicitly integrated into the project's evaluation, e. g. by using sales distributions to incorporate sales variability instead of using just average forecasted sales.

Failure to Focus on Appropriate Measures

Controllers, who restrict their reporting to cost information, can represent a real threat to managers trying to control an innovation process. Empirical evidence shows that managers tend to focus their attention on the data that is reported to them, ignoring other, maybe more relevant aspects. Given the higher relative importance of time and performance measures in comparison to cost data in the innovation area, a Controller that reports only cost data would be outright distracting to the manager and would lead the manager to set false priorities. The implication is clear – the Controller has to adapt his management information and reporting system and include a larger percentage of non-financial data, specifically time and quality data, offering managers a one-stop solution for their information needs.

Failure to Gain Confidence

Potentially the biggest limitation is the limited acceptance for Controllers and their services in the innovation field (typically most pronounced in the R&D-department). In mild cases, the lack of trust prohibits fruitful cooperation; at the extreme the introduction of an unaccepted Controller could embitter technical experts, sour the atmosphere and lead to decreased effectiveness. Two reasons are generally given for this limited acceptance: First, the R&D employees' disdain for "technical laymen" is assumed to make them dislike Controllers who do not have enough technical expertise to appreciate their work and who probably purely annoy researchers with their administrative demands. Second, cultural differences (e.g. expressed by differing values, objectives, and work styles) are said to weigh on the relationship (see Rossel 1998, p. 327 or Werner 1997, p. 1).

To counter the first point, the Controller should start showing interest in technical work and accumulate enough technical knowledge to neither be intimidated by researchers' technical explanations, nor to annoy scientists with a lack of understanding. Only if the controller is willing to look, listen and learn can he expect the researcher to make an effort to be open to the business perspective. In order to deal with the presumed cultural differences, Controllers must learn to accept the researcher's peculiarities, as long as they are not in conflict with the economic success of the innovation. Equally, researchers have to be educated to understand the Controllers' contribution and business arguments as well. Mutual insight will most probably improve the relationship over time.

Lack of Acceptance of Mutual Adjustment
Another aspect that could potentially endanger the important but fragile atmosphere in the R&D-department is the Controller's lack of experience with mutual adjustment as the predominant coordination mechanism. Being used to working with plans, it is easily imaginable that Controllers will have significant difficulties when working with R&D employees that are used to setting their own work schedules and changing these flexibly as new information comes up. Falling victim to behavioral patterns and attempting to "over-coordinate" or to plan everything in detail could prove fatal. Instead, Controllers have to be more flexible with individuals that are used to a lot of freedom. Trust is clearly a precondition in this context, but is not be enough. When individuals have larger degrees of freedom in the fulfillment of their tasks, considering behavioral aspects becomes increasingly important. Controllers (in practice and in theory) have to analyze how self-organizing employees can be governed and how tools and information offered by Controllers influence their decisions and behavior (see Weber/Hirsch/Linder/Zayer 2003).

Inadequate Reaction to Measurement Problems
The inability to measure input and output correctly can have two detrimental outcomes: either the Controller spends a lot of time and resources in vain to collect hard data or the Controller resigns since he believes that he cannot control a process that he cannot measure. Two alternative strategies to cope with this issue are suggested here.

The first strategy would be to attempt to alter and improve measurement. Since it can prove difficult to measure innovation processes directly, Controllers can try to improve the portfolio of performance measures by integrating qualitative measures (e.g. the result of peer reviews to assess the long term prospects early on) or by using trailing quantitative measures such as the percentage of sales of new products to total sales or leading quantitative measures such as the R&D pipeline's fill status (see Gerpott 1999, p. 81 or Stippel 1999 for a range of output measures). The second strategy is that Controllers accept the measurement difficulties and shift their attention to challenging the proper use of inputs and process implementation. The logic is that when the right inputs are combined correctly, the output should not be far off the desired state. More time may then be dedicated to pressing control questions, for example the optimal moment for a project termination. Rather than resigning or wasting time to calculate precise project values, the Controller has to accept that a rough estimate is enough and focus on more promising tasks (see Littkemann 1997, p. 14 for a similar argument).

5. Conclusion

In this paper, the authors have attempted to identify and analyze the Controller's potential contribution to innovation processes.

They have introduced readers to their concept of the Controller as a specialized counterpart who ensures rational management behavior. The Controller supports the manager by taking over tasks that he can fulfill more effectively or efficiently to unburden and to supplement the manager. Further, Controllers scan their environment for potential shortfalls in rational behavior and work to mitigate these.

Examples of the Controller's contribution to innovation management have been derived on the level of individual process steps as well as the process management level. It has been shown that in each phase of the innovation process, the Controller can deliver a significant number of contributions. On the process level, the Controller can not only support process management, but also take on a coordination function and promote the innovation's case. Senior level management will appreciate the Controller's work to ensure rational behavior in the area of innovation; managers in the innovation area will probably mostly appreciate the Controller's supporting and unburdening services.

The value of this contribution was shown using empirically identified key success factors of innovation processes. Supporting 13 out of 17 major key success factors directly, the Controller's contribution can be considered positive and valuable. However, the innovation field has characteristics that differentiate it from classical Controller domains – failing to recognize these potential pitfalls would be dreadful for Controllers.

Given that Controllers carefully pay attention not to fall victim to the specific pitfalls of this particular environment, they can deliver a valuable and unique contribution to innovation processes. In consequence, the authors suggest that Controllers be integrated in innovation processes to a larger degree.

Reprinted Version (executive summary and notes added) of Weber, J./Zayer, E.: Unexpected Allies in Innovation. An Analysis of the Controller's Contribution to Innovation Processes, in: Albers, S. (Ed.): Cross-functional Innovation Management. Perspectives from Different Disciplines, Wiesbaden 2004.

Notes
1 The authors would like to thank Michelle Mussafi for her thoughtful comments and useful suggestions.
2 The authors will refer to "the Controller" for reasons of convenience; however, several specialized Controllers can fulfil the tasks described. Questions concerning the ideal structure of the Controller organization will not be touched on in this article.
3 The term "Controller" betrays its Anglo-American roots. In the fifteenth century, "Controllers" were responsible for bookkeeping and recording inflows and outflows of goods at the British Court. About 200 years later, "Compt-

rollers" were monitoring the use of the US budget. The inauguration of the "Controller's Institute of America" (Financial Executive Institute today) in 1931 marks the high tide of Controllership in the US (see Weber 2002 p. 5 – 9).

4 Commonly, successful engineers are promoted into management positions in Germany. Unlike in the US, these engineers do not earn postgraduate business degrees (the MBA is not yet common in Germany) but often learn the business aspects in a rudimentary fashion "on the job".

5 Readers should note that some authors refer to a similar process as the "new product development" process (see e. g. Ernst 2002 or Brockhoff 1999b)

6 In general, a company has to engage in innovation activity either to increase the (long-term) economic success of its product portfolio or to respond to regulatory changes – preconditions being that the company has the resources and a suitable location to conduct R&D work, that the company can bear the risk involved and that the company has the possibility to protect the generated knowledge (see Brockhoff 1999a, Chapter 4).

7 This idea is not new – the Balanced Scorecard's fourth perspective, learning and growth, (see Kaplan/Norton 1996) was also designed to include measures on softer, harder-to-measure facts such as employee development and innovative activity with the objective of directing management's attention to these important phenomena. This is known as "conceptual use" of information, since it is mostly used to direct the attention to a certain area (Menon/Varadajaran 1992).

8 Some authors even consider coordination to be the core of the Controlling function (see Horváth 2003), while others plainly refer to the Controller as "interface specialist" (Gaiser 1993, p. 15). While the Controller's tasks go beyond pure coordination, he can certainly fulfill important coordination tasks.

9 Empirical evidence suggests that marketing departments have a higher influence on management decisions than manufacturing or R&D departments (see Homburg/Weber/Aust/Karlshaus 1998, p. 22) – the Controller should watch out for such biases and mediate if necessary.

References

ALBERS, SÖNKE (1989): Gewinnorientierte Neuproduktpositionierung in einem Eigenschaftsraum, ZfBF, (41) 3, 186 – 209.

ALBERS, SÖNKE (2001): Marktdurchsetzung von Innovation, in: ALBERS, SÖNKE, KLAUS BROCKHOFF, AND JÜRGEN HAUSCHILDT (eds.): Technologie- und Innovationsmanagement. Leistungsbilanz des Kieler Graduiertenkollegs, Wiesbaden, 79 – 116.

ATTUAHENE-GIMA, KWAKU and FELICITAS EVANGELISTA (2000): Cross-Functional Influence in New-Product Development. An Explorative Study of Marketing and R&D Perspectives, Management Science (46) 10, 1269 – 1284.

BROCKHOFF, KLAUS (1986): Effizienz von Forschung und Entwicklung. STAUDT, ERICH (ed.): Das Management von Innovationen, Frankfurt, 343 – 355.

BROCKHOFF, KLAUS (1987): Budgetierungsstrategien für Forschung und Entwicklung, ZfB, (57) 9, 846 – 869.

BROCKHOFF, KLAUS (1989): Schnittstellenmanagement, Stuttgart.

BROCKHOFF, KLAUS (1998): Technology Management as Part of Strategic Planning, R&D Management, (28) 3, 129 – 138.

BROCKHOFF, KLAUS (1999a): Forschung und Entwicklung. Planung und Kontrolle, 5th edition Munich.

BROCKHOFF, KLAUS (1999b): Produktpolitik, 4th edition, Stuttgart.

BROCKHOFF, KLAUS (2001): Innovationsmanagement als Technologiemanagement. ALBERS, SÖNKE, KLAUS BROCKHOFF, and JÜRGEN HAUSCHILDT (eds.): Technologie- und Innovationsmanagement. Leistungsbilanz des Kieler Graduiertenkollegs, Wiesbaden, 17 – 78.

BROCKHOFF, KLAUS and ALOK CHRAKRABARTI (1988): R&D, Marketing Linkage and Innovation Strategy, IEEE Transactions on Engineering Management, (35) 3, 165 – 174.

BROCKHOFF, KLAUS and ALOK CHAKRABARTI (1997): Take a Pro-active Approach to Negotiating Your R&D-Budget, Research Technology Management, (40) 5, 37 – 41.

BÜRGEL, HANS DIETMAR, CHRISTIANE HALLER, and MARKUS BINDER (1996): F&E Management, Munich.

CLEMENT, MICHEL, THORSTEN LITFIN, and SVEN VANINI (1998): Ist die Pionierrolle ein Erfolgsfaktor?, ZfB, (68) 2, 205 – 226.

ERNST, HOLGER (2002): Success Factors of New Product Development: A Review of the Empirical Literature, International Journal of Management Reviews, (4) 1, 1 – 40.

GAISER, BERND (1993): Schnittstellencontrolling bei der Produktentwicklung, Munich.

GERPOTT, THORSTEN (1999): Strategisches Technologie- und Innovationsmanagement, Stuttgart.

GUPTA, ASHOK, S.P. RAJ, and DAVID WILEMON (1986): A Model for Studying R&D-Marketing Interface in the Product Innovation Process, Journal of Marketing, (50) 4, 7 – 17.

HAUSCHILDT, JÜRGEN and ALOK CHAKRABARTI (1998): Arbeitsteilung im Innovationsmanagement. HAUSCHILDT, JÜRGEN and HANS GEORG GEMÜNDEN (eds.): Promotoren, Wiesbaden, 67 – 88.

HAUSCHILDT, JÜRGEN and EDGAR KIRCHMANN (1998): Zur Existenz und Effizienz von Prozesspromotoren. HAUSCHILDT, JÜRGEN and HANS GEORG GEMÜNDEN (eds.): Promotoren, Wiesbaden, 89 – 110.

HOMBURG, CHRISTIAN, JÜRGEN WEBER, RENÉ AUST, and JAN-THIDO KARLSHAUS (1998): Interne Kundenorientierung der Kostenrechnung. Ergebnisse der Koblenzer Studie, Vallendar.

HOPE, JEREMY and ROBIN FRASER (2003): Beyond Budgeting, Stuttgart,

HORVÁTH, PÉTER (2003): Controlling, Munich

KAPLAN, ROBERT and DAVID NORTON (1996): The Balanced Scorecard, Boston, MA.

KOTLER, PHILIP and FRIEDHELM BLIEMEL (1999): Marketing-Management. Analyse, Planung, Umsetzung und Steuerung, 9th edition, Stuttgart.

KREIKEBAUM, HARTMUT (1991): Strategische Unternehmensplanung, 4th edition, Stuttgart.

LITTKEMANN, JÖRN (1997): Innovationen und Rechnungswesen, Wiesbaden.

MCCARTHY, JEROME (1981): Basic Marketing. A Managerial Approach, 9th edition, Homewood.

MEHRWALD, HERWIG (1999): Das ,Not-Invented-Here'-Syndrom (NIH) in Forschung und Entwicklung, Frankfurt.

MENON, ANIL and RAJAN VARADARAJAN (1992): A Model of Marketing Knowledge Use within Firms, Journal of Marketing, (56) 4, 53 – 71.

ROSSEL, ALFRED (1988): Controlling im F.u.E.-Bereich eines Pharma-Unternehmens. Konzeptionen, Controller Magazin, (13) 6, 326 – 330.

SABISCH, HELMUT (1991): Produktinnovationen, Stuttgart.

SCHEWE, GERHARD (1992): Imitationsmanagement, Stuttgart.

SCHON, DONALD (1963): Champions for Radical New Inventions, Harvard Business Review, (41) 2, 77 – 86.

SCHULZ-MOLL, PATRICIA, MARK ESSER, and UDO KLEIN-BÖLTING (2003): Brand Investment Controlling, Zeitschrift für Controlling und Management, (47) 3, 165 – 169.

SEIDENSCHWARZ, WERNER (1993): Target Costing, Munich.

STIPPEL, NICOLA (1999): Innovationscontrolling, Munich.

STOCKBAUER, HERTA (1989): F&E-Controlling, Wien.

STOCKBAUER, HERTA (1991): F&E-Budgetierung aus der Sicht des Controlling, Controlling, (3) 3, 136 – 143,

TRIGEORGIS, LENOS (1996): Real Options. Managerial Flexibility in Resource Allocation, Cambridge.

WALTER, ACHIM and HANS GEORG GEMÜNDEN (1998): Beziehungspromotoren als Förderer inter-organisationaler Austauschprozesse: Empirische Befunde. HAUSCHILDT, JÜRGEN and HANS GEORG GEMÜNDEN (eds.): Promotoren, Wiesbaden, 133 – 158.

WEBER, JÜRGEN (2002): Einführung in das Controlling, 9th edition, Stuttgart.

WEBER, JÜRGEN (2003): Controlling in unterschiedlichen Führungskontexten – ein Überblick, Zeitschrift für Controlling und Management, (47) 3, 183 – 192.

WEBER, JÜRGEN, BERNHARD HIRSCH, STEFAN LINDER, and ERIC ZAYER (2003): Verhaltensorientiertes Controlling, Vallendar.

WEBER, JÜRGEN and STEFAN LINDER (2003): Budgetierung – Better Budgeting oder Beyond Budgeting?, Vallendar.

WERNER, HARTMUT (1997): Strategisches Forschungs- und Entwicklungs-Controlling, Wiesbaden.

WITTE, EBERHARD (1973): Organisation für Innovationsentscheidungen. Das Promotoren-Modell, Göttingen.

Bachelor-Lehrbuch zum Management

Georg Schreyögg | Jochen Koch
Grundlagen des Managements
Basiswissen für Studium und Praxis
2007. XIV, 461 S.
Br. EUR 24,90 ISBN 978-3-8349-0376-1

Das neue Lehrbuch von Georg Schreyögg und Jochen Koch gibt eine kompakte Darstellung der wichtigsten Inhalte des Managements. Themenauswahl und -aufbereitung sind speziell auf die Anforderungen an Studierende in Bachelor-Studiengängen zugeschnitten und das gesamte Lehrbuch ist auf ein Standardmodul in der Bachelor-Ausbildung hin konzipiert. Die einzelnen Lerneinheiten folgen dabei einem einheitlichen didaktischen Konzept: Jedes Kapitel enthält Lernziele und Schlüsselbegriffe, einen geschlossenen Lehrtext mit integrierten Informationskästen und Marginalienkommentierung, Lern- und Diskussionsfragen sowie eine abschließende Fallstudie zu Übungszwecken. Zusätzliche Service-Komponenten sollen den Einsatz als Basislehrbuch erleichtern: Alle Leserinnen und Leser können Lösungshinweise zu den Lernkontrollfragen von der Verlags-Homepage unter www.gabler.de herunterladen. Für Dozentinnen und Dozenten sind dort außerdem Zusatzmaterialien zur Unterrichtsvorbereitung hinterlegt, insbesondere Lösungshinweise für die Diskussionsfragen, Musterlösungen für die Fallstudien sowie fertige Foliensätze zur Präsentation der Lehrinhalte.

Die Autoren

Prof. Dr. Georg Schreyögg und **Dr. Jochen Koch** forschen und lehren am Institut für Management, Freie Universität Berlin.

Aus dem Inhalt

_ Management: Einführung und konzeptionelle Grundlagen
_ Planung und Kontrolle
_ Organisation, Führung und Personaleinsatz

Einfach bestellen:
kerstin.kuchta@gwv-fachverlage.de Telefon +49(0)611. 7878-626

KOMPETENZ IN SACHEN WIRTSCHAFT

Controller und ihr Beitrag zum zukunftsorientierten Innovationsmanagement

Rainer Vinkemeier/Moritz von Franz

Anspruch und Wirklichkeit

Innovation und Zukunftsorientierung sind Schlagworte, die immer häufiger im Zusammenhang mit langfristigem Erfolg und dem Überleben einer Unternehmung in Zusammenhang gebracht werden. In diesem Artikel werden wir uns insbesondere mit der Verzahnung der Innovation, mit der Zukunftsorientierung und der Steuerung beschäftigen. Das Verständnis von Innovation und Innovationsprozess, das dem Artikel zugrunde liegt, zeigen die Abbildungen 1 und 2.

Unternehmungen und ganze Branchen gehen sehr unterschiedlich mit dem Thema Innovation und Zukunftsorientierung um. Zur Veranschaulichung seien hier einige Beispiele erwähnt:

Wii – Erfolg durch ein intuitives Steuerungskonzept

Seit Mitte der 90er-Jahre tobt ein erbarmungsloser Wettbewerb auf dem Markt für Spielekonsolen, dem bereits Branchengrößen wie SEGA zum Opfer gefallen sind. Die verbleibenden Protagonisten sind Sony, Microsoft und Nintendo. Letzterer rutschte in den letzten Jahren auf Platz 3 ab und lief Gefahr, das Schicksal seines ehemaligen Konkurrenten SEGA zu teilen.

- Der Blick in die Branchenzukunft ist die Quelle für bedeutende Innovationen. Zukunftsorientierung und Innovationsmanagement werden immer mehr zu den Kernfaktoren des Unternehmenserfolges.
- „Zukunft der Branche" und „Zukunft des eigenen Unternehmens" muss nicht abstrakt und unscharf bleiben. Für ein „Zukunfts"-Management existieren konkrete Instrumente, die eine strukturierte Herangehensweise erlauben wie etwa Simulationen oder Wargaming.
- Das Controlling verfügt über die Instrumente und Tools für zukunftsorientierte Steuerung und Innovationsmanagement. Planung und Reporting spielen jeweils eine zentrale Rolle.
- Die Einbindung des Controllings forciert die Berücksichtigung von Wandel und Brüchen in der Planung und erzwingt betriebswirtschaftliches Denken im Innovationsprozess.
- Aber: Mind-Set geht vor Tool-Set – für eine erfolgreiche Bearbeitung des Aufgabenfeldes „Zukunft" muss sich Controlling ändern.

Die neue Konsolengeneration, zu der die Sony Playstation 3, die Xbox 360 und die Wii von Nintendo zählen, stellt die Weichen für die Entwicklung des Marktes der nächsten Jahre. Im Vorfeld der Entwicklung der Wii-Konsole stand für den japanischen Konzern eine Frage im Vordergrund: Sollte man, wie bereits bei der Vorgängergeneration, primär auf Grafik und umfangreichere Ausstattung setzen – dies hatten bereits die beiden Konkurrenten Sony und Microsoft angekündigt – oder Alternativen zu suchen, um sich abzugrenzen und neue Kundengruppen zu erschließen?

Nintendo setzte bei der Wii-Entwicklung auf die beiden Trends Komplexitätsreduktion und Nutzerinteraktion. Die aus der konsequenten Umsetzung resultierende wesentliche Neuerung ist das intuitive Steuerungskonzept der Konsole. Das Geschehen wird durch die natürlichen Bewegungsabläufe des Spielers kontrolliert. Insbesondere diese Vereinfachung wird als Chance für Nintendo gesehen, neue Kundensegmente zu erschließen.

Dr. Rainer Vinkemeier ist langjähriger Partner bei dem Managementberatungs- und -trainingsunternehmen CTcon und Experte auf den Gebieten der zukunftsorientierten Steuerung und des Innovationsmanagements. Er unterstützt seit vielen Jahren deren Konzeption und Implementierung in führenden Unternehmen und Organisationen und hat unterschiedlichste Beratungsprojekte rund um diese Themen durchgeführt. Grüneburgweg 12, D-60322 Frankfurt, Telefon: +49 (0)69 25 78 08 74 E-Mail: r.vinkemeier@ctcon.de

Nach den ersten Monaten im Handel und den aktuellen Verkaufszahlen kann darauf geschlossen werden, dass dieses Konzept ein großes Erfolgspotenzial hat.

Das Beispiel zeigt, wie eine konsequente Ausrichtung an der Zukunft und die Umsetzung der Erkenntnisse die Vorzeichen einer Branche beeinflussen können. Zwei lange Zeit sehr erfolgreiche deutsche Traditionsmarken, Leica und Loewe, haben dies auch erfahren. Allerdings waren hier die Entwicklungen, im Gegensatz zum ersten Beispiel, geprägt vom Unterschätzen bzw. Missachten bedeutender Branchentrends und den daraus resultierenden Risiken.

Innovation

Innovation ist als Unternehmenstätigkeit für die Erfindung und Entwicklung neuer Produkte/Verfahren verantwortlich. Eine Innovation liegt dann vor, wenn ein Produkt bzw. Verfahren für das Unternehmen neu ist bzw. von ihm erstmals genutzt wird, unabhängig davon, ob andere Unternehmen diese Maßnahme bereits vorher entwickelt oder durchgeführt haben. Zweck jeder betrieblichen Innovation ist das Erreichen und die langfristige Sicherung der Gewinn- und Wachstumsziele des Unternehmens. Dabei ist es sinnvoll, zwischen Produkt- und Verfahrensinnovation zu unterscheiden. Des Weiteren wird in der unternehmerischen Praxis neben den Haupttypen noch zwischen Dienstleistungs-, Organisations- und Geschäftsmodellinnovation unterschieden. Eine Innovationsaktivität endet entweder mit der Markteinführung der Leistung oder der Verwendung des Prozesses im Unternehmen. Der Erfolg oder Misserfolg am Markt ist nicht zwingend mit dem Innovationsbegriff verbunden.

Abbildung 1: Stichwort „Innovation"

Innovationsprozess/Innovationsmanagement

Innovationen haben Prozesscharakter. Das im Folgenden aufgezeigte Prozessmodell orientiert sich an dem häufig verwendeten Fünf-Phasen-Modell. Den ersten Schritt für einen organisierten Innovationsprozess bildet die Definition einer Innovationsstrategie. Diese ist die Grundlage und die Leitlinie für die folgenden Prozessschritte: Ideengenerierung, Forschung & Entwicklung, Übergabe an die Produktion und die Markteinführung:

Der Innovationsprozess ist gekennzeichnet durch zusammenhängende Aufgaben, unsichere Aufgabenergebnisse sowie das Auftreten von Rückkopplungsschleifen. Innovationsmanagement als Disziplin bedeutet die systematische Planung, Umsetzung und Prüfung von Innovationen und Innovationsprozessen. Innovationsmanagement muss sicherstellen, dass der Innovationsprozess zielgerichtet und systematisch abläuft.

Abbildung 2: Innovationsprozess und Innovationsmanagement

Leica, Loewe und andere

Bei beiden Unternehmungen handelt es sich um bekannte deutsche Traditionsmarkenhersteller, die in den letzten Jahren in erhebliche Turbulenzen gekommen waren. Der Grund war in beiden Fällen derselbe. Wesentliche marktseitige Entwicklungen wurden falsch eingeschätzt. Die Folge war, dass Marktanteile und Umsätze einbrachen. Im Fall von Leica war es die Vernachlässigung des Trends der digitalen Fotografie. Zwar war Leica Partnerschaften mit verschiedenen Herstellern digitaler Kameras eingegangen, aber diese wurden nicht mit der notwendigen Entschlossenheit verfolgt. Entscheidend für die Unterschätzung des Trends waren die Annahmen, dass einerseits die bisherige Technik der digitalen noch auf längere Sicht überlegen ist und andererseits ausgeschlossen wurde, dass die Leica-Stammkundschaft sich der digitalen Technik zuwendet. Beide Annahmen erwiesen sich als falsch. Konsequenz des Missachtens wesentlicher Entwicklungen und Trends bedeutete für das Unternehmen die Existenzkrise. Erst nach einer Kapitalerhöhung, der Kooperation mit dem japanischen Elektronikkonzern Matsushita und einem drastischen Sparkurs konnte die Talfahrt gebremst werden.

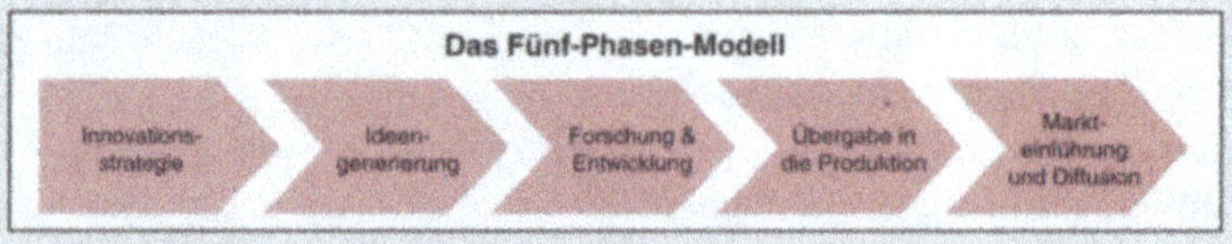

Mit einem sehr ähnlichen Problem hatte der Premiumhersteller Loewe zu kämpfen. Die Geschwindigkeit des Umschwungs der Kunden zu Flachbildschirmen (LCD oder Plasma) hatte Loewe überrascht. Der Trend zu flachen Bildschirmen war bereits seit langem in angrenzenden Branchen, zum Beispiel bei den Personalcomputerherstellern, sichtbar und hatte hier zu erheblichen Veränderungen bei den Kundenanforderungen

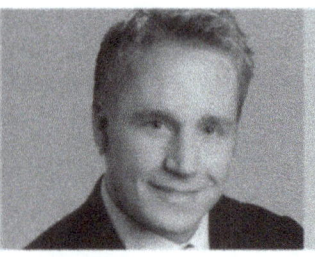

Dipl. Kfm. Moritz von Franz
ist für das Managementberatungs- und -trainingsunternehmen CTcon als Berater tätig. Seine Erfahrungen auf den Gebieten Zukunftsorientierung und Unternehmenssteuerung basieren auf Praxis- und Beratungsprojekten in führenden Unternehmen verschiedener Branchen.
Grüneburgweg 12,
D-60322 Frankfurt,
Telefon: +49 (0)69 25 78 08 73
E-Mail: m.franz@ctcon.de

geführt. Andere Fernseherhersteller hatten wesentlich früher als Loewe diesen Trend aufgegriffen. Phillips stellte bereits 1996 einen Flachbildfernseher mit Plasmatechnologie vor. Seitens Loewe blieben im Zeitraum zwischen 1996 und 2003 die Innovationen in Richtung Flachbildschirme weitgehend aus. Folge war, dass Loewe mit voller Härte vom starken Preisverfall bei den Röhrenbildschirmen erfasst wurde. Loewe befindet sich zwar inzwischen wieder auf dem Weg zurück zu alter Stärke, allerdings wurde dies nur durch einen Einstieg des Konkurrenten Sharp und große Zugeständnisse der Belegschaft möglich.

Die Frage, ob die Turbulenzen in beiden Fällen zu verhindern gewesen wären, ist mit Ja zu beantworten. Das Missachten von Trends und der Verzicht auf damit zwingend verbundene Innovationen können die Zukunft eines Unternehmens nachhaltig gefährden. Alleine die konsequente Beobachtung der eigenen Branche und der Strategien der Marktführer hätte bei beiden Unternehmen die Folgen zumindest abmildern, wenn nicht sogar verhindern können.

Ein anderes Beispiel ist der Automobilkonzern Renault, der im Jahr 2006 einen starken Gewinnrückgang zu verkraften hatte. Trotz insgesamt weltweit guter Konjunkturlage sank die Gewinnmarge um 37 %. Begründet wurde dieser signifikante Rückgang unter anderem mit den „unerwartet" stark angestiegenen Rohstoffpreisen und der leeren Produktpipeline. Renault Nissan hatte in 2006 kein neues Modell auf den Markt gebracht. Hier wurden zwar keine Branchentrends missachtet, aber die Entwicklungen und Trends auf dem Beschaffungsmarkt und der Absatzseite unterschätzt. Dabei stellt sich nicht die Frage, wo solche Trends und Brüche auftreten, sondern ob und wann diese in den Unternehmen erkannt, systematisch gemanagt und in Innovationen umgesetzt werden.

In der Beratungspraxis finden sich immer wieder Beispiele, die sehr ähnlich klingen. Im Nachhinein war keine der Entwicklungen wirklich überraschend für die Insider – in der Regel die verantwortlichen Manager. Vor allem die Dynamik einer Entwicklung wird aber von den Beteiligten häufig unterschätzt. Der Manager und auch seine Controller sehen sich zusätzlich dem Druck der Quartalsberichterstattung und der direkten Bewertung durch die Finanzmärkte gegenüber. So passiert es häufig, dass entscheidende Entwicklungen sich nicht in der aktuellen Planung wieder finden, sondern immer im Folgejahr (vgl. Hockey-Stick-Effekt).

Ein anderer Aspekt ist die unterschiedliche Wahrnehmung der verschiedenen Unternehmensfunktionen. Das Marketing sieht meist einen anderen Ausschnitt der Zukunft als Produktion, Entwicklung oder Vertrieb. Jeder Bereich steht vor eigenen Herausforderungen, hat andere Informationen und eigene Bewertungskriterien; dies wirkt sich direkt auf das Zukunftsbild und damit auf die individuelle Maßnahmenbildung aus. Hier liegt eine der großen Herausforderungen für das Controlling. Vage Trends und neue Entwicklungen aus verschiedenen Bereichen lassen sich meist nur schwer mit dem bestehenden Instrumentarium erfassen.

Anleitung zu einer integrierten Vorgehensweise

Die Konsequenzen einer nicht funktionierenden Zukunftsorientierung sind eindeutig. Eine fragmentierte Einschätzung, das Übersehen oder Ignorieren wesentlicher Entwicklungen kann ein Unternehmen erhebliche Summen, seine Wettbewerbsstellung und im schlimmsten Fall seine Existenz kosten. Eine Orientierung in und an der Zukunft ist für eine Unternehmung heute überlebenswichtig.

Das zentrale Element der Zukunftsorientierung ist das frühzeitige Erkennen von Trends und Veränderungen, die sich heute zwar andeuten, aber vielleicht erst in einigen Jahren ihre volle Entfaltung zeigen. Die Frage, wie es zu gravierenden Fehleinschätzungen kommen kann, offenbart drei Ursachenfelder:

- fehlende Verzahnung von Zukunftsorientierung, Innovation und Steuerung
- mangelnde prozessuale Verknüpfung der wesentlichen Elemente: Trend – Maßnahme – Umsetzung
- individuelle Fehldeutungen des Topmanagements

Für Letzteres gibt es wiederum eine Reihe von Belegen und Ursachen. Sie reichen von der individuellen Unterschätzung der Tragweite erkennbarer Veränderungen bis hin zu einer erschreckend kurzfristigen Orientierung von Top-Entscheidern. In diesem Artikel stehen die zwei anderen Ursachenfelder im Vordergrund. Ihre Ursachen liegen weniger in Personen begründet, als vielmehr in der Organisation und ihren Prozessen.

Bereits im ersten Abschnitt sind die Zusammenhänge zwischen Innovation und Zukunftsorientierung/zukunftsorientierter Steuerung aufgezeigt worden. Zunächst soll hier der Begriff der Zukunftsorientierung erläutert werden.

Zukunftsorientierung im Unternehmen ist der systematische Blick in die Entwicklung der eigenen Branche. Insbesondere vor dem Hintergrund von Kapitalmarktorientierung und hoher Marktdynamik ist dies nicht immer selbstverständlich. Dabei gilt die Regel, dass keine bedeutende Veränderung einer Branche für einen Insider wirklich überraschend kommt. Die zentrale Fragestellung lautet, wie die Verantwortlichen die wesentlichen Entwicklungen frühzeitig erkennen und nutzen können. Mit Zukunft ist dabei der Bereich jenseits des üblichen Planungshorizontes von in der Regel 12 bis 36 Monaten gemeint.

Die Abbildung 3, der Scheinwerfer, der die Zukunft ausleuchtet, illustriert den Begriff Zukunftsorientierung und ordnet einige Kernelemente zu.

Sowohl die Branche als auch das Unternehmen selbst stehen im Fokus, allerdings jeweils aus einer anderen Perspektive.

Branche 201x steht für die Summe der Erkenntnisse und Annahmen im Managementteam, bezogen auf die Entwicklung der eigenen Branche in den nächsten Jahren. Der Zeitraum hängt von den spezifischen Brancheneigenschaften und den jeweiligen Produkt-, Innovations- und Investitionszyklen ab. Jedes Mitglied des

Managementteams für sich hat Erwartungen und Bilder die Zukunft 201x betreffend, diese gilt es zu einem Gesamtbild zu bündeln. Branche 201x bezeichnet damit das erwartete zukünftige Umfeld des Unternehmens und die wesentlichen Veränderungen zum Status Quo, auf die das Managementteam eine Antwort finden muss.

Für genau diese Antworten steht *Unternehmen 201x*, anfangs allerdings nur als grobe Skizze. In der Mehrheit werden erste Lösungsansätze in Form von Produktideen, Technologieskizzen etc. beschrieben.

Wie kann nun sichergestellt werden, dass sich ein Managementteam systematisch mit der Zukunft der Branche und des Unternehmens auseinandersetzt?

Zwei Aspekte stehen dabei im Vordergrund: erstens muss die Diskussion gezielt und systematisch erfolgen, zweitens muss sie im Managementteam dauerhaft etabliert werden. Eine einmalige ungerichtete Diskussion, bei der über verschiedene Trends und Veränderungen oberflächlich diskutiert wird, führt zu keinem nutzenstiftenden Ergebnis. Dazu sind die individuellen Bilder, Erwartungen und Kenntnisstände der Beteiligten bezüglich der Zukunft zu unterschiedlich.

Ziel und Zweck von Zukunftsorientierung ist zum einen das frühzeitige Erkennen von Trends und Umbrüchen, zum anderen das vorausschauende Einleiten geeigneter Antworten. Abbildung 4 fasst die primären Ziele nochmals zusammen.

Folgt man der Innovationsdefinition (siehe Abbildung 1), so lassen sich alle hier genannten Maßnahmen dem Begriff Innovation zuordnen. Innovationen sind zwar nicht das alleinige Ergebnis systematischen zukunftsorientierten Handelns, aber eines der wichtigsten.

Innovationsmanagement bedeutet genau wie Zukunftsorientierung eine nach außen, in die Branche und auf die Veränderungen des Marktes gerichtete Perspektive. Innovationen sollten das interne Abbild der Beobachtung externer Entwicklungen sein. So bezeichnet Hauschildt eine fehlende Ausrichtung von Innovationsaktivitäten an den Forderungen des Marktes

Abbildung 3: Kernelemente der zukunftsorientierten Steuerung

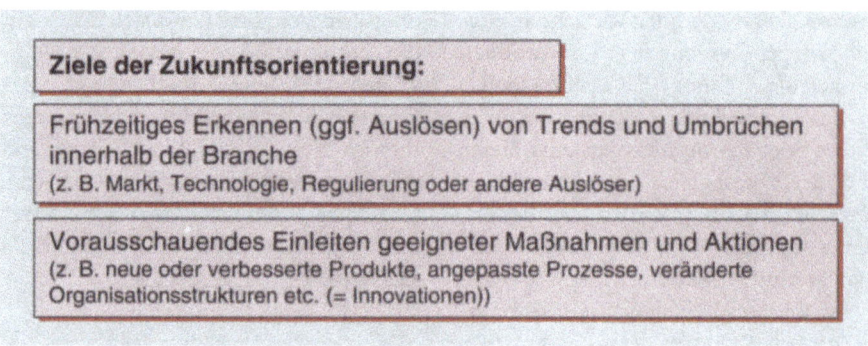

Abbildung 4: Ziele der Zukunftsorientierung

den Kardinalfehler des Innovationsmanagements (vgl. Hauschildt 2004, S. 3).

„Innovation ohne explizite Zukunftsorientierung ist möglich, aber nicht nachhaltig. Zufallsgetriebene, ungerichtete Innovationsaktivitäten belegen dies immer wieder." (Weber/Vinkemeier 2007, S. 18) Während des Internetbooms zu Beginn des 21. Jahrhunderts war diese Vorgehensweise weit verbreitet – mit den bekannten Resultaten. Zukunftsorientierung ohne Ableitung von Maßnahmen ist ebenfalls weitgehend wirkungslos, aber ähnlich weit verbreitet. Hier werden hohe Erwartungen im Managementteam geweckt, aber nicht erfüllt. Wirkungszusammenhänge müssen sichtbar werden, ansonsten droht der Elan zu verpuffen und Begriff wie Instrument sind verbraucht.

Abbildung 5 zeigt das Ineinandergreifen von Innovation und Zukunftsorientierung. Externe Einflüsse haben eine direkte Wirkung auf die unternehmensinternen Innovationsaktivitäten. So muss zum Beispiel ein technologischer Wandel, der sich schrittweise in der Branche vollzieht – ein Technologiesprung (Sprung auf eine neue S-Kurve) – unmittelbare Folgen auf die Priorisierung eigener Aktivitäten haben. Erweitert wird das Bild um den Aspekt Strategie als Filter zwischen der Umwelt und den internen Maßnahmen.

Eine nachhaltige Orientierung an den erwarteten Entwicklungen und Brüchen innerhalb der eigenen Branche führt in einem hohen Maße zu Erkenntnissen mit erheblicher Marktrelevanz. Diese Informationen sind geeignete Triebfedern für die unternehmensinternen Innovationsaktivitäten. Exemplarisch hierfür sind Erfahrungen aus erfolgreichen Markt-

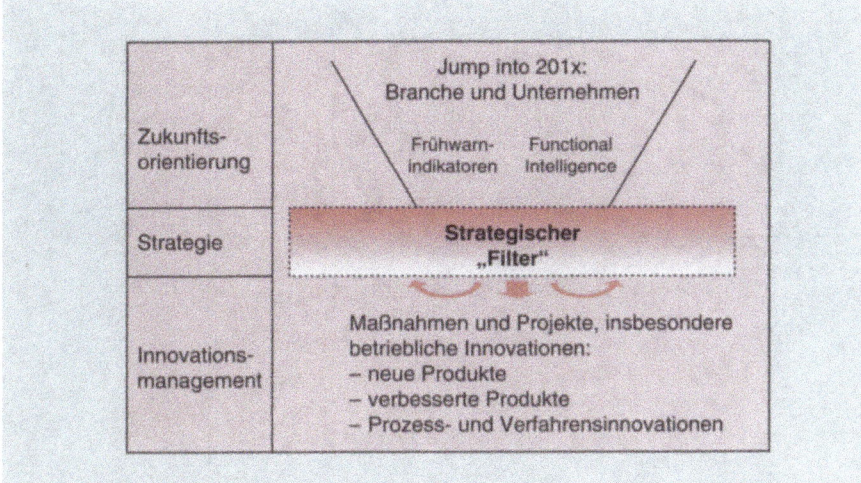

Abbildung 5: Zusammenspiel von Zukunftsorientierung, Strategie und Innovation

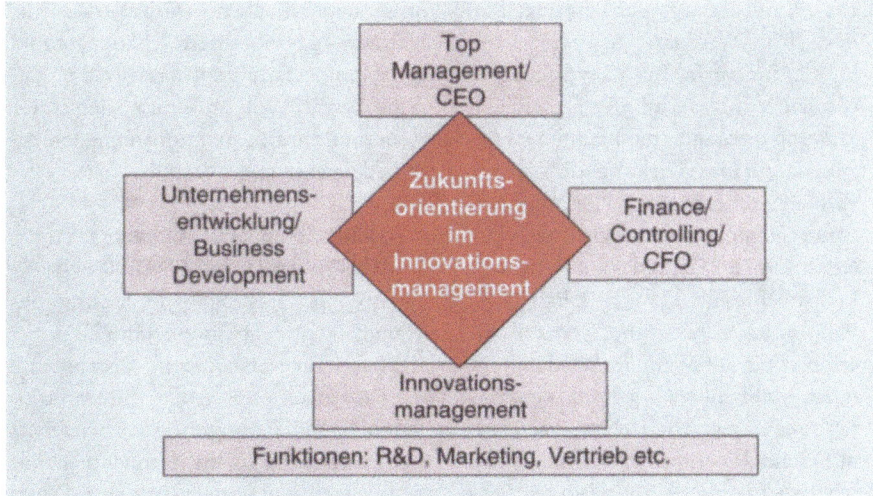

Abbildung 6: Zukunftsorientierung im Innovationsmanagement und die beteiligten Funktionen

und Technologie-Roadmappings und Szenario-Projekten zu nennen, die zu einer Vielzahl an Entwicklungsprojekten und direkten Maßnahmen geführt haben.

Ein Kriterium für den Nutzen einer Innovationsidee ist der Abgleich mit den strategischen Vorgaben des jeweiligen Bereiches bzw. der Unternehmung. Der Strategie kommt dabei die Funktion eines Filters zu. Ideen, die eine klare systematische Zukunftsorientierung aufweisen, haben die besten Chancen, den Filter zu durchlaufen.

Dabei ist auch die Strategie an sich nicht unantastbar. Sind die gewonnenen Erkenntnisse über zukünftige Entwicklungen fundamental, können sie in einer Anpassung bzw. einer kompletten Veränderung der Strategie eines Unternehmens münden. Prominente Beispiele finden sich bei Mannesmann, früher ein Maschinen- und Röhrenhersteller, der sich zum Mobilfunkanbieter entwickelt hatte und letztlich in Vodafone aufgegangen ist, und Nokia, einem Unternehmen, das vom Papier- und Gummistiefelhersteller zum führenden Hersteller von Mobiltelefonen wurde.

Haben innovative Ideen den strategischen Filter passiert, so münden sie im Regelfall in konkreten Maßnahmen und Projekten. Unabhängig von ihrer organisatorischen Gestaltung haben Maßnahmen, die aus Zukunftsorientierung und strategischem Filter abgeleitet wurden, Innovationscharakter bzw. sind Ausgangspunkt von Innovationsprozessen.

Nachfolgend soll nun der Frage nachgegangen werden, wie sich das Zusammenspiel von Zukunftsorientierung und Innovationsmanagement organisatorisch darstellt. Die folgende Abbildung 6 schematisiert Rollen und Beiträge der beteiligten Organisationseinheiten, insbesondere CEO, CFO, Unternehmensentwicklung und Innovationsmanagement bzw. Funktionen.

CEO bzw. Top Management haben die Aufgabe, die Unternehmensstrategie zu entwickeln oder zumindest zu verabschieden. In der Regel bedient sich der CEO hierzu einer Abteilung Unternehmensentwicklung/Business Development oder des Strategiestabes. Neben vielfältigen Analyseaufgaben sollte die Unternehmensentwicklung auch mit der Frage befasst sein, welche tief greifenden Veränderungen das Unternehmen in seiner Branche mittel- und langfristig zu erwarten hat. Solche „Disruptive Developments" auf der Markt- und Technologieseite lassen sich hinsichtlich ihrer Wirkung auf die üblichen Steuerungsgrößen, wie Absatzmenge, Umsatz, Ergebnis, Kundenbindung etc. oft nur schwer quantifizieren. Dennoch ist es Aufgabe der Unternehmensentwicklung, solche „Disruptives", die ja hochgradig zukunftsrelevante Entwicklungen darstellen, in die Steuerung einzubringen und sichtbar zu machen.

Der Unternehmensentwicklung gegenüber steht (nicht nur in der obigen Abbildung) der Bereich Finance/Controlling, an der Spitze der CFO mit seiner klassischen Verantwortung für Planung und Berichtswesen. Obwohl Disruptive Developments umwälzende Veränderungen für das eigene Unternehmen bedeuten und damit an sich in höchstem Maße planungsrelevant sein sollten, findet man sie in der Planung oft nicht explizit wieder. Für diese Diskrepanz zwischen Planung und „Disruptives" bzw. zwischen Controlling und Unternehmensentwicklung gibt es neben der schon genannten schwierigen Quantifizierbarkeit eine weitere Erklärung. Oft betreffen erkennbare Umwälzungen einen Zeitraum jenseits der typischen Planungsperiode des Unternehmens, wenn diese zum Beispiel bei 24 Monaten endet. Diese Zeitangabe ist im Übrigen stark branchenabhängig. Damit werden solche „Disruptives" – formal korrekt – vom „Planungs-Sonar" des Controllings nicht mehr erfasst. Diese formale Richtigkeit schützt allerdings nicht vor der Erkenntnis, dass „Disruptives" ausgesprochen bedeutsam für die Entwicklung des Unternehmens sind. Sie sollten also zwingend in die Steuerung einfließen. Die Gefahr, dabei an formale, hierarchische oder kompetenzseitige Grenzen zu stoßen, ist gerade im Zusammenspiel mit dem Controlling groß. Dieser latente Konflikt ist allerdings lösbar. So werden im schwerer quantifizierbaren Bereich jenseits des klassischen Planungshorizontes, in dem sich die Disruptives vornehmlich konzentrieren (im Beispiel jenseits der 24 Monate) andere Instrumente eingesetzt als in der klassischen Planung. Das Controlling setzt in seiner Planungs- und Berichtswesen-Domäne (hier bis 24 Monate) verstärkt auf den großflächigen Einsatz von IT-Systemen und ERP-Lösungen, in denen Produkte, Kunden, Regionen etc. detailliert beplant werden. Oberhalb der „Planungsgrenze" verbietet sich dieser Detailgrad sowohl inhaltlich als auch technisch. Stattdessen kommen hier schnellere, weniger aufwändige Instrumente zum Einsatz, wie Szenarien, Simulationen, Wargames oder Roadmaps. Auf einzelne Instrumente wird nachfolgend genauer eingegangen. Auch sie sind in aller Regel IT-gestützt, allerdings lässt sich das hier gefragte „Bauchgefühl" der Manager weniger gut in ERP-Strukturen fassen. Hier kommen deshalb immer häufiger „Brain"-Ware-Komponenten und kommunikative Elemente zum Einsatz.

Um eine gravierende Sprungstelle zwischen „harter" Planung und der „Zeit danach" zu vermeiden, kommt es verstärkt zu der – auch aus Controlling-Kreisen – geforderten Integration beider Welten. Hier sind vor allem zwei Schritte zu nennen.

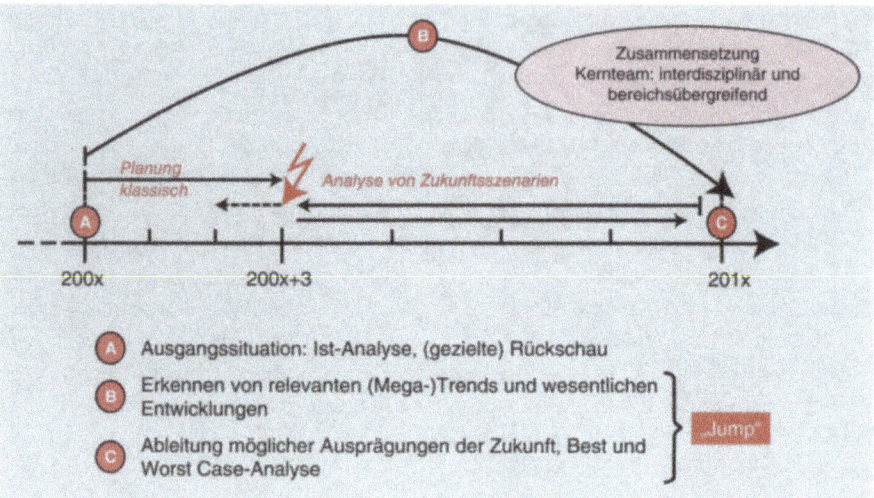

Abbildung 7: „Jump" – der Sprung in die Zukunft

1. Die „Vitalisierung" der Planung, d. h. der „Jump"-Ansatz: Szenario- und Simulationsverfahren als typische Instrumente „oberhalb" der klassischen Planung werden in die Planung einbezogen, um die Wirkung disruptiver Elemente innerhalb des Planungshorizontes sichtbar zu machen.
2. Roadmaps, Wargames und andere Instrumente, die klar „oberhalb" der Planung angesiedelt sind, werden konsequent bis auf Maßnahmenebene geführt. Maßnahmen wiederum sind das Bindeglied zwischen klassischer Planung und „Disruptives", denn sie lassen sich für die Planung bis auf Produkte, Regionen etc. herunter brechen.

Die Verantwortung für die Maßnahmenumsetzung geht an dieser Stelle entweder direkt an die entsprechenden Funktionsbereiche über, zum Beispiel F&E und Marketing, oder das Innovationsmanagement schaltet sich ein – sofern wirksam installiert. Letzteres hat dann seinerseits eine Art Gatekeeper- und Koordinationsfunktion. Es steuert Projekte mit innovativen Inhalten so, dass operative Einheiten wie F&E und Marketing sich ausschließlich auf deren Umsetzung und Realisierung konzentrieren können.

Nachfolgend werden mit „Jump", Wargaming und Roadmapping drei Ansätze vorgestellt, die „oberhalb der Planungsgrenze" des Controllings angesiedelt sind. Als schnelle, wenig aufwändige Instrumente machen sie – anders als die Planung – das viel zitierte „Bauchgefühl" der Manager greifbar, das für das Zusammenspiel von zukunftsorientierter Steuerung und Innovationsmanagement so bedeutsam ist.

„Jump" – die Basis für eine Erfolgreiche Zukunftsorientierung

„Jump", der gemeinsame Sprung des Managementteams in ein Jahr 201x, ist die Basis für verschiedene Instrumente wie das Roadmapping oder die Szenario-Technik. Ein Kernteam muss bewusst eine Zukunftsperspektive einnehmen, unter Vermeidung einer einfachen Fortschreibung oder Extrapolation der aktuellen Situation beziehungsweise des aktuellen Planes.

Ausgehend von der heutigen Ist-Situation springt das Kernteam an einen Punkt 201x und betrachtet die bis dahin abgelaufenen Entwicklungen und leitet dann daraus potenzielle Ausprägungen der Zukunft ab. Abbildung 7 veranschaulicht den „Jump"-Gedanken.

In der Praxis ist dieser Sprung interview- und workshopbasiert durchzuführen. Darin wird das Kernteam, zusammengesetzt aus Funktionen wie Marketing, Vertrieb, Forschung & Entwicklung und Produktion gezielt mit Zukunftsthesen konfrontiert und zu ihnen befragt. Diese Thesen beziehen sich auf relevante Veränderungen und Brüche entlang der

Branchenwertschöpfungskette bis in das Jahr 201x. Material dafür liefern in der Regel Studien, Publikationen, Experteninterviews oder Auftragsarbeiten. Das hier skizzierte Jump-Vorgehen ist gleichzeitig die Grundlage für Instrumente wie Roadmapping und Wargaming.

Wargaming – Durchspielen konfliktärer Zukunfts-Situationen, ableiten von Maßnahmen für das Hier und Jetzt

Wargaming oder auch die Konfliktsimulation als dynamische Planspielmethode geht auf das Offizierstraining Anfang des 19. Jahrhunderts zurück. Ziel ist es, das Verhalten der Marktteilnehmer abzuschätzen, um daraus geeignete Aktionen und Reaktionen zu definieren.

Kernelement und Triebfeder für die Teilnehmer ist der Wettbewerbsgedanke. Die Beteiligten werden zu Beginn in Gruppen eingeteilt. Jede dieser Gruppen „spielt" einen Marktteilnehmer, neben dem eigenen Unternehmen sind dies zum Beispiel Wettbewerber, Kunden oder Institutionen (z. B. Regulierer/Behörden). Im Rahmen des Wargamings werden aktuelle oder zukünftige Marktsituationen durchgespielt. Die gemeinsame Analyse der Strategien und Handlungen zwischen den Spielrunden steht dabei im Vordergrund. Durch diese Erkenntnisse sollen sich die Teilnehmer der Wechselwirkung zwischen eigener Aktion und Reaktion der anderen Gruppen/Marktteilnehmer bewusst werden. Ein Ziel ist das Einnehmen verschiedener Blickwinkel und Handlungsweisen, Vorteile liegen in der hohen Dynamik des Spielverlaufes.

Der Spielleiter definiert über klare Spielregeln die Aufgaben, Rahmenbedingungen und das Verhalten der Marktteilnehmer untereinander. Der oben skizzierte „Jump"-Ansatz eignet sich, um die Teilnehmer und die Rahmenbedingungen zu bestimmen.

Roadmapping – den Pfad in die Zukunft finden

Ziel des Roadmappings ist das systematische Identifizieren und Bewerten „schwacher Signale" entlang der Branchenwertschöpfungskette und deren Verarbeitung zu wegweisenden Lösungen, Produkten etc. Quellen dieser Signale sind in erster Linie Märkte, Kunden, Zulieferer und Konkurrenten.

Die beteiligten Mitglieder des Managementteams setzen sich „systematisch mit Trends und Visionen auseinander" (vgl. Weber/Kandel/Spitzner/Vinkemeier 2005, S. 26). In der Regel besteht eine Roadmapping-Übung aus einzelnen Workshops und vorbereitenden Interviews. Basis ist eine so genannte Zukunftskonferenz, in der relevante Zukunftsthemen und Trends aufbereitet werden. In der Konferenz selbst vollziehen die Beteiligten den Sprung in das Jahr 201x (Jump). Die darauf folgenden Workshops dienen zur Identifikation der Pfade und deren Analyse.

Im Ergebnis entstehen Straßenkarten (= Roadmaps) in die Zukunft, die sich aus verschiedenen Produkt- und Technologiepfaden (= Handlungsoptionen des Unternehmens) zusammensetzen. Je nach Aufgabenstellung können Pfade für verschiedene Szenarien (z. B. best-case/worst-case Szenarien) entwickelt werden. Anhand erarbeiteter Produkt- und Technologiepfade sind die Teilnehmer in der Lage, Portfolio- und Investitionsanalysen durchzuführen. Anleitungen und Beschreibungen zu den hier dargestellten und weiteren Instrumenten finden sich in den Bänden 47 (Weber/Kandel/Spitzner/Vinkemeier 2005) und 56 (Weber/Vinkemeier 2007) der Reihe Advanced Controlling.

Roadmapping und Wargaming sind Beispiele für eine Reihe von Instrumenten, mit deren Hilfe das Managementteam die Verzahnung von Zukunftsorientierung und Innovationsmanagement erreicht. Die Praxis zeigt, dass es den Beteiligten so erheblich leichter fällt, sich konsequent und zielgerichtet mit dem Thema Zukunft auseinander zu setzen.

Im folgenden Abschnitt soll nun die Rolle des Controllings an der Schnittstelle zwischen Zukunftsorientierung und Innovationsmanagement noch stärker in den Mittelpunkt gerückt werden.

Der Beitrag des Controllers

Eine erfolgreiche zukunftsorientierte Steuerung basiert auf der strukturierten Ableitung von Maßnahmen, beruhend auf den identifizierten Trends und Brüchen und deren zielgerichteten Umsetzung. Controlling kann in beiden Feldern einen nicht zu unterschätzenden Beitrag leisten.

Vom Trend zur Maßnahme

Dieses Arbeitsfeld ist gekennzeichnet von der Anwendung unterschiedlicher Instrumente, zur Ableitung von Antworten der Unternehmung auf die Zukunft. Gerade bei den Instrumenten der Zukunftsorientierung steht das Controlling vor neuen Herausforderungen, sowohl das Vorgehen als auch die verwendeten Daten betreffend.

Unabhängig vom angewendeten Instrument ist eine frühe Einbindung des Controllings für alle Beteiligten von Vorteil. Aufmerksamkeit und Vertrauen des Managements können so bereits zu Beginn erworben und gesichert werden. Dabei orientiert sich die Rolle des Controllings zum einen an seiner bisherigen Einbeziehung in den Prozess, zum anderen anhand des genutzten Instruments. Generell ist ein gestaffeltes Vorgehen zur Einbindung des Controllings sinnvoll – anfangs als Teilnehmer, der sich sukzessive mehr und mehr einbringt. Ziel ist die schrittweise Entlastung des Managements durch Übernahme der Moderations-, Koordinations-, oder Konsolidierungsaufgaben. Die Methoden- und Prozessexpertise des Controllings sowie die umfassenden Erfahrungen bei der Konzeption und Erstellung von Reports prädestinieren das Controlling für diese Schnittstellenfunktion. Je nach Instrument kommen noch weitere Aufgaben hinzu, wie die des Input-Lieferanten.

Von der Maßnahme zur Umsetzung

Im Gegensatz zur Maßnahmendefinition ist bei der Umsetzung der Maßnahmen die Mitwirkung des Controllings nicht nur wünschenswert, sondern erfolgskritisch. Essentieller Bestandteil einer Maßnahmenumsetzung ist ihre kontinuierliche Steuerung und Überprüfung.

Die Antworten des Unternehmens auf die Zukunft können sowohl konkrete Maßnahmen als auch Anpassungen der Strategie umfassen. Neben den Problemen bei der Antwortfindung oder der fehlenden Verzahnung von Zukunftsorientierung und Innovation ist die falsche Verknüpfung der verschiedenen Prozesselemente die zweite große betrachtete Fehlerquelle. Dem Controlling bieten sich eine Vielzahl von Betätigungsfeldern und große Überschneidungen mit seinen täglichen Aufgaben und Methoden. Sein großer Vorteil ist die grundsätzliche Vertrautheit mit der Umsetzungskontrolle und dem Reporting. Von zentraler Bedeutung für den Erfolg ist die Prämissendefinition/-kontrolle sowie die Umsetzungs-/Durchführungskontrolle.

Strategie- und Prämissencheck

Strategie und Planung basieren auf Prämissen. Das Unternehmen muss sich immer wieder der Frage stellen: Haben die neu gewonnen Erkenntnisse Auswirkungen auf die Prämissen der eigenen Strategie und Planung? Welche Auswirkungen haben die Veränderungen auf die Strategie und ihre Implikationen?

Bereits die Fragestellungen verdeutlichen die Komplexität der Folgeabschätzung. Auftrag des Controllings ist in diesem Zusammenhang, das Management bei dieser komplexen Problematik zu unterstützen. Für die Lösung der Fragestellung bieten sich Abweichungsanalysen in Form eines Soll-Ist-Abgleichs an. Die neuen Erkenntnisse stellen dabei den Ist-Wert, die alten Prämissen den Soll-Wert dar. Eine besondere Qualität der Komplexität beruht auf dem qualitativen Charakter der Prämissen.

Durchführungs- und Umsetzungskontrolle

Die Ausgestaltung der definierten Maßnahmen und deren Umsetzung ist ein zentraler Teil der unternehmerischen Antwort auf die kommenden Herausforderungen. Das Controlling kann diese Prozesse durch seine Expertise und Methoden in der Planung, Kalkulation und Kontrolle unterstützen. Grundsätzlich muss es beachten, dass es sich um zukunftsgerichtete Maßnahmen handelt und somit die Informationsgrundlage in der Regel erhebliche Unsicherheiten aufweist. Es besteht die Gefahr zu glauben, dass man es hier nur mit Routineaufgaben, wie Planung und Budgetierung, zu tun hat. Die Komplexität ist jedoch bei zukunftsgerichteten Maßnahmen mit einer langfristigen Ausrichtung ungleich höher. (Weber/Vinkemeier 2007, S. 44)

Generell ist das Controlling prädestiniert für die Dokumentation und Analyse des gesamten Prozesses. Es unterstützt damit aktiv das Lernen der gesamten Organisation. Zusätzlich bietet sich die Chance, durch die Dokumentation und Aufbereitung der erreichten Ergebnisse die Akzeptanz und Motivation bei Mitarbeitern und Management positiv zu beeinflussen.

Allgemeine Anforderungen an das Controlling

Die neuen Möglichkeiten erfordern einiges vom modernen Controlling. Kernforderung ist die nach der Veränderung des eigenen Mindsets. Um das Managementteam aktiv unterstützen zu können, muss das Controlling lernen, in bestimmten Situationen Unsicherheit zu akzeptieren, in langfristigen Perspektiven zu denken und anderen Methoden offen gegenüberstehen. Andernfalls kann und wird es sich nicht glaubwürdig in den Prozess einbringen. Das Arbeiten mit Trends, Entwicklungen und Brüchen erfordert vom Controlling Akzeptanz und Verständnis gegenüber qualitativen Argumenten.

Vertrauen und Verständigung sind entscheidende Größen für den Erfolg fast jeder Zusammenarbeit, so auch zwischen Controlling und den anderen Fachbereichen. Dem Entwickeln einer gemeinsamen Sprache über Zukunftsthemen kommt somit eine besondere Bedeutung zu. Ansonsten läuft das Controlling schnell Gefahr, als Bremser und Blockierer wahrgenommen zu werden.

Für die Einbindung des Controllings in den Prozess der Zukunftsorientierung sprechen seine Neutralität und die Erfahrungen als kritischer Counterpart des Managements. Frühzeitige Berücksichtigung betriebswirtschaftlicher Überlegungen in die Zukunftsorientierung erhöht die Erfolgschancen der Unternehmung.

Bank- und Börsenwissen für Beruf und Studium

Günter Wierichs | Stefan Smets
Gabler Kompakt-Lexikon Bank und Börse
2.000 Begriffe nachschlagen, verstehen, anwenden
4. Aufl. 2007. VII, 296 S.
Br. EUR 22,90
ISBN 978-3-8349-0356-3

Das Gabler Kompakt-Lexikon Bank und Börse definiert die 2.000 wichtigsten Begriffe aus dem Bank- und Börsenwesen. Die Stichwörter sind verständlich erklärt und auf eine praktische Anwendung des Wissens ausgerichtet. Damit ist das Lexikon ein perfektes Nachschlagewerk im Finanzalltag.

Einfach bestellen:
kerstin.kuchta@gwv-fachverlage.de
Telefon +49(0)611. 7878-626

KOMPETENZ IN SACHEN WIRTSCHAFT

Zusammenfassung

Dos und Dont's – Hinweise aus der Beratungspraxis

Nachfolgend haben wir vier wichtige Resultate aus vielen Beratungsprojekten rund um die Themen Zukunftsorientierung, Innovation und Steuerung zusammengefasst. Leser, die vor der Realisierung vergleichbarer Projekte stehen, können davon profitieren, wenn sie die Hinweise an ihr Umfeld anpassen:

1. Sprung über die Hemmschwelle Zukunft: (Ent-)führen Sie das Managementteam in einen Zeitraum jenseits des üblichen Planungshorizontes. Es funktioniert – mit einfachen Mitteln – und schafft Teamgeist ganz neuer Art.
2. Kernteam „Zukunft": Interdisziplinär zusammensetzen und hinsichtlich der Erfahrungshorizonte mischen! Das heißt mindestens Vertreter der Bereiche Marketing, Vertrieb, Produktion, Forschung & Entwicklung und Controlling sind am Tisch. Erfahrene Führungskräfte treffen auf „junge Wilde".
3. Kernkompetenz des Controllings in Sachen Planung, Reporting und Kontrolle unbedingt für zukunftsorientierte Steuerung nutzen – niemand ist glaubwürdiger und besser geeignet!
4. Wie immer: Ohne Unterstützung und Förderung durch das Topmanagement geht es nicht.

Zukunftsorientierung des Managementteams und Innovationen gelten als Schlüsselfaktoren für den Erfolg von Unternehmen. Dabei sind Zukunftsorientierung, Innovationen und deren professionelles Management eng miteinander verknüpft. Zukunftsorientiert zu handeln bedeutet, den Blick systematisch auf die Branchenwertschöpfungskette der Zukunft zu richten. Ziel ist es, Trends, Änderungen und Brüche frühzeitig zu erkennen und zu gestalten. Allein daraus ergeben sich vielfältige Ansatzpunkte für neue Produkte, veränderte Geschäftsmodelle und verbesserte betriebliche Abläufe, also für Innovationen. Dies ist eine Quelle für das systematische Management von Innovationen, ohne das ein Unternehmen im Wettbewerb chancenlos ist, insbesondere wenn es Kostennachteile aufzuwiegen hat.

Trotz der eminenten Bedeutung von Zukunftsorientierung und Innovationen ist Controlling in beiden Disziplinen bisher wenig bis gar nicht präsent. Wir gingen deshalb der Frage nach, ob Controlling einen nennenswerten Beitrag leisten kann. Und wenn ja, welchen?

Die erste Frage lässt sich eindeutig beantworten: Ja, Controlling sollte zur Zukunftsorientierung der Manager und zum Thema Innovation einen Beitrag leisten. Die Gründe hierfür liegen auf der Hand. Einerseits braucht professionelles Innovationsmanagement fundiertes betriebwirtschaftliches Know-how. Die Handlungsträger in Forschung, Entwicklung und anderen technischen Disziplinen verfügen oft über hervorragendes technisches Expertenwissen, fühlen sich aber bisweilen so sehr ihrer guten technischen Idee verpflichtet, dass der Innovation ein nüchtern-ökonomischer Blick nutzen kann. Andererseits verfügt das Controlling mit seinem angestammten Toolset über gute Voraussetzungen, um Zukunftsorientierung, Innovationen und deren Management wirkungsvoll zu unterstützen. Hier sei nur noch einmal auf die Expertise in Planung, Koordination, Abweichungsanalyse und Reporting verwiesen. Auch die Erfahrung mit der Gestaltung von Informationssystemen und der unmittelbare Zugriff auf diese sprechen für das Controlling.

Der Instrumentenkasten, das Toolset des Controllings, stellt also kein Problem dar. Das Mindset des heutigen Controllers kann dagegen sehr wohl problematisch sein.

Controller sind es häufig einfach nicht gewohnt, konsequent zukunftsorientiert zu arbeiten. Unsicherheit und Risiko als zwei mit Innovationen unabdingbar verbundene Elemente sind für sie schwer zu handhaben. Ebenso ist der oft qualitative Charakter zukunftsorientierter Aussagen ungewohnt.

Daher ist nicht nur der Instrumenteneinsatz entscheidend, sondern auch eine Mindset-Änderung im Controlling. Beides zusammen eröffnet dem Controlling gute Chancen, auch im Bereich Zukunftsorientierung und Innovation großen Nutzen zu stiften.

Literatur

HAUSCHILDT, J.: Innovationsmanagement, München 1997.

HAUSCHILDT, J.: Kardinalfehler des Innovationsmanagements, 2004, unter www.uni-kiel.de/fakultas/wiso/bwl/j-hauschildt (Abruf: 01. 12. 2006).

VINKEMEIER, R.: Unternehmenszusammenschlüsse und Organisation von Innovation, Wiesbaden 1998.

VINKEMEIER, R.: „Gesamtkonzept zur langfristigen Steuerung von Innovationen – Balanced Innovation Card im Zusammenspiel mit Roadmaps", in: MÖHRLE, M./ISENMANN, R. (Hrsg.): Technologie-Roadmapping, Heidelberg 2005.

WEBER, J.: Strategisches Controlling – Der Weg zu einem besseren Preismanagement, Schriftenreihe Advanced Controlling, Bd. 44, Weinheim 2005.

WEBER, J./KANDEL, O./SPITZNER, J./VINKEMEIER, R.: Unternehmenssteuerung mit Szenarien und Simulationen – Wie erfolgreiche Unternehmenslenker von der Zukunft lernen, Schriftenreihe Advanced Controlling, Bd. 47, Weinheim 2005.

WEBER, J./SCHÄFFER, U.: Einführung in das Controlling, 11. Aufl., Stuttgart 2006.

WEBER, J./VINKEMEIER, R.: Controlling und Innovation – Beitrag des Controllings zu Zukunftsorientierung und Innovationsmanagement, Schriftenreihe Advanced Controlling, Bd. 56, Weinheim 2007.

Problemorientiertes Innovationscontrolling in Großunternehmen

Daniel Bösch

Innovationscontrolling – Ein Teil der Lösung

„Man ist entweder Teil der Lösung, oder aber Teil des Problems." Dieser Ausspruch kommt in Politik-, Wirtschafts- und Gesellschaftsrhetorik gerne zum Einsatz, wenn es darum geht, Ursache und Wirkung sowie Gut und Böse voneinander abzugrenzen. Dabei geht es immer um kontroversiell diskutierbare Themen, bei denen feine Ausgestaltungs- und Auffassungsunterschiede den Ausschlag geben, welcher Gruppe man zuzuordnen ist. Innovationscontrolling ist ein solches Thema.

Innovationscontrolling gelangt in der Unternehmenspraxis noch zögerlich zur Anwendung. Unternehmensinterne Widerstände gegen dessen Einführung werden mit der Gegenläufigkeit von Kontrolle und Kreativität sowie mit dem generellen Misstrauen zwischen Controllern und Naturwissenschaftlern bzw. Technikern begründet. Zum Problem wird Controlling in der Tat dann, wenn es mit Kontrolle gleichgesetzt wird und wichtige kreative Freiräume beschneidet. Als Problem wird es auch dann empfunden, wenn sich die mit dem eigentlichen Hervorbringen von Innovationen betrauten Personen durch den Controller bevormundet und missverstanden fühlen.

Auf dem Weg zum durchschlagenden Innovationserfolg darf aber das Innovationscontrolling kein weiterer Stolperstein sein. Im Gegenteil, es muss als Teil der Lösung konzipiert und aufgefasst werden. Da nun aber jeder Lösung ein Problem zugrunde liegt, stellt sich berechtigterweise die Frage, was dies im vorliegenden Kontext sein kann. Die Antwort lautet: Das Innovationscontrolling löst das Problem nicht realisierter Effizienz- und Effektivitätssteigerungspotenziale im Innovationsmanagement.

Innovationsmanagement umfasst die unterschiedlichsten Managementaufgaben. Sie alle haben gemeinsam, dass sie der Innovationserfolgsoptimierung dienen. Will sich in einem Unternehmen kein Innovationserfolg einstellen, so kann dies verschiedenste Ursachen haben: Es kann auf unzureichende Effizienz im Projektmanagement mit daraus resultierenden Termin- und Kostenüberschreitungen zurückzuführen sein. Vielleicht aber leisten die Projektteams hervorragende Arbeit, werden jedoch durch eine starre Unternehmensorganisation, eine innovationsfeindliche Kultur oder mangelnde Ressourcen behindert. Wenn auch das nicht der Fall ist, kann der Grund für den Misserfolg bei den mit dem Projektportfoliomanagement betrauten Entscheidungsträgern liegen, die Projekte trotz fehlenden Know-hows und ungenügender Ressourcen bewilligen. Zu guter Letzt kann der Grund eines Scheiterns auch bei der Unternehmensspitze gesucht werden, die auf die falschen Innovationsfelder setzt und die falschen strategischen Weichen im betrieblichen Innovationssystem stellt.

Das Aufdecken von nicht realisierten Effizienz- und Effektivitätssteigerungspotenzialen bedarf folglich einer umfassenden Analyse sämtlicher Innovationsmanagementaufgaben. Erst dann können im zweiten Schritt geeignete Controlling-

---

- Innovationscontrolling soll das Problem nicht realisierter Effizienz- und Effektivitätssteigerungspotenziale im Innovationsmanagement lösen.
- Der vorliegende Artikel stellt ein Modell vor, das es erlaubt, diese Potenziale strukturiert zu identifizieren.
- Weiters werden Controllingfunktionen skizziert, mit deren Hilfe diese Steigerungspotenziale adressiert werden können.
- Nur ein problemorientiertes Innovationscontrolling stiftet einen entsprechenden Nutzen und sichert so die notwendige Akzeptanz bei den betroffenen Mitarbeitern.

Dr. Daniel Bösch ist Marketing Manager Innovation (Verantwortungsbereich: Innovationsprojekte mit externen Partnern) bei D. SWAROVSKI & CO, A-6112 Wattens, Österreich.

Zuvor war er Assistent am Industrieinstitut der WU-Wien bei Prof. Dr. Gerhard Seicht.
E-Mail: daniel.boesch@swarovski.com

services konzipiert und implementiert werden. Eine derartige zweigliedrige Vorgehensweise stellt sicher, dass ein Innovationscontrolling nicht etwa um seiner selbst willen implementiert wird. Im Gegenteil, es wird stets als Instrument zur Problemlösung begriffen und stößt dadurch auf breite Akzeptanz. Genau diesem zweigliedrigen Ansatz folgt der vorliegende Artikel. Im nun folgenden Abschnitt wird ein Modell vorgestellt, mit dem Effizienz- und Effektivitätssteigerungspotenziale strukturiert identifiziert werden können. Im darauf folgenden Abschnitt werden Controllingfunktionen zur Adressierung dieser Potenziale beschrieben. Abbildung 1 veranschaulicht die Gliederung dieses Beitrags und gibt einen Überblick über die dem problemorientierten Innovationscontrolling zugrundeliegende Idee.

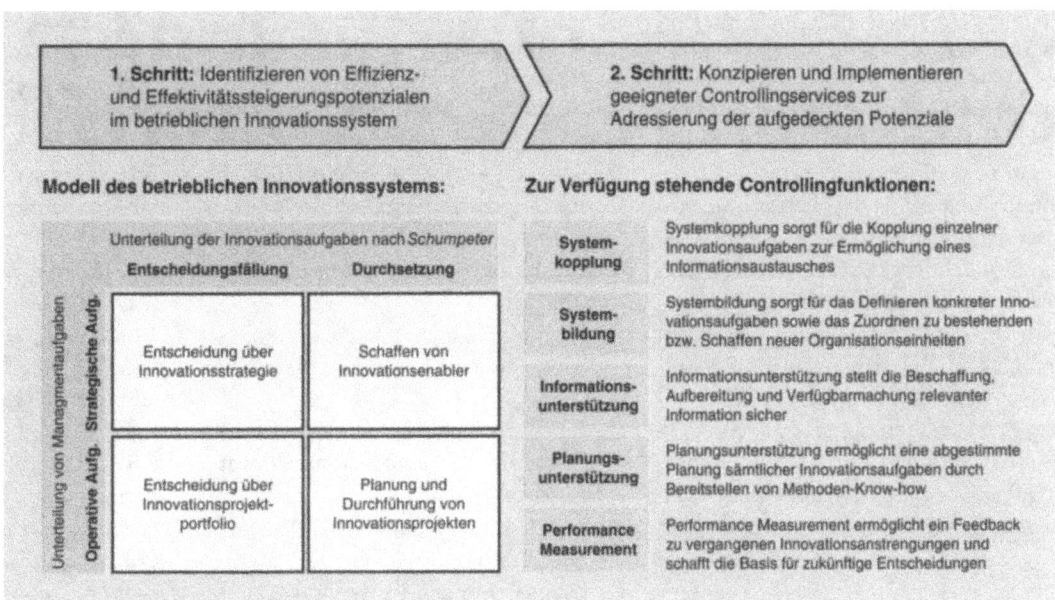

Abbildung 1: Konzept eines problemorientierten Innovationscontrollings

Potenzielle Problemfelder im betrieblichen Innovationssystem

Der erste Schritt auf dem Weg zu einem problemorientierten, Nutzen stiftenden und auf breiter Basis akzeptierten Innovationscontrolling ist das strukturierte Analysieren der betrieblichen Innovationsaktivitäten. In Startup-Unternehmen ist diese Analyse noch recht überschaubar, da hier der Gründer bzw. das Gründungsteam sämtliche Innovationsaufgaben selbst wahrnehmen. Komplizierte Verflechtungen zwischen den Aufgaben sowie schwierig zu bewältigende Koordinationserfordernisse zwischen den einzelnen Aufgabenträgern sind selten. Anders verhält es sich in großen, forschungsintensiven Unternehmen. In diesen gibt es etliche Stellen, die sich explizit dem Thema Innovation widmen. Hervorzuheben sind hier die F&E-Abteilung, Innovationsprojektmanager, Gremien für das Management des Innovationsprojektportfolios sowie Top-Manager, die explizit für Innovationsagenden wie die Definition der Innovationsstrategie verantwortlich zeichnen. Die Summe all dieser Akteure, die am Hervorbringen von Innovationen beteiligt sind, wird als betriebliches Innovationssystem bezeichnet.

Um eine strukturierte Analyse dieses Innovationssystems zu erleichtern, soll nun ein Modell des Innovationssystems vorgestellt werden. Die Modellierung erfolgt dabei nicht auf Ebene der Akteure, sondern auf Ebene der zu bewältigenden Aufgaben. Auf Akteursebene wäre es unmöglich, ein für alle Unternehmen einheitliches Modell zu entwerfen. Zu sehr würde sich – je nach Unternehmensgröße, dem innerbetrieblichen Stellenwert von Innovationen, der Unternehmensorganisation, etc. – seine personelle Ausgestaltung unterscheiden. Die Modellierung ist dann geglückt, wenn für Transparenz und Vollständigkeit der enthaltenen Aufgaben gesorgt wird und – im vorliegenden Kontext – wenn aufgezeigt werden kann, wo welche Innovationscontrolling-Services verlangt werden. Folglich liegt die Herausforderung darin, jeweils jene Innovationsmanagement-Aufgaben zusammenzufassen, die homogene Ansprüche an das Controlling stellen.

Um dies zu bewerkstelligen, werden zwei Gruppierungskriterien herangezogen. Das erste Gruppierungskriterium geht auf Schumpeter zurück und zielt auf den *Output der Innovationsaufgabe* ab. So hat er bereits vor knapp 100 Jahren darauf hingewiesen, dass wirtschaftliche Entwicklung und Fortschritt (den Begriff „Innovation" verwendet er 1939 zum ersten Mal) stets durch ein Wechselspiel von Entscheidungsfällung und Durchsetzung zustande kommen (vgl. Schumpeter 1912, S. 177). Bei *Entscheidungsaufgaben* ist der maßgebliche Output eine konkrete Entscheidung, bei *Durchsetzungsaufgaben* hingegen ein bestimmtes „Werk" (z.B. ein gesteigertes technologisches Know-how, eine innovationsfreundlichere Unternehmensorganisation oder – letzten Endes – ein neues Produkt, eine neue Dienstleistung). Da Schumpeter dies in einer Zeit geschrieben hat, in der separate Forschungsabteilungen, Innovationsstrategien, Innovationsprozesse und dergleichen in der Wissenschaft noch nicht diskutiert wurden, hat seine Unterscheidung sehr allgemeinen Charakter, was der Allgemeingültigkeit unseres Modells dienlich ist. Das zweite Gruppierungskriterium ist der allgemeinen Managementliteratur entlehnt. Diese verwendet gerne die Unterscheidung in ein strategisches und ein operatives Management, welche auch für Innovationsaufgaben relevant ist. Die Verschachtelung dieser beiden Kriterien ermöglicht die Unterteilung des betrieblichen Innovationssystems in vier Aufgabengruppen, die jeweils nach spezifischen Controllingservices verlangen. So verlangen strategische Managementaufgaben nach einem strategischen Controlling, operative Aufgaben nach einem operativen Controlling, Entscheidungsaufgaben nach effektivitätssteigernden und Durchsetzungsaufgaben vorwiegend nach effizienzsteigernden Controllingservices. Diese vier Aufgabengruppen sollen nun umrissen werden.

In der Aufgabengruppe „Strategische Entscheidungsaufgaben" wird über die Innovationsstrategie entschieden. Die Innovationsstrategie sollte unter Berücksichtigung von sowohl internen (Kernkompetenzen, etc.) als auch externen (Konkurrenzsituation, Marktbedürfnisse, etc.) Faktoren erstellt werden und Antworten auf folgende Fragen bereithalten:

- Wieviel Innovationen wollen/brauchen wir? (Innovationsausmaß)
- Welche Innovationen brauchen wir? (Innovationsfelder, Innovationsarten)
- Wer ist prinzipiell am Hervorbringen der Innovationen beteiligt? (Eigenfertigung, strategische Partnerschaften, Outsourcing von Innovationsleistung)

Die Gruppe „Operative Entscheidungsaufgaben" ist das Bindeglied zwischen der Innovationsstrategie und den konkret in der Pipeline befindlichen Innovationsprojekten. Zwei Aufgabenblöcke fallen in diese Gruppe:

- Über die Gestaltung des Projektportfolios entscheiden (Portfoliomanagement)
- Projektbezogen über Eigenfertigung, Fremdvergabe oder Kooperation entscheiden

In die Gruppe „Operative Durchsetzungsaufgaben" fallen sämtliche Aufgaben, die eine erfolgreiche Projektarbeit sicherstellen. Es sind dies die folgenden zwei Aufgabenblöcke:

- Planen von Innovationsprojekten
- Durchführen von Innovationsprojekten

In die Gruppe „Strategische Durchsetzungsaufgaben" fallen sämtliche Aufgaben, die auf einer projektübergreifenden Ebene langfristig für optimale Innovationsrahmenbedingungen sorgen. Es geht hier insbesondere um folgende Innovationsenabler:

- Ideenmanagement (Kontinuierliches Aufgreifen und Konkretisieren von Ideen)
- Ressourcenmanagement (Bereitstellen erforderlicher innovationsrelevanter Ressourcen)
- Technologiemanagement (Ausbauen und Verfügbarmachen des internen technologischen Know-hows)
- Marktbeobachtung (Ausbauen und Verfügbarmachen des Markt-Know-hows)
- Schaffen einer innovationsfreundlichen Unternehmensorganisation und -kultur
- Laufendes Verbessern und Implementieren von Methoden-Know-how im Bereich Projekt- und Prozessmanagement

An dieser Stelle sei noch ein Kommentar für all jene erlaubt, die die Dynamik einer Prozessdarstellung in diesem Modell vermissen. Dieses Modell stellt eine Art Screenshot des betrieblichen Innovationssystems dar. Es ermöglicht die Analyse sämtlicher vorzunehmender Aufgaben, die selbstverständlich nur bei einer koordinierten und konzertierten Ausführung zum Innovationserfolg führen. Generell gilt nun, dass Aufgaben, die sich in derselben Reihenfolge laufend wiederholen, in der Unternehmenspraxis gerne als Prozess aufgefasst und gelebt werden. Im Innovationskontext hat sich so beispielsweise der Stage-Gate-Prozess etabliert, der durch ein Wechselspiel aus Stages (Phasen der eigentlichen Projektarbeit) und Gates (Kontrolltore, in denen Go-/No-Go-Entscheidungen gefällt werden) neue Ideen zielgerichtet in innovative Produkte überführt. Dieses Wechselspiel ist in unserem Modell in den beiden operativen Feldern angesiedelt.

Lösungsansätze eines umfassend verstandenen Innovationscontrollings

Wurden Rationalisierungspotenziale im Innovationssystem aufgedeckt, gilt es im zweiten Schritt, geeignete Controllingservices zu entwickeln und zu implementieren. Im Folgenden werden nun systematisch Möglichkeiten aufgezeigt, die das Controlling zur Problemlösung bereithält. Zu diesem Zweck werden aus der allgemeinen Controllingliteratur die wichtigen Controllingfunktionen abgeleitet und auf ihre Bedeutung im Innovationskontext hin untersucht. Die Systematik hierfür entstammt hauptsächlich der *koordinationsorientierten Controllingkonzeption*, die in den Augen ihrer Vertreter einen Rahmen für alle Controllingkonzeptionen darstellt (vgl. u.a. Horváth 2002, S. 118 ff.). In die nun folgende Beschreibung dieser Controllingfunktionen fließen weiters Gedanken aus der *rationalitätssichernden Controllingkonzeption* ein, deren Vertreter in ihr ebenfalls einen Integrationsrahmen für alle bisherigen Konzeptionen sehen (vgl. u.a. Weber/Schäffer 2001, S. 38).

Innovationscontrolling als systemkoppelnde Koordination

Im koordinationsorientierten Ansatz ist die Koordination das zentrale Element. Bezugnehmend auf *Staehle* kann Koordination definiert werden als „das Abstimmen und Harmonisieren von Handlungen der Organisationsmitglieder sowie das Ausrichten arbeitsteilig gebildeter Stellen in Bezug auf die Ziele und Zwecke des Unternehmens" (vgl. Staehle 1999, S. 555, zitiert aus Doutreval 2002, S. 33 f.). Die Koordinationsorientierung des Controllings stellt auf die „Koordination des Führungsgesamtsystems zur Sicherstellung einer zielgerichteten Lenkung" (Küpper 1997, S. 12) ab. Während das Controlling die Koordination innerhalb des gesamten Führungssystems übernimmt, wird sich das *Innovationscontrolling* auf die Koordination jener Teile des Führungssystems beschränken, die dem Innovationssystem zuzurechnen sind. Dieser auf das Innovationssystem beschränkte Teil der Führung wird gemeinhin als Innovationsmanagement bezeichnet. Es kann deshalb festgehalten werden, dass *eine* wichtige Funktion des Innovationscontrollings darin besteht, die unterschiedlichen Aufgaben des Innovationsmanagements miteinander zu koordinieren.

Auf unser Modell bezogen heißt das, dass ein Innovationscontrolling Koordinationsmechanismen zur Abstimmung der vier Aufgabengruppen zu implementieren hat. Bei breiterer Auslegung der systemkoppelnden Koordinationsfunktion wird zudem für eine Koordination innerhalb dieser Aufgabengruppen und – auf einer übergeordneten Ebene – für Koordination zwischen dem „Routinesystem" und dem Innovationssystem zu sorgen sein. Die Koordination einzelner Innovationsspezialisten und die Überwindung von Schnittstellen und Bereichsegoismen ist gerade in größeren Unternehmen keine triviale Angelegenheit (vgl. Thom 2001, S. 320).

Es stellt sich nun die Frage, welche Koordinationsmöglichkeiten sich in der Praxis bewährt haben. *Vahs* unterscheidet vier *formale* Koordinationsinstrumente: Koordination durch persönliche Weisung, durch Selbstabstimmung, durch Standardisierung und durch organisationsinterne Märkte (vgl. Vahs 2005, S. 116 ff). Das Charakteristische an der *persönlichen Weisung* ist der vertikale Kommunikationsfluss, der hierarchische Über- und Unterordnungsbeziehungen zwischen den Akteuren voraussetzt. Die Weisung geht naturgemäß von der übergeordneten Stelle zu tiefer liegenden Ebenen, die ihrerseits im Rahmen eines Feedbacks über Störungen im Arbeitsablauf berichten. Die *Selbstabstimmung* sorgt mittels horizontaler, nicht hierarchischer Kommunikation für eine entsprechende Koordination. Jedoch ist dieser Koordinationsmechanismus eher auf kleine Organisationen beschränkt. Bei größeren Unternehmensorganisationen würde dieser Mechanismus bei alleiniger Anwendung aufgrund von Zeit- und Qualifikationsrestriktionen an seine Grenzen stoßen. Die Koordination durch *Standardisierung* ist losgelöst von Personen und wird deshalb auch als unpersönlich oder technokratisch bezeichnet. Im Rahmen dieses Koordinationsmechanismus kommen insbesondere Programme und Pläne zur Anwendung. Programme schreiben vor, wie bestimmte Aktivitäten auszuführen sind. Dieses Instrument ist nur sinnvoll bei einem hohen Grad an Gleichartigkeit der Aufgaben. Da jedoch diese Bedingung gerade im Rahmen des Innovationsmanagements selten erfüllt ist, ist die Praxisrelevanz fraglich. Pläne geben Ziele und Umsetzungsschritte für den Planungszeitraum vor. Die Planerstellung erfolgt meist durch einen festgelegten Planungsprozess, in dem das Controlling unterstützend zur Seite stehen soll. Im Rahmen der Koordination durch *organisationsinterne Märkte* wird das Gesetz von Angebot und Nachfrage ausgenutzt. Anbieter und Nachfrager unternehmensinterner Leistungen koordinieren sich, sodass selbst bei Vorhandensein abweichender Ziele ein Optimum erreicht werden kann.

Diese formalen, beeinflussbaren Koordinationsmechanismen werden in der Unternehmenspraxis durch *informale* Beziehungen ergänzt oder gar teilweise ersetzt. Informale Beziehungen beruhen auf persönlichen Zielen, Wünschen, Einstellungen und Verhaltensmustern der Organisationsmitglieder. Sie sind folglich nicht planbar und nur sehr eingeschränkt steuerbar. Zu nennen sind hier insbesondere die informale Kommunikation, informale Gruppen, informale Führer, informale Normen und der soziale Status (vgl. Vahs 2005, S. 122 ff.).

Innovationscontrolling als systembildende Koordination

Die systemkoppelnde Koordinationsfunktion des Innovationscontrollings erfordert zunächst das Vorhandensein wohl definierter Aufgaben innerhalb des Innovationssystems. Die Unterteilung in ein Planungs-, Kontroll-, Informations-, Organisations- und Personalführungssystem, wie dies im Rahmen des koordinationsorientierten Controllingansatzes vorgeschlagen wird, ist dabei für unsere Zwecke nicht zielführend. Vielmehr sollen – wie dies bei der Modellierung des Innovationssystems bereits gezeigt wurde – funktional homogene Aufgabenbündel als Subsysteme herangezogen werden. *Horváth* bezeichnet das Gestalten aufeinander abgestimmter formaler Systeme als systembildende Koordination (vgl. Horváth 2002, S. 126).

Allgemein gilt die systembildende Koordination als komplexes Problem, das noch schlecht definiert ist. Auf den Innovationskontext bezogen existiert nach Wissen des Autors überhaupt keine Literatur, die sich explizit mit der systembildenden Koordination als Innovationscontrollingaufgabe auseinandersetzt. Systembildung wird im wissenschaftlichen Diskurs eher in der Organisationstheorie denn im Controlling behandelt. Mit einem ähnlich großen Fragezeichen ist diese Controllingfunktion in der Praxis versehen. In einer Befragung von sieben Unternehmen wurde die *Systembildung* von keinem Interviewpartner explizit als Controllingaufgabe bezeichnet (vgl. Bösch 2007, S. 156 ff.). In einer Sammlung von zwölf Fallstudien zum Thema Innovationscontrolling wird die Systembildung ebenfalls nur dreimal (implizit) erwähnt (vgl. *Boutellier/Völker/Voit* 1999).

Systembildung sollte als Managementaufgabe gesehen werden, die sich auf das Innovationssystem als Ganzes zu beziehen hat. Würde man versuchen, einzelne Aufgabenpakete für sich genommen zu optimieren, würde dies kaum zu einem Gesamtoptimum führen. Die Systembildung auf Unternehmensebene ist eine Aufgabe, die keiner ständigen Aufmerksamkeit bedarf. Einmal eingerichtete Abteilungen, Stellen und Verantwortlichkeiten brauchen nicht laufend hinterfragt zu werden. In einer Projektorganisation ist Systembildung hingegen bei jedem Bilden und Umbilden von Projektteams ein Thema. Hier müssen immer wieder aufs Neue Zuständigkeiten und Verantwortlichkeiten geregelt werden.

Einen Anhaltspunkt zur Systembildung liefert das oben vorgestellte Modell, wobei jedoch Folgendes zu beachten ist: Ziel der Modellierung war es, die „Maximalversion" eines Innovationssystems darzulegen. Dieses auf Vollständigkeit bedachte „Maximalmodell" will zeigen, welche Aufgaben potenziellerweise einen Einfluss auf den Innovationserfolg haben können. Im Einzelfall kann es nun durchaus Gründe geben, die gewisse Aufgaben entbehrlich machen. Auch kann es im Fall knapper Ressourcen vorkommen, dass Aufgaben nicht in vollem Umfang wahrgenommen werden.

Innovationscontrolling als Informationsunterstützung

Stellt man die Informationsorientierung des Controllings in den Mittelpunkt, so kann das Controlling als Teil der betrieblichen Informationswirtschaft verstanden werden. Sein Zweck ist es, die Informationserzeugung und -bereitstellung so auszurichten, dass der Informationsbedarf des Führungssystems – hier des Innovationsmanagements – befriedigt wird. Da das Innovationsmanagement eine Querschnittsfunktion mit unterschiedlich gelagerten Aufgaben ist, muss auch die bereitgestellte Information unterschiedlichen Ansprüchen genügen. Das Erlangen von Rohdaten und -informationen selbst wird durch die Koordinationsfunktion des Innovationscontrollings sichergestellt. Ziel im Rahmen der Informationsunterstützungsfunktion muss es nun sein, Daten und Information so aufzubereiten, dass Problemlösungs- und Entscheidungsprozesse im Innovationssystem unterstützt werden.

Controlling als Informationsunterstützung wirkt dadurch dem, im Innovationsmanagement allgegenwärtigen, Unsicherheits- und Unschärfeproblem entgegen. Vollkommene Information würde vollkommen rationales Handeln ermöglichen. In der Praxis ist jedoch das Erlangen vollkommener Information aus ökonomischen Gesichtspunkten nicht sinnvoll, da die Informationsproduktion und -beschaffung stets Kosten verursachen. Auch sieht sich das Controlling in der Praxis durch die endliche Informationsverarbeitungskapazität des Menschen beschränkt. Seine kognitiven Fähigkeiten reichen in der Regel nicht aus, um komplexe Aufgabenstellungen vollständig zu durchdringen, den erforderlichen Informationsbedarf exakt festzustellen und alle Informationen vollständig zu verarbeiten.

Dem Bereitstellen relevanter Informationen für das Innovationsmanagement gehen im Allgemeinen folgende Schritte voraus: die Informationsbedarfsanalyse, die Informationsbeschaffung und die Informationsaufbereitung (vgl. Horváth 2002, S. 380). Der *Informationsbedarf* kann oft nur unzureichend vorausgesehen werden, da Innovationsaktivitäten durch große Unsicherheit, Unschärfe und Komplexität gekennzeichnet sind. Am ehesten scheinen hier die Beobachtung, die Konferenzmethode, die Katalogmethode sowie die Methode der kritischen Erfolgsfaktoren geeignet zu sein (vgl. Littkemann 2005, S. 244). Im Rahmen der Beobachtung versucht der Innovationscontroller, den Informationsbedarf durch Begleiten des Innovationsmanagements bei der Aufgabenerfüllung zu identifizieren. Bei der Konferenzmethode wird der Informationsbedarf in einem Gespräch zwischen Innovationscontroller und Innovationsmanager ermittelt. Bei der Katalogmethode hat das Innovationscontrolling eine Liste mit typischerweise benötigten Informationen zusammenzustellen, aus denen das Innovationsmanagement die noch benötigte Information auswählen kann. Bei der Methode der kritischen Erfolgsfaktoren werden mittels Interviewrunden die entsprechenden Innovationserfolgsfaktoren ermittelt, die dann die zu beschaffenden Informationen vorgeben. Für die anschließende *Informationsbeschaffung* stehen dem Innovationscontrolling eine Vielzahl an internen und externen Quellen zur Verfügung. Sowohl bei der Beschaffung als auch bei der darauf folgenden *Informationsaufbereitung* gilt stets der Grundsatz der Effizienz, damit mögliche Nutzenzuwächse nicht durch die anfallenden Kosten egalisiert werden.

Innovationscontrolling als Planungsunterstützung

Sowohl in der Theorie als auch in der Praxis herrscht Einigkeit darüber, dass weiters die Planungsunterstützung eine zentrale Funktion des Controllings darstellt. Die Planungsunterstützungsfunktion des Controllings ist eng verknüpft mit der bereits behandelten Systemkopplungsfunktion sowie der Informationsunterstützungsfunktion: Denn Pläne dienen – wie bereits beschrieben – der Koordination unterschiedlicher Aufgaben im Unternehmen. Sie sorgen im Sinne einer ergebniszielorientierten Koordination dafür, dass die einzelnen Entscheidungen so aufeinander abgestimmt werden, dass das oberste Unternehmensziel – im Falle des *Innovationscontrollings* das oberste *Innovationsziel* – erreicht wird. Eine Parallele zur Informationsunterstützungsfunktion besteht insofern, als die Planung gesehen wird als „komplexer Informationsverarbeitungsprozess, in dem Informationen systematisch ermittelt, erfasst, gespeichert, verarbeitet und weitergegeben werden" (Horváth 2002, S. 172). Die Abgrenzung der Informationsunterstützungs- von der Planungsunterstützungsfunktion ist theoretisch möglich, in der Praxis stößt man hier jedoch auf größere Schwierigkeiten. Informationen werden unternehmensintern zum einen für die Planung und Kontrolle, und zum anderen für die Steuerung des Ausführungsprozesses beschafft und aufbereitet. Ersteres könnte nun aus der Informationsunterstützungsfunktion ausgeklammert und der Planungsunterstützungsfunktion zugerechnet werden. Eine andere Möglichkeit zur Unterscheidung schlägt *Wittmann* vor. Er rechnet dem Planungs- und Kontrollsystem alle Aktivitäten zu, die von einem gegebenen Informationsstand ausgehen. Dem Informationsversorgungssystem hingegen gehören die Aktivitäten an, die für eine Verbesserung des Informationsstandes sorgen. *Szyperski* wiederum differenziert je nach Informationsoutput: Informationsversorgungssysteme beschaffen, verarbeiten und übermitteln deskriptive Aussagen, während das Planungssystem normative und präskriptive Aussagen trifft (vgl. Horváth 2002, S. 349).

Im Rahmen des Innovationsmanagements wird die Planung durch beträchtliche Unsicherheiten beeinträchtigt. Oft praktizieren deshalb Unternehmen die Planung von Innovationsaktivitäten nur rudimentär (vgl. Schröder 1996, S. 496). Eines der gravierendsten Probleme ist allgemein in der mangelnden Verzahnung von strategischer und operativer Planung zu suchen (vgl. Baum/Coenenberg/Günther 2004, S. 339). Diesem Problem kann mithilfe unseres Modells begegnet werden. Durch seine Unterteilung in strategische und operative Aktivitäten hilft es, Schnittstellen zwischen strategischen und operativen Aufgaben zu identifizieren, um diese dann konsequent in der Planung zu berücksichtigen.

Die Planung an sich soll als Aufgabe des Innovationsmanagements verstanden werden. So erfolgt die operative Planung einzelner Innovationsprojekte in der Aufgabengruppe „Operative Durchsetzungsaufgaben", die Abstimmung der einzelnen Projektpläne erfolgt in der Gruppe „Operative Entscheidungsfällung" und die strategische Planung ist in der Gruppe „Strategische Entscheidungsfällung" angesiedelt. Das Innovationscontrolling soll den Planungsprozess lediglich unterstützen und moderieren. Es übernimmt somit die sog. *Metaplanung*, also die Gestaltung der Planung selbst.

Innovationscontrolling als Performance Measurement

Das Gegenstück zur Planung ist die Kontrolle. Die Kontrolle wird als ureigenes Aufgabengebiet des Controllings gesehen. Extrem enge Sichtweisen setzen gar Controlling und Kontrolle gleich. Die Kontrollfunktion verleiht der Planung das entsprechende Gewicht, wenn es darum geht, die Akteure der Unternehmung zur Planerfüllung zu bewegen. Diese Thematik wird in der Literatur unter dem Begriff „Performance Measurement" diskutiert.

Das objektiv nachvollziehbare Messen von Arbeitsergebnissen und Arbeitsleistungen ist eines jener betriebswirtschaftlichen Probleme, die bis heute nicht zufriedenstellend gelöst werden konnten. Oft beschränkt man sich auf finanzielle Größen, die zwar zur Abbildung der Wirtschaftlichkeit im Unternehmen hilfreich sind, jedoch weder Ursachen noch Ergebnistreiber transparent machen können (vgl. Kerssens-van Drongelen 2001, S. 82). Die Folge ist eine kurzfristige Optimierung des finanziellen Ergebnisses, was leider nur selten mit einem langfristig nachhaltigen Wachstum einhergeht. Zukunftsfördernde Potenzialinvestitionen werden vernachlässigt, innovationsfördernde Verhaltensweisen unterdrückt oder zumindest nicht belohnt (vgl. Gleich 2001, S. 1). Ein Performance Measurement System speziell für Innovationsaktivitäten muss deshalb mit großer Umsicht definiert, implementiert und angewendet werden.

Generell besteht ein Performance Measurement aus Kennzahlen bzw. Indikatoren sowie – will man von einem *System* sprechen – aus deren Verknüpfung und Beschreibung ihrer Interdependenzen. Eine Kennzahl wird dabei als Größe definiert, die quantitativ messbare Sachverhalte und Zusammenhänge in konzentrierter Form erfasst (vgl. u. a. Reichmann 2001, S. 19). Nun sind aber insbesondere im Innovationssystem nicht alle Sachverhalte *quantitativ* messbar und als Zahl darstellbar. Es müssen deshalb unbedingt auch *qualitative* Beschreibungen in einem Performance Measurement System zugelassen werden. Der aus dem angloamerikanischen Sprachraum kommende Begriff „Performance Indicator" trägt dem Rechnung. „Er bringt zum Ausdruck, dass Performance nicht etwas Absolutes ist, und dass Performance nicht immer ganz präzise erfasst und quantifiziert werden kann" (Wettstein 2002, S. 19). Durch *einen* Indikator allein kann die Leistung des Innovationssystems nicht verlässlich vorhergesagt bzw. bestimmt werden. Für solide Aussagen ist ein Set an aufeinander abgestimmten und untereinander verknüpften Performance Indikatoren notwendig. Eine umfangreiche Metauntersuchung zum Innovation Performance Measurement hat *Kerssens-van Drongelen* angestellt, die Kennzahlen aus 36 meist englischsprachigen Quellen aufgegriffen und zu einer Art Baukasten vereint hat (vgl. Kerssens-van Drongelen 2001). Sie weist darauf hin, dass ein optimales Performance Measurement System – ähnlich wie auch das Innovationssystem selbst – von einer Reihe an Einflussfaktoren abhängt, wie z. B. die Umwelt, die Unternehmens- und Innovationsstrategie, die Unternehmensgröße, das Organisationssystem sowie die Art der F&E-Aufgaben.

In vielen wissenschaftlichen Abhandlungen ist zu lesen, dass F&E- bzw. Innovation Performance Measurement über lange Zeit vom Management gemieden wurde. Die Durchführung wurde als zu schwierig und das Resultat vielfach als kontraproduktiv eingestuft. Mit zunehmendem Zeit- und Kostendruck im F&E-Bereich tritt jedoch langsam ein Sinneswandel ein. Innovation Performance Measurement wird in zunehmendem Maße als Möglichkeit verstanden, Effizienz und Effektivität von Innovationsaktivitäten zu verbessern. Trotzdem ist die Umsetzung eines Innovation Performance Measurement Systems in vielen Unternehmen als dürftig einzustufen. So musste *Epstein* feststellen, dass die meisten der rund 100 von ihm interviewten F&E-Manager nicht in der Lage waren, den Erfolg ihrer Innovationsaktivitäten vorherzusagen, geschweige denn notwendige Maßnahmen zur Verbesserung des Erfolges abzuleiten (vgl. Epstein 2002, S. 5). Diesem Missstand kann nur begegnet werden, wenn die zu Beginn des Beitrags formulierte Prämisse zur Einführung eines Innovationscontrollings befolgt wird: Das Innovationscontrolling – und hier insbesondere das Innovation Performance Measurement – stiftet nur dann einen Nutzen, wenn es als Lösung auf ein konkretes Problem implementiert wird.

Schlussbemerkung

Innovationscontrolling kann einer zu langen time-to-market oder zu hohen Entwicklungskosten entgegensteuern und dadurch drohende Innovationsmisserfolge abwenden. Innovationscontrolling kann für Transparenz innerhalb des betrieblichen Innovationssystems sorgen und allgemein zu einer beträchtlichen Leistungssteigerung des Innovationsmanagements führen. Innovationscontrolling kann aber auch zu Unmut bei den Betroffenen, zur Beschneidung kreativer Freiräume und zu einer Bürokratisierung des Innovationsmanagements führen. Um Letzteres zu verhindern, sei nochmals die Grundidee eines problemorientierten Innovationscontrollings zusammengefasst.

Der erste Schritt, der einer Implementierung oder Intensivierung eines Innovationscontrollings vorangehen muss, ist das Erkennen von Rationalisierungspotenzialen im Innovationsmanagement. Diese Rationalisierungspotenziale gilt es zu konkretisieren, wobei das *gesamte* Innovationssystem geschäftsbereichsübergreifend und funktionsübergreifend zu durchleuchten ist. Als nächstes muss ein breiter Konsens darüber vorherrschen, dass einige dieser Potenziale durch ein Innovationscontrolling ausgeschöpft werden können und sollen. Nun gilt es, problemorientiert geeignete Controllinginstrumente zu definieren. Dies erfolgt im Idealfall durch jene Mitarbeiter, in deren Aufgabenbereich die gewünschten Verbesserungen hervorgerufen werden sollen, natürlich nicht ohne ihnen Unterstützung durch methodenkundige Personen (insb. Controlling oder auch externe Berater) zukommen zu lassen. Diese Vorgehensweise begünstigt, dass das Innovationscontrolling akzeptiert wird, seine Services proaktiv eingefordert werden und es somit einen wichtigen Beitrag zum durchschlagenden Innovationserfolg liefert.

Literatur

BAUM, H./COENENBERG, A. G./GÜNTHER, T.: Strategisches Controlling, 3. Aufl., Stuttgart 2004.
BÖSCH, D.: Controlling im betrieblichen Innovationssystem: Entwicklung einer Innovationscontrolling-Konzeption mit besonderem Fokus auf dem Performance Measurement, Hamburg 2007.
BOUTELLIER, R./VÖLKER, R./VOIT, E.: Innovationscontrolling: Forschungs- und Entwicklungsprozesse gezielt planen und steuern, München, Wien 1999.
DOUTREVAL, A.: Informationsmanagement: Erfolgsfaktor für die Leistungsinnovation, St. Gallen 2002.
EPSTEIN, M. J.: Measuring the Payoffs of Corporate Actions, in EPSTEIN, M. J. (Hrsg.): Performance measurement and management control: a compendium of research, S. 3–13, Amsterdam 2002.
GLEICH, R.: Das System des Performance Measurement, München 2001.
HORVÁTH, P.: Controlling, 8. Aufl., München 2002.
KERSSENS-VAN DRONGELEN, I. C.: Systematic Design of R&D Performance Measurement Systems, Enschede 2001.
KÜPPER, H.: Controlling: Konzeption, Aufgaben und Instrumente, 2. Aufl., Stuttgart 1997.
LITTKEMANN, J. (Hrsg.): Innovationscontrolling, München 2005.
REICHMANN, T.: Controlling mit Kennzahlen und Managementberichten: Grundlagen einer systemgestützten Controlling-Konzeption, 6. Aufl., München 2001.
SCHRÖDER, H.: Konzepte und Instrumente eines Innovations-Controllings, in: DBW, S. 489–507, Bd. 56 (1996), Nr. 4.
SCHUMPETER, J.: Theorie der wirtschaftlichen Entwicklung, Leipzig 1912.
STAEHLE, W. H.: Management: eine verhaltenswissenschaftliche Perspektive, 8. Aufl., München 1999.
THOM, N.: Innovationsförderliche Ausrichtung von Führungsinstrumenten, in THOM, N./ZAUGG, R. J. (Hrsg.): Excellence durch Personal- und Organisationskompetenz, S. 319–341, Bern, Wien, u. a. 2001.
VAHS, D.: Organisation – Einführung in die Organisationstheorie und -praxis, 5. Aufl., Stuttgart 2005.
WEBER, J./SCHÄFFER, U.: Sicherstellung der Rationalität von Führung als Funktion des Controllings, in WEBER, J./SCHÄFFER, U. (Hrsg.): Rationalitätssicherung der Führung: Beiträge zu einer Theorie des Controlling, 1. Auflage, Wiesbaden 2001.
WETTSTEIN, T.: Gesamtheitliches Performance Measurement – Vorgehensmodell und informationstechnische Ausgestaltung, Freiburg 2002.

Controlling für innovative junge Unternehmen

Malte Brettel/Kerstin Faaß/Florian Heinemann

A. Einleitung

Innovativen jungen Wachstumsunternehmen wird in der Literatur übereinstimmend eine hohe Bedeutung für die Schaffung neuer Arbeitsplätze und die Bewältigung des strukturellen Wandels beigemessen. Deshalb ist es insbesondere bedenklich, dass die Sterberate dieser Unternehmen hoch ist, v. a. auch getrieben durch die ihrer Innovativität innewohnende Unsicherheit. Zwar lässt sich entgegnen, dass insbesondere junge Wachstumsunternehmen häufig experimentellen Charakter besitzen[1] und eine große Anzahl von gescheiterten Unternehmen die unvermeidliche Konsequenz eines natürlichen Selektionsprozesses darstellt.[2] Jedoch ist das frühzeitige Ausscheiden junger Unternehmen häufig auch auf Fehler im Management, also des Sicherstellens eines rationalen Umgangs mit knappen Ressourcen, zurückführen.[3] Deshalb ist es insbesondere wichtig, einen rationalen Führungsprozess durch ein entsprechendes Controlling zu gewährleisten. Ein solches Controlling muss allerdings den Besonderheiten von innovativen jungen Unternehmen angepasst sein. Interessanterweise nimmt das Themengebiet des „Entrepreneurial Controllings"[4] im Vergleich zu anderen Forschungsgebieten, wie bspw. der Finanzierung junger Wachstumsunternehmen,[5] bisher nur einen geringen Anteil der Forschungsarbeiten ein, ist also relativ wenig erforscht.[6]

Im vorliegenden Beitrag gilt es deshalb, die Besonderheiten innovativer junger Wachstumsunternehmen auf das Controlling zu übertragen. Aus diesen resultieren besondere Rationalitätsengpässe, die das Controlling letztlich zu reduzieren vermag.

> ● Der vorliegende Artikel liegt im Forschungsdefizit des „Entrepreneurial Controllings", d. h. dem Controlling in innovativen jungen Unternehmen begründet.
> ● Dieses Forschungsdefizit manifestiert sich neben einer bisher geringen Anzahl an Forschungsarbeiten vornehmlich in offenen forschungstheoretischen Fragen.
> ● Unbeantwortet blieben bisher insbesondere die zwei elementaren Fragestellungen nach den controllingrelevanten Merkmalen und infolgedessen nach den Anforderungen an ein Controlling in innovativen jungen Unternehmen.
> ● Diesem Forschungsdefizit steht ein hoher Praxisbedarf gegenüber: ein fehlendes Controlling in innovativen jungen Unternehmen zählt zu den Hauptursachen ihres Scheiterns.
> ● Unter Anwendung des Rationalitätssicherungsansatzes leistet der vorliegende Artikel einen wesentlichen Beitrag zur Beantwortung dieser Fragestellungen und zur Schließung der Forschungslücke im „Entrepreneurial Controlling".
> ● Hierzu werden zunächst die Besonderheiten innovativer junger Unternehmen analysiert und im konzeptionellen Bezugsrahmen des Rationalitätssicherungsansatzes auf ihre Controllingrelevanz hin untersucht.
> ● Darauf aufbauend können Lösungsvorschläge zur Rationalitätssicherung in innovativen jungen Unternehmen abgeleitet werden.

Prof. Dr. Malte Brettel
ist Inhaber des Lehrstuhls Wirtschaftswissenschaften für Ingenieure und Naturwissenschaftler, RWTH Aachen, Templergraben 64, 52056 Aachen, E-Mail: brettel@win.rwth-aachen.de

B. Bezugsrahmen

Nachfolgend wird zunächst die durch ihre Innovativität entstandene Unsicherheit in entsprechenden Wachstumsunternehmen konkretisiert. Im zweiten Schritt gilt es, in kurzer Form ein entsprechendes Controlling abzuleiten, mit dem es letztlich gelingen kann, die vorliegende Problemstellung zu lösen.

1. Charakterisierung innovativer junger Wachstumsunternehmen anhand ausgeprägter Unsicherheit

Innovative junge Wachstumsunternehmen stellen als Teilbereich der KMU den Betrachtungsschwerpunkt des vorliegenden Beitrags dar. Diese werden in der Literatur in der Regel anhand der nachfolgend aufgeführten Eigenschaften, bei denen es sich größtenteils um so genannte „*liabilities*" handelt, charakterisiert[7]:

- „*Liability of age/newness*": Das signifikant höhere Sterberisiko junger Unternehmen lässt sich darauf zurückführen, dass diese aufgrund ihres geringen Alters und der damit einhergehenden Entwicklungsstufe intern zunächst neue bisher ungewohnte Rollen, Aufgaben und Prozesse definieren und erlernen müssen.[8] Des Weiteren gehen junge Unternehmen vertrauensbasierte Beziehungen und Abhängigkeiten mit externen, ex ante weitgehend unbekannten Partnern ein.[9]
- „*Liability of size/smallness*": ALDRICH/AUSTER (1986) konnten feststellen, dass die in der Regel geringe Größe der hier betrachteten jungen Unternehmen[10] ebenfalls einen negativen Einfluss auf deren Überlebenswahrscheinlichkeit ausübt.[11] Dies lässt sich im Wesentlichen auf den Mangel an finanziellen und personellen Ressourcen zurückführen.[12]
- „*Liability of adolescence/growth*": Neben der Bewältigung des täglichen Geschäfts stehen junge Wachstumsunternehmen zudem vor der Herausforderung, eine funktionsfähige Ablauf- und Aufbauorganisation zu etablieren. Dies bedarf im Regelfall erheblicher Aufmerksamkeit durch die Gründer.[13]
- „*Owner dominance and dependence*": Junge Unternehmen werden in ihrem Aktionsradius entscheidend durch das Wissen und die Fähigkeiten der Unternehmensgründer begrenzt.[14] Zudem verfügen die Gründer in der Regel über eine im Vergleich zu angestellten Managern deutlich stärkere Machtposition.[15]
- *Neuheitsgrad der angebotenen Leistung (Innovativität)*: Im Gegensatz zu reinen Existenzgründungen, wie beispielsweise Handwerksbetrieben, weist die von jungen Wachstumsunternehmen erbrachte Leistung in vielen Fällen einen Neuheitsgrad auf.[16] Darüber hinaus wird diese Leistung bei den hier betrachten Unternehmen in innovativen Märkten angeboten, die durch ein Maß an Dynamik und Komplexität geprägt sind.[17]

Die hier aufgeführten Eigenschaften erlauben für sich genommen nur bedingt tiefere Einblicke in die genauen Wirkungsmechanismen, die zum Scheitern junger Wachstumsunternehmen führen. Im Zusammenspiel tragen sie jedoch zu der ausgeprägten *wahrgenommenen Unsicherheit* bei, mit der sich diese Unternehmen in der Regel konfrontiert sehen.[18] Damit führen sie letztlich zu besonderen Anforderungen für ein Controlling in diesen innovativen Einheiten.

2. Systematisierung des Controllings

Wenn KIESER anmerkt, dass Controlling eine Wissenschaft ist, *„deren Vertreter, wie es scheint, unablässig mit der Herstellung und Bewahrung von Identität beschäftigt sind"*[19], so beschreibt er sehr anschaulich die aktuelle Situation der Controllingwissenschaft. Diese ist von einem ungewöhnlichen Widerspruch geprägt: Trotz der allgemein anerkannten Verbreitung und Akzeptanz des Controllings in der Praxis herrscht weiterhin Uneinigkeit über die theoretische Bedeutung des Begriffes.[20] Dies schlägt sich in einer unüberschaubaren Fülle von Definitionen nieder.[21] Selbst der Versuch der Systematisierung der verschiedenen Controllingdefinitionen mittels Zuordnung zu Controllingkonzeptionen[22] gestaltet sich schwierig. Eine grobe Unterscheidung teilt die verschiedenen Konzeptionen in traditionelle bzw. klassische und neue Konzeptionen ein.[23] Dabei wird in Anlehnung an WEBER die gängige Unterteilung der traditionellen Controllingkonzeptionen in Controlling als Informationsversorgungsfunktion, in Controlling als spezielle Form der Führung und in Controlling als Koordinationsfunktion gewählt.[24] Zu den neuen Konzeptionen werden das Controlling als Rationalitätssicherung nach WEBER/SCHÄFFER und das Controlling als Reflexionsaufgabe nach PIETSCH/SCHERM gezählt.[25]

Frühe Definitionen[26] stellen die Informationsversorgungsfunktion in den Mittelpunkt der Betrachtung.[27] Die Kritik, die gegen diese Klasse der Definitionsversuche vorgebracht wird, richtet sich auf eine mangelnde Abgrenzung zu anderen etablierten Bereichen, wie dem entscheidungsorientierten Rechnungswesen oder der Informationswirtschaft hin.[28]

Controlling als spezielle Form der Führung wird die Aufgabe übertragen, die konsequente Zielausrichtung des Unternehmens sicherzustellen.[29] Vertreter, die dieser Controllingkonzeption zugeordnet werden,[30] sehen sich weitestgehend der Kritik ausgesetzt, dass Controlling zum einen nach diesen Definitionen nicht stichhaltig abgrenzbar von der Führung selbst ist,[31] zum anderen die Zielorientierung an sich und in ihren verschiedenen Interpretationen keinen sinnvollen Erklärungsbeitrag stiftet.[32]

Die zu der dritten Gruppe zusammengefassten Definitionsansätze stellen die Koordination in den Mittelpunkt ihrer Betrachtungen. Ihnen gemeinsam ist, dass sie der Controllingfunktion eine Koordinationsaufgabe innerhalb des Führungssystems in Abgrenzung zum Ausführungs- bzw. Leistungssystem[33] zuweisen.[34] Im Wesentlichen werden drei

Dr. Kerstin Faaß promovierte am Lehrstuhl Wirtschaftswissenschaften für Ingenieure und Naturwissenschaftler, RWTH Aachen, Templergraben 64, 52056 Aachen und ist als Associate im Bankhaus Metzler tätig.

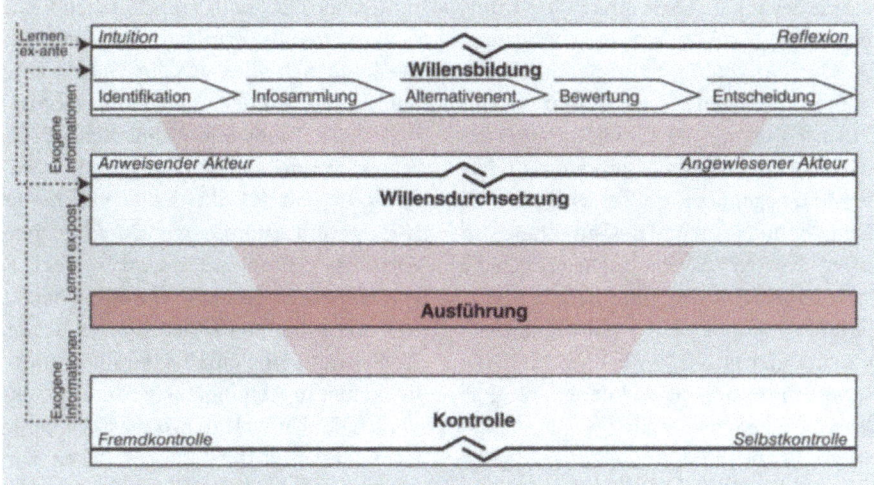

Abbildung 1: Der idealtypische Führungszyklus (in Anlehnung an: Weber 2002, S. 31)

Kritikpunkte gegen die koordinationsorientierten Ansätze vorgebracht: Erstens sei die Koordinationsfunktion allein nicht ausreichend, um das Controlling hinlänglich von anderen Teildisziplinen der Betriebswirtschaftslehre abzugrenzen.[35] Eng damit verbunden ist der zweite Kritikpunkt, der sich gegen den Begriff der Koordination an sich richtet, der nicht eindeutig definiert sei und somit keinen Erklärungsbeitrag liefere,[36] und drittens bildeten koordinationsorientierte Definitionsansätze nur unzureichend das Aufgabenfeld des Controllings in der Unternehmenspraxis ab.[37]

Insbesondere der Rationalitätssicherungsansatz wurde aus der Kritik an den genannten Controllingansätzen entwickelt: WEBER[38] bzw. WEBER/SCHÄFFER[39] weisen dem Controlling damit die Funktion der Sicherstellung der Rationalität der Führung zu. Sie erheben den Anspruch eines integrierenden Controllingverständnisses insofern, als die Rationalitätsdefizite im Einzelnen kontextabhängig sind. So zeigen sie, dass die traditionellen Controllingansätze als kontextspezifische und nicht zuletzt historisch begründete Ausprägungen des rationalitätssicherungsorientierten Ansatzes interpretiert werden können.[40] Auch dieser Ansatz bleibt nicht frei von Kritik.[41] So wird bspw. ähnlich den koordinationsorientierten Ansätzen die unzureichende Abgrenzung mittels des zentralen Begriffes, in diesem Fall der Rationalität, zu anderen Disziplinen kritisiert. So weist u. a. KÜPPER darauf hin, dass das Besondere des Controllings nicht in der Rationalität liegen kann, da es ein Merkmal der Entscheidungsfindung ist und ebenso Entscheidungen anderer Funktionsbereiche rational sein sollten.[42] Letztendlich muss sich dieser Ansatz sogar den Vorwurf gefallen lassen, dass ihm durch die Integration der traditionellen Controllingkonzeptionen die gegen diese vorgebrachten Kritikpunkte ebenfalls anhaften.[43] Damit zeigt sich, dass keine Controllingkonzeptionen frei von Kritik ist, was nicht zuletzt als ein Grund für die bisher ausgebliebene allgemeine Anerkennung eines Ansatzes gewertet werden kann.

Insofern wird in diesem Beitrag ein Ansatz gewählt, der eine hohe Eignung für den Untersuchungsgegenstand innovativer junger Wachstumsunternehmen aufweist. Hier erweisen sich vor allem die integrierenden Ansätze von Vorteil.[44] An dieser Stelle kommt eine Stärke des Rationalitätssicherungsansatzes zum Tragen, die in der expliziten Betonung der Kontextabhängigkeit der Controllingaufgabe liegt. Somit bildet dieser Ansatz Anhaltspunkte zur Analyse der Controllinganforderungen und -herausforderungen in einem spezifischen Kontext – wie im vorliegenden Fall dem der innovativen jungen Unternehmen – und wird infolgedessen diesem Beitrag als konzeptioneller Bezugsrahmen zugrunde gelegt.

Dem gewählten Controllingansatz entsprechend besteht die Controllingfunktion in der Rationalitätssicherung der Führung. Die Controllingnotwendigkeit manifestiert sich somit in den Rationalitätsdefiziten – verstanden als Lücke zwischen Sollrationalität und tatsächlich realisierter Rationalität – der Führung.

Gemäß dieser Controllingfunktion – der Sicherstellung der Rationalität der Führung – bilden Führungshandlungen als Bezugsobjekt eine wichtige Säule des Rationalitätssicherungsansatzes. Dabei zeigt sich, dass in der Literatur eine Vielzahl an Definitionen der „Führung" in funktionaler Hinsicht sowie eine Vielzahl an Darstellungsweisen der Prozessfolge von Führungshandlungen existiert.[45] Die Auswahl einer geeigneten Betrachtungsweise muss dabei dem Ziel der Zweckmäßigkeit folgen und zur Abbildung der Controllingfunktion geeignet sein.[46] Das geschieht durch zugrunde legen des Führungszyklus, der in Abbildung 1 veranschaulicht ist.

In diesem Prozess dient die Willensbildung der Festlegung der Zweck-Mittel-Relation. Die Willensbildung ist mit der Antizipation der gewünschten Zustände sowie der Handlungen, derer es zur Erreichung dieser gewünschten Zustände bedarf, gleichzusetzen.

Zur Willensbildung finden idealtypisch zwei komplementäre Vorgehensweisen –

Dr. Florian Heinemann ist wissenschaftlicher Assistent am Lehrstuhl Wirtschaftswissenschaften für Ingenieure und Naturwissenschaftler, RWTH Aachen, Templergraben 64, 52056 Aachen.

die Reflexion und die Intuition – Anwendung, die gleichsam die Pole eines Kontinuums bilden.[47] Beiden Vorgehensweisen gemein ist die inhaltliche Transformation von Daten mit dem gebildeten Willen als letztendliches Ergebnis. Der wesentliche Unterschied der beiden Vorgehensweisen besteht hingegen in dem Zustandekommen des gebildeten Willens. So stellt *die Reflexion eine bewusste und strukturierte Willensbildungshandlung dar. Wissen wird zur Willensbildung wissentlich abgerufen; die Informationen werden systematisch verarbeitet; sowohl das Ergebnis als auch der Datentransformationsprozess an sich ist der Beobachtung zugänglich und setzt ausreichendes explizites bzw. explizierbares Wissen voraus. Der Einsatzmöglichkeit der Reflexion sind somit allerdings durch Wissensdefizite Grenzen gesetzt.*[48]

Die Intuition kommt vorrangig dann zum Einsatz, wenn erhebliche[49] Wissensdefizite vorliegen.[50] Die Willensbildung erfolgt dann mittels unbewusster und unstrukturierter Prozesse auf Basis früherer Erfahrungen. Der Willensbildung liegt daher weitestgehend implizites Wissen zugrunde.[51] Im Gegensatz zur Reflexion ist somit zwar das Ergebnis des Datentransformationsprozesses bekannt, jedoch ist der Prozess an sich nicht nachvollziehbar und somit ebenfalls nicht überprüfbar. Dies lässt jedoch keine Schlussfolgerung bzgl. der Güte des gebildeten Willens zu. Empirische Überprüfungen haben gezeigt, dass aus einer ex-post Sicht intuitive Entscheidungen in hohem Maße effizient und somit als zweckrational zu bezeichnen sind.[52]

Wird konstatiert, dass bei der Reflexion im Gegensatz zur Intuition das Zustandekommen des Willens in jedem einzelnen Schritt nachzuvollziehen ist und darüber hinaus die Möglichkeit der aktiven Steuerung dieser Schritte besteht,[53] so schließt sich die Frage an, um welche Art von Schritten es sich dabei konkret handelt. In der Literatur lassen sich zur Analyse der einzelnen Entscheidungsprozessschritte unterschiedliche Phasenmodelle finden, die in ihrer Grundgestalt auf folgende inhaltliche Struktur zurückzuführen sind: (1) Problemidentifikation/-formulierung, (2) Sammlung von Informationen, (3) Alternativengenerierung, (4) Alternativenbewertung und (5) Entschluss.[54] Werden diesen Phasen die einzelnen Elemente der Antizipationsfähigkeit, wie sie im Akteursmodell definiert wurden, gegenübergestellt, wird die Problemidentifikation und die Sammlung von Informationen im Wesentlichen durch die Perzeptionsfähigkeit, die Alternativengenerierung durch die Prognosefähigkeit und die Alternativenbewertung durch die Bewertungsfähigkeit und deren jeweilige Begrenzungen bestimmt.[55]

Die Problemidentifikation stößt den Entscheidungsprozess an. Hierzu müssen allerdings zunächst Symptome wahrgenommen werden, die auf das Vorliegen eines Problems im Sinne eines unerwünschten Zustandes der in einen erwünschten Zustand überführt werden soll, schließen lassen.[56] Informationen bzw. Wissen bilden die Grundlage jeder Willensbildung,[57] die wiederum immer nur den aktuellen subjektiven Informationsstand des mit der Entscheidung betrauten Akteurs widerspiegeln kann.[58] Der Informationsstand des Akteurs ist im Allgemeinen veränderbar.[59] Aktivitäten der Informationsbeschaffung können dabei darauf abzielen, „neue Alternativen zu finden bzw. zu erfinden, die Ergebnisse der Alternativen genauer abzuschätzen und/oder das Wahrscheinlichkeitsurteil über die maßgeblichen Umweltzustände zu verbessern"[60]. Aktivitäten der Informationsbeschaffung sind jedoch mit Kosten verbunden.[61] Im Sinne einer Zweck-Mittel-Rationalität müssen somit die Kosten und Nutzen der Informationsbeschaffung gegeneinander abgewogen und Informationen nur so lange nachgefragt werden, wie ihr Wert die Kosten der Informationsbeschaffung übersteigt. Diese Forderung findet Ausdruck in der Informationswertbestimmung.[62]

Die Prognose der Alternativen zielt auf das Abwägen der Konsequenzen der Handlungsalternativen unter Berücksichtigung der möglichen Umweltzustände ab und stellt somit ein zentrales Element rationaler Entscheidungsfindung dar.[63] Da der Entscheidungsträger in der Realität aber in der Regel nur über begrenzte Informationen verfügt, kann grundsätzlich keine sichere Prognose erfolgen. „Der Entscheider kann sich allenfalls ein Wahrscheinlichkeitsurteil über mögliche Ergebnisse bilden."[64] Dieses Wahrscheinlichkeitsurteil ist wiederum abhängig vom Informationsstand des Akteurs. Die vorherige Informationssammlung und die Informationsauswertung dienen dem Akteur, Erwartungen zu bilden. Auf Basis seiner Informationslage wird er nun versuchen, Auswirkungen seiner Handlungsmöglichkeiten in Abhängigkeit von Entwicklungen der Umwelt zu prognostizieren. Je nach Art der Einflussfaktoren stehen dem Akteur verschiedene Prognosemethoden zur Verfügung, die sich von der Fortschreibung historischer Daten über die erfahrungsgeleitete Antizipation bis hin zur Intuition erstrecken können.[65] Die gegebene Informationslage bestimmt somit die Prognosemöglichkeiten und mit ihr die vorherrschende Art der Unsicherheit. Diese determiniert wiederum, welches Verfahren der Entscheidungsfindung unter Rationalitätsaspekten zur Alternativenbeurteilung Verwendung finden sollte. Unter Anwendung eines solchen Verfahrens versucht der Akteur mittels seiner Bewertungsfähigkeit anhand eines Entscheidungskriteriums die prognostizierten Auswirkungen der einzelnen Handlungsalternativen entsprechend ihrem Beitrag zur Zielerreichung zu bewerten und sie in eine Präferenzordnung zu bringen.[66] Ergebnis der Willensbildungsphase ist der gebildete Wille in Form festgelegter Ziele und bestimmter Mittel, die es zur Zielerreichung einzusetzen gilt.

Rationalitätssicherungsbemühungen müssen in dieser Phase somit an den einzelnen Elementen der Antizipations-/Lernfähigkeit ansetzen und je nach Informationsstand des handelnden Akteurs zu deren Verbesserung beitragen.

Die Phase der Willensdurchsetzung dient dazu, den gebildeten Willen den mit der Ausführung betrauten Akteuren zu übermitteln. Willensdurchsetzungshandlungen zielen dabei auf die Reduktion der im Anschluss an die Willensbildung noch bestehenden Freiheitsgrade ab, sodass die antizipierte Produktionsfunktion in entsprechender Weise ausgeführt wird. Hierzu sind oftmals zunächst weitere Antizipationshandlungen zur weiteren Konkretisierung des gebildeten Willens nötig, die den Willensdurchsetzungshandlungen zuzurechnen sind.[67]

Die mit der Willensdurchsetzung verbundene Transformation von Daten beinhaltet somit zwei Aspekte. Zum einen kann sie als reine Willenskonkretisierungshandlung im Sinne einer weiteren Reduktion der Freiheitsgrade interpretiert werden. Die Frage, an welcher Stelle im Unternehmen Willensdurchsetzungshandlungen vorgenommen werden, hängt dabei im Wesentlichen von sich teilweise bedingenden Faktoren ab, nämlich dem vorliegenden Grad der Arbeitsteilung und der Komplexität des Entscheidungsproblems, der die Fähigkeitsbeschränkungen der jeweiligen Akteure gegenüberstehen.[68] Mit steigender Komplexität der Problemsituation wird bspw. das verfügbare Wissen der Unternehmensleitung selten ausreichen, um bereits in der Phase der Willensbildung die Ausführungshandlungen so weit zu antizipieren, dass sie direkt an die ausführenden Stellen übermittelt werden können. Vielmehr wird im Falle hoher Komplexität versucht werden, mittels Arbeitsteilung, Spezialisierung und Delegation den Wissensdefiziten zu begegnen.[69]

Zum anderen beinhaltet die Willensdurchsetzung die Weitergabe des gebildeten Willens an die mit der Willensdurchsetzung und der Ausführung betrauten Akteure. Hierfür stehen der Unternehmensleitung im Vorliegen einer hierarchischen Über- und Unterordnung prinzipiell zwei verschiedene Vorgehensweisen – die prozessbezogene und die ergebnisbezogene Anweisung – zur Verfügung. Im Vorliegen von Teams tritt die gegenseitige Abstimmung an die Stelle der Anordnung.[70]

Beiden Aspekten der Willensdurchsetzung ist gemein, dass vor dem Hintergrund der Rationalitätssicherung der Führung in dieser Führungszyklusphase sichergestellt sein muss, dass die weitere Willenskonkretisierung der ursprünglichen Zielsetzung entspricht und dass die Mittel auf den zu verfolgenden Zweck abgestimmt werden. Diese Zweckmäßigkeit wird dabei nicht nur durch die begrenzten Fähigkeiten der mit der Willensdurchsetzung betrauten Akteure sondern auch durch deren Wollen bestimmt.[71]

Der Kontrolle kommt als Abschluss des Führungszyklus und Basis für das erneute Durchlaufen weiterer Führungszyklen sowohl eine wissensgenerierende als auch eine verhaltenssteuernde Funktion zu, die in ihrer Dualität sowohl Auswirkungen auf die Willensbildung als auch auf die Willensdurchsetzung hat. Die Wirkungsweisen der beiden Funktionen werden anhand der folgenden Betrachtung der Kontrollformen veranschaulicht.

Je nach Zeitpunkt der Durchführung der Kontrolle, verstanden als Vergleich zweier Größen,[72] wird zwischen einer ex-post oder einer ex-ante Kontrolle unterschieden. Wird das Ergebnis der Ausführungshandlungen mit dem gebildeten Willen verglichen, erfolgt die Kontrolle also im Anschluss an die Ausführungshandlung, handelt es sich um eine ex-post Kontrolle. Demgegenüber erfolgt die ex-ante Kontrolle bereits während der Willensdurchsetzungsphase oder der Ausführungsphase, um auf Basis neuer Informationen das Ergebnis erneut zu antizipieren und gegebenenfalls Korrekturmaßnahmen einzuleiten.[73] Während der Soll-Soll-Vergleich und der Wird-Wird-Vergleich sich vornehmlich als „Konsistenzkontrollen von antizipierten Größen interpretieren"[74] lassen, dienen andere der Generierung nomologischen Wissens,[75] also der Gewinnung von Erkenntnissen über mögliche und eingetretene Ursache-Wirkungsbeziehungen. In Abhängigkeit der gewonnenen Erkenntnisse und der Antizipations-/Lernfähigkeit des Akteurs werden nun neue Willensbildungs- oder Willensdurchsetzungshandlungen eingeleitet. Die Bedeutung der Kontrolle für die Rationalität der Unternehmensführung tritt hier insbesondere in einer qualitativen und quantitativen Verbesserung der Wissensbasis des Akteurs hervor.

In ihrer wissensgenerierenden Funktion kommt der Kontrolle somit eine besondere Bedeutung für die Willensbildung zu. Sie stellt die notwendige Voraussetzung für Lernen dar. In diesem Zusammenhang wird sie auch als Lernen ex post in Abgrenzung zur beschriebenen Funktion des Lernens ex ante im Rahmen der Willensbildung bezeichnet.[76] Sie wird weitestgehend durch dieselben begrenzenden Faktoren beeinflusst.

Die verhaltenssteuernde Komponente der Kontrolle gewinnt mit zunehmender Arbeitsteilung innerhalb des Unternehmens an Bedeutung. So ermöglichen die Kontrollergebnisse einen Vergleich, ob die mit der Willensdurchsetzung oder der Ausführung betrauten Akteure sich an die Anweisungen halten oder vom korporativen Willen abweichende Ziele verfolgen.[77] Auch in diesem Zusammenhang spielt der Zeitaspekt eine Rolle, da mit zunehmender Zeitspanne zwischen Anweisung und Ausführung anzunehmen ist, dass der Akteur entweder damit rechnet, dass sein abweichendes Verhalten unentdeckt bleibt oder dass das von der Willensbildung abweichende Ergebnis anderen externen Faktoren zugeschrieben werden kann.[78] In ihrer verhaltenssteuernden Funktion kommt der Kontrolle im Sinne einer Überwachung in erster Linie eine besondere Bedeutung für die Willensdurchsetzung zu. Daneben übt die verhaltenssteuernde Komponente der Kontrolle auch einen Einfluss auf die Willensbildung ex ante aus. Ist sich der angewiesene Akteur der Möglichkeit einer Kontrolle bewusst, wird er sein Verhalten entsprechend ausrichten. „Das Faktum der Kontrolle verhindert das Auftreten von Opportunismus."[79]

Die Zweckmäßigkeit der zu verwendenden Kontrollform resultiert somit aus der Zeitspanne zwischen Willensbildung und Ausführungshandlungen sowie dem vorherrschenden Grad der Komplexität und der daraus resultierenden Arbeitsteilung. Insbesondere aus einer dynamischen Perspektive muss somit vor dem Hintergrund der Rationalitätssicherung der Führung die Zweckmäßigkeit der Kontrolle – sowohl ihrer wissensgenerierenden als auch ihrer verhaltenssteuernden Wirkungsweise – sichergestellt sein. Diese wird aber wiederum maßgeblich von der Antizipations-/Lernfähigkeit der mit der Kontrolle betrauten Akteure und deren Wollen bestimmt.[80]

Mit diesem Bezugsrahmen ausgestattet, kann die Ableitung der Eckpunkte eines kontextorientierten Controllings für innovative junge Wachstumsunternehmen erfolgen.

C. Konzeption eines Controllings für innovative junge Unternehmen

Der vorliegende Abschnitt zielt auf die Identifikation der Rationalitätsengpässe im Führungskontext innovativer junger Wachstumsunternehmen ab. Gleichermaßen dient diese Gegenüberstellung der Identifizierung von Vorteilen junger Unternehmen, die entweder die Merkmale, die für das Auftreten von Rationalitätsengpässen sprechen, direkt in ihrer Wirkung abschwächen oder aber als Stärken junger Unternehmen genutzt werden können, um diese zu überwinden.

1. Rationalitätssicherung in der Willensbildung

Als Ausgangspunkt der Betrachtung der Willensbildung dient dabei das fehlende Datenwissen, das den gesamten Entscheidungsprozess – also die Problemidentifikation, die Informationsgenerierung, die Alternativenentwicklung und -bewertung als auch die Entscheidung an sich – in bedeutendem Maße negativ beeinflusst. Dem Entscheidungsträger fehlen relevante Informationen,[81] auf die er seine Entscheidungsfindung stützen kann. Es mangelt an Erkenntnissen über Wirkungsweisen, Ursache- und Wirkungsbeziehungen der relevanten Einflussfaktoren und Handlungsalternativen;[82] insbesondere das nomologische Wissen ist aufgrund der Neuheit des Produktes, der Märkte und des Unternehmens an sich noch begrenzt.[83] Die Prognose- und Bewertungsfähigkeit ist in Ermangelung einer geeigneten Informationsbasis zunächst erheblich eingeschränkt.[84]

Zur Überwindung des Daten- bzw. Informationsproblems können nun Suchprozesse angestoßen werden. Im Kontext junger Unternehmen ist jedoch zu erwarten, dass solche Suchprozesse in zweierlei Hinsicht – nämlich sowohl durch interne Merkmale des Unternehmens an sich als auch durch externe Bedingungen – geprägt werden.

Interne Merkmale, wie die begrenzten personellen aber auch finanziellen Ressourcen[85], die starke Einbindung der Gründer in alle Bereiche und Belange des Unternehmens, sowie der insgesamt enorme Zeitdruck tragen dazu bei, dass die Aufmerksamkeit bzw. die Kapazität zur Informationsgenerierung und -verarbeitung und somit letztendlich die Perzeptionsfähigkeit erheblich eingeschränkt ist.[86]

Des Weiteren ist anzunehmen, dass sowohl die geringe Standardisierung als auch die wenig ausgeprägte organisatorische Ausdifferenzierung ebenfalls einen negativen Einfluss auf die Perzeptionsfähigkeit im Sinne einer Informationsgenerierung ausübt. Die geringe Standardisierung hat zur Folge, dass nicht geregelt ist, wann welche Informationen von wem generiert und an wen weitergegeben werden,[87] während die geringe organisatorische Ausdifferenzierung in Verbindung mit wenig spezialisierten Mitarbeitern dazu führen kann, dass relevante Informationen gar nicht erst wahrgenommen werden. Diese Problematik sollte allerdings in ihrem Ausmaß durch die geringe Unternehmensgröße und die damit verbundenen kurzen und informellen Kommunikationswege begrenzt, sowie durch die hohe Mitarbeitermotivation und -identifikation abgefangen werden. Diese Annahme hat nur so lange Bestand, wie trotz des hohen Zeitdrucks die Kommunikation innerhalb des Unternehmens gewährleistet ist.[88]

Externe Faktoren wie die hohe Dynamik und Komplexität der Umwelt – u. a. bedingt durch den Innovationsgrad bzw. auch die sich neu formierenden Märkte – erschweren weiterhin die Perzeption der relevanten Umweltfaktoren, wie bspw. Wettbewerberverhalten, politische Rahmenbedingen oder technologische Weiterentwicklungen und somit den Aufbau ontologischen Wissens. Zudem ist aufgrund des wenig ausgeprägten Verständnisses der Wirkungsweisen und der Neuheit der Situation oftmals nicht ersichtlich, welches die relevanten Faktoren sind, die es zu beachten gilt. Der Überwindung des Aufmerksamkeitsproblems mittels Konzentration auf die relevanten Faktoren sind somit Grenzen gesetzt.

Selbst wenn Informationen in ausreichendem Maße generiert wurden oder bereits vorliegen, bedingen die Merkmale junger Unternehmen weiterführende Schwierigkeiten in deren Verarbeitung. Als einer der wesentlichen Faktoren lässt sich hier oftmals die mangelnde kaufmännische Erfahrung der Akteure nennen,[89] die sich in einem geringen Methodenwissen hinsichtlich Analyse-, Prognose- und Bewertungsverfahren manifestiert.

Eingeschränkte Kenntnisse über betriebswirtschaftliche Analyseverfahren haben zur Folge, dass insbesondere im Rahmen des Informationsbeschaffungsprozesses und der Prognose[90] erforderliche Analysen nicht durchgeführt werden. Notwendige Erkenntnisse über relevante Zusammenhänge bleiben verborgen, oftmals werden weniger quantitative Informationen über Einflussfaktoren, deren statistische Verteilung und Wirkungsweisen generiert als möglich.[91] Die Informationsbasis ist für weitere Prognosen und Entscheidungen maßgeblich eingeschränkt.

Die Folgen limitierter Prognose- und Bewertungsverfahren können einerseits im Rahmen der Prognose zu wenig Reflexion und andererseits die fehlerhafte Anwendung von Entscheidungskriterien zur letztendlichen Entscheidungsfindung sein.[92] Prinzipiell könnte auch der Fall denkbar sein, dass mangelnde betriebswirtschaftliche Kenntnisse dazu führen, dass zu viel Reflexion in der Entscheidungsfindung zum Einsatz kommt, was ebenfalls als von der Zweck-Mittel-Rationalität abweichendes Verhalten gewertet werden kann. Jedoch kann im Kontext junger Wachstumsunternehmen die Wahrscheinlichkeit hierfür als gering gewertet werden; Zeitdruck und Arbeitsbelastung des Unternehmers wirken dem entgegen.

Die Faktoren Zeitdruck und Arbeitsbelastung können wiederum die Prognose- und Bewertungsfähigkeit junger Unternehmen dahingehend einschränken, als betriebswirtschaftliche Kenntnisse, selbst wenn sie in ausreichendem Maße vorhanden sind, nicht zum Einsatz kommen.

Der Branchendynamik wird, wie empirische Ergebnisse zeigen, durch eine relativ häufige Planung Rechnung getragen.[93] Bzgl. des Planungsausmaßes und der Planungsqualität bleiben an dieser Stelle jedoch die in Summe diskutierten Schwierigkeiten junger Unternehmen im Willensbildungsprozess bestehen.

Der duale Charakter der Expertise kommt auch im Kontext junger Wachstumsunternehmen zum Tragen. Zwar wurde gezeigt, dass Expertise, verstanden als Erfahrung, insbesondere im Zusammenhang mit der Verwendung von Heuristiken gerade in neuartigen Situationen, wie sie zweifelsohne im Falle junger Wachstumsunternehmen gegeben sind, verheerende Folgen haben kann. HAMEL konstatiert diesbezüglich: *„The terrain is changing so fast that experience is becoming irrelevant and even dangerous."*[94] Dennoch zeigt sich an dieser Stelle, dass mangelnde Expertise hinsichtlich betriebswirtschaftlicher Methodenkenntnisse zu erheblichen Einschränkungen der Antizipationsfähigkeit führen.[95]

Zur Erweiterung der Wissensbasis bietet sich neben kontinuierlichem Lernen kurz- und mittelfristig die Erweiterung der Wissensbasis durch Einbeziehen des Wissens weiterer Akteure an, sei es intern im Sinne eines korporativen Akteurs oder extern durch Unterstützungsleistung Dritter. Intern wird die Einbeziehung des Wissens weiterer Akteure zwar durch die kurzen und effizienten Kommunikationswege begünstigt, ist aber angesichts der geringen personellen Ressourcen begrenzt. Das Einbeziehen externen Wissens wird maßgeblich durch das Netzwerk des Gründers[96] und die Involvierung des Kapitalgebers[97] bestimmt.

Diese bringen wiederum eine besondere Komponente in den Willensbildungsprozess. So wird zum einen in der Literatur regelmäßig auf die betriebswirtschaftliche und nicht zuletzt rationalitätssichernde Unterstützungsleistung der Business Angels und Venture-Capital-Geber – wenn auch in unterschiedlicher Akzentuierung – hingewiesen.[98]

Zum anderen entsteht durch die Finanzierungsform eine teilweise Trennung von Eigentum und Leitungsmacht, die nicht unerhebliche Konsequenzen für die motivationale Komponente des Willensbildungsprozesses haben kann. Während die Interessensdivergenzen innerhalb des Führungsteams aufgrund der hohen Motivation und Identifikation der Unternehmer mit ihrem Unternehmen als gering angesehen wird[99], können beachtliche Unterschiede zwischen den Interessen der Unternehmer und denen der renditeorientierten Venture-Capital-Geber existieren.[100] Diesem Potenzial wird bereits in der Vertragsgestaltung Rechnung getragen. Mittels des Instruments der so genannten „Staging-Finanzierung"[101] und mittels bestimmter Befugnisregelungen[102] wird versucht, Problemen wie bspw. der „on-the-job-consumption" entgegenzuwirken und auf Seiten der Unternehmer Anreize zur permanenten Unternehmenswertsteigerung zu schaffen.[103]

Dabei sollte das Potenzial des „Risk Shift" nicht unterschätzt werden; Trennung von Eigentum und Leistungsmacht sowie Anreize zur permanenten Unternehmenswertsteigerung können den Unternehmer dazu verleiten, riskantere Entscheidungen zu treffen als im Falle des alleinigen Eigentums;[104] solche werden durch Gruppenphänomene weiter gefördert. Die Aussage eines Unternehmers *„[i]f the business goes under, I'll be sorry; but it's not that big a deal. I can do something else"*[105] steht dabei exemplarisch für diese Verhaltensannahme. Informationsasymmetrien, die u. a. aus der Neuheit des Unternehmens und der innovativen, spezifischen Leistung sowie aus der hohen Dynamik des Unternehmens und dessen Umfeld resultieren, begünstigen dieses Verhalten weiterhin.

Im gesamten Führungsprozess erfährt die Intuition – so zeigen empirische Ergebnisse – aufgrund der starken Unternehmerprägung, der Zentralisation der Entscheidungen und den zuvor diskutierten mangelnden betriebswirtschaftlichen Methodenkenntnissen eine starke Gewichtung.[106] Das Wissen über relevante Einflussfaktoren liegt dabei oftmals in den Köpfen des Unternehmerteams verteilt vor. Zwar wird dies teilweise durch Kommunikation expliziert; die geringe Unternehmensgröße trägt hierzu positiv bei. Meist findet es jedoch im Willensbildungsprozess nur implizit Anwendung.[107] Fehlende Techniken zur Explizierung des implizit vorhandenen Wissens haben zur Folge, dass Einflussfaktoren nicht im Umfang des Möglichen und Nötigen analysiert werden, oder gar ob der Intransparenz des intuitiven Entscheidungsprozesses gänzlich übersehen werden.[108] Eine Reduzierung der Unsicherheit wird wiederum verhindert. Darüber hinaus gewinnen individual- und insbesondere gruppenpsychologische Verzerrungen an dieser Stelle an Bedeutung.

Der Willensbildungsprozess wird jedoch auch positiv durch die Merkmale innovativer junger Unternehmen beeinflusst. Diesbezüglich sei insbesondere auf die aus der geringen Unternehmensgröße resultierende flache Hierarchie und die kurzen Kommunikationswege hingewiesen. Zwar ist die Zentralisierung der Entscheidungen in hohem Maße für die zeitliche Belastung der Entscheidungsträger ursächlich. In Kombination mit den kurzen Kommunikationswegen übt sie jedoch durchaus einen positiven Einfluss auf den Willensbildungsprozess aus. So kann zum einen von einer schnellen, reibungslosen Bündelung aller Informationen an der entscheidungskritischen Stelle ausgegangen werden.[109] Die Gefahr, dass im Unternehmen vorhandene Informationen nicht bis zum Entscheidungsträger vordringen und dieser die Interaktionseffekte nicht berücksichtigen kann, wird somit vermindert. Dieser Effekt wird durch die geringe Diversifizierung des Unternehmens weiter begünstigt. Zum anderen besitzt das Unternehmen somit eine schnelle Reaktionsmöglichkeit, die als eine der wesentlichen Stärken dieser Unternehmensspezies anzusehen ist.[110]

Werden die Merkmale junger Unternehmen dem letztendlichen Ziel der Willensbildung, zu einer Entscheidung hinsichtlich der Zweck-Mittel-Relation zu gelangen, gegenübergestellt, so zeigt sich, dass jungen Wachstumsunternehmen im Vergleich zu etablierten Unternehmen ein wesentlich breiteres Entwicklungsspektrum offen steht. Dies gilt nicht nur in Bezug auf die Ergebnisentwicklung, sondern insbesondere auch hinsichtlich der zur Verfügung stehenden Alternativen, die zur Zielerreichung ausgewählt werden können. Dieser Aspekt wird sowohl durch die geringe Reputation,[111] als auch durch das oftmals noch unausgereifte Produkt bzw. die Technologie[112] determiniert. Die Fragestellungen, auf deren Beantwortung die Willensbildung ausgerichtet ist, werden dabei durch das oberste Ziel der Gewinnmaximierung bzw. dem Wachstumsbestreben aufgeworfen. Zu den relevanten Fragestellungen zählen dabei bspw. solche nach der geographischen Expansion, der zu bedienenden Endmärkte bzw. Kundenbasis, oder dem optimalen Markteintrittszeitpunkt. An dieser Stelle kann somit der hohe Optionscharakter junger Wachstumsunternehmen unterstrichen werden. Der hohen Unsicherheit, der junge Unternehmen ausgesetzt sind, steht auf der anderen Seite eine hohe Flexibilität gegenüber. Diese manifestiert sich sowohl in den flexiblen Reaktionsmöglichkeiten aufgrund kurzer Kommunikations- und Entscheidungswege, als auch in den zur Verfügung stehenden Handlungsalternativen.

Dem unbegrenzten Wollen stehen auf der anderen Seite begrenzte Ressourcen bzw. ein begrenztes Können gegenüber. Diese zwingen nicht nur zur Priorisierung der Alternativen, sondern lassen den Entscheidungsprozess zu einem kritischen Faktor hinsichtlich der Geschäftsentwicklung werden. Fehlentscheidungen können aufgrund der geringen finanziellen Ressourcen im Gegensatz zu etablierten Unternehmen kaum abgefangen werden und bedingen oftmals das Ende der wirtschaftlichen Existenz.[113] Die Gefahr einer Fehlentscheidung ist dabei nicht nur angesichts der beschriebenen Begrenzungen der Antizipations-/Lernfähigkeit und der angesprochenen motivationalen Verschiebungen, sondern insbesondere vor dem Hintergrund des ausgeprägten Unsicherheitsmomentes und der Spezifität des Unternehmens als besonders hoch einzuschätzen.

An dieser Stelle lässt sich festhalten, dass die Willensbildung von großer Relevanz für die Unternehmensentwicklung ist und eine kritische Größe im Führungszyklus darstellt. Die Summe der Wirkungsweisen intern und extern bedingter Merkmale lassen jedoch auf eine erheblich begrenzte Perzeptionsfähigkeit im Führungskontext junger Wachstumsunternehmen schließen. Weiter wird die Antizipationsfähigkeit durch mangelnde Expertise, insbesondere verstanden als kaufmännisches Methodenwissen, eingeschränkt.

2. Rationalitätssicherung in der Willensdurchsetzung

Zur Untersuchung der Implikationen der Merkmale junger Unternehmen auf die Willensdurchsetzung müssen zweierlei Blickwinkel unterschieden werden. Willensdurchsetzung, verstanden als Reduzierung bestehender Freiheitsgrade, beinhaltet zum einen eine Ziel- und Mittelkonkretisierung und zum anderen die Weitergabe des gebildeten Willens an die mit der weiteren Konkretisierung oder der Ausführung des gebildeten Willens betrauten Akteure.

Wird der zugrunde liegende Prozess betrachtet, so beinhaltet die Willenskonkretisierung die gleichen Elemente wie die Willensbildung an sich, allerdings auf einer tiefer liegenden Aggregationsstufe. Folglich gelten weitestgehend die gleichen Aussagen bzgl. der Herausforderungen aber auch den Stärken junger Wachstumsunternehmen. Es ist anzunehmen, dass identifizierte Begrenzungen der Perzeptions-, Prognose- und Beurteilungsfähigkeit die Willenskonkretisierung in ähnlicher Weise eingrenzen wie die Willensbildung an sich.

Gerade die Problematiken des mangelnden Daten- und Faktenwissens sowie der geringen betriebswirtschaftlichen Erfahrung, sei es aufgrund geringer betriebswirtschaftlicher Kenntnisse oder aufgrund der Neuheit der Situation, erschweren das Ableiten geeigneter Maßnahmen und deren Beurteilung hinsichtlich ihrer Eignung zur Zielerreichung.[114] Die Gefahr von Fehlentscheidungen ist vor dem Hintergrund der Unsicherheit einerseits und der Spezifität des Unternehmens andererseits als besonders hoch einzuschätzen.

Die geringe Größe, die flache Hierarchie, die Zentralisation der Entscheidungen bzw. die damit verbundene Bündelung der Information beinhalten zudem die Gefahr der Informationsüberlastung der Unternehmer. Dies kann zur Folge haben, dass wichtige, werthaltige Handlungsalternativen übersehen werden. Während in großen Unternehmen komplexe Entscheidungen in einzelne, handhabbare Entscheidungen unterteilt und delegiert werden können, verbleiben diese in jungen Unternehmen zum einen durch die starke Unternehmerprägung an sich, aber auch aufgrund der mangelnden personellen Ressourcen beim Unternehmer selbst. Eine Konzentration oder auch Reduktion der Betrachtung auf offensichtliche, „gewöhnliche" Strategien zur Vermeidung weiterer Komplexität kann daraus hervorgehen.[115] Die begrenzten Möglichkeiten der zeitlichen Entlastung und der Erweiterung der Wissensbasis mittels Delegation treten an dieser Stelle deutlich zutage.

Demgegenüber wird diese Problematik in zweierlei Hinsicht im Kontext junger Unternehmen ein Stück weit eingegrenzt. Zum einen wird durch die Zentralisation der Entscheidungen die Beurteilung der einzelnen abgeleiteten Maßnahmen in Bezug auf ihre Interaktionseffekte im Vergleich zu großen, etablierten Unternehmen erheblich erleichtert.[116] Die Gefahr der mangelnden Abstimmung der einzelnen Maßnahmen aufeinander und möglicher gegenläufiger Effekte ist somit eingeschränkt. Zum anderen ist allein schon ob der geringen Unternehmensgröße und der geringen Diversifizierung in jungen Unternehmen die Komplexität als weitaus geringer einzuschätzen, als dies in etablierten Unternehmen der Fall ist.

Positiv wirken sich die Merkmale junger Unternehmen zudem auf die Weitergabe des gebildeten Willens im Sinne eines Datentransformationsprozesses aus. Hier ist die geringe Unternehmensgröße insbesondere aufgrund der flachen Hierarchie und der schnellen und effizienten Kommunikationswege als wesentliche Stärke junger Unternehmen anzusehen. Der gebildete Wille kann schnell und direkt mittels persönlicher Weisung an die auszuführenden Stellen weitergegeben werden, wenn er nicht sogar von Seiten des Unternehmerteams selbst ausgeführt wird. Neben dem Vorteil der schnellen Reaktionsmöglichkeit ist somit die Gefahr von Reibungsverlusten in der Kommunikation – schon allein aufgrund der geringen Schnittstellenanzahl innerhalb des Unternehmens – als gering einzuschätzen. Mit Einschränkungen dieses Vorteils ist allerdings dann zu rechnen, wenn aufgrund des Zeitdrucks, der allgemeinen Arbeitsüberlastung und des starken internen Wandels die Effizienz der Kommunikation gefährdet ist.

Zusätzlich zu Datenverlusten infolge mangelhafter Kommunikationswege besteht prinzipiell die Gefahr der willentlichen Veränderung des gebildeten Willens infolge von Opportunismus. Diese Gefahr kann in Wachstumsunternehmen ebenfalls als gering angesehen werden. Die hohe Motivation und Identifikation der Mitarbeiter mit dem Unternehmen, die Koordinationsmechanismen der Selbstabstimmung und der persönlichen Weisung, die persönliche Beziehung zwischen den Mitarbeitern und dem Unternehmerteam, sowie die innerhalb des Unternehmens als gering anzusehenden Informationsasymmetrien leisten in Summe einen positiven Beitrag zur Vermeidung von Opportunismus innerhalb des Unternehmens.[117] Darüber hinaus werden Mitarbeiter oftmals am Erfolg des Unternehmens beteiligt,[118] nicht zuletzt um dieses Potenzial weiter einzugrenzen.

Das zu den Problematiken der Willenskonkretisierung zusätzliche Potenzial für Rationalitätsengpässe in der Willensdurchsetzung aufgrund mangelhafter Kommunikationskanäle oder Opportunismus ist im Kontext junger Unternehmen in Summe als gering einzuschätzen.

Es zeigt sich, dass die bereits in der Phase der Willensbildung identifizierten Begrenzungen, insbesondere die der begrenzten Aufmerksamkeit und der geringen Expertise, im Rahmen der Willensdurchsetzung intensiviert werden. Jedoch sind die damit verbundenen Problemfelder von der Art her die gleichen wie die der Willensbildung an sich.

Es sind somit keine weiteren andersartigen Effekte oder Hinweise zu finden, die die Willensdurchsetzung zu einer kritischen Engpassgröße im Rahmen des gesamten Führungszyklus werden lassen. Es ist davon auszugehen, dass Maßnahmen zur Rationalitätssicherung der Führung im Rahmen der Willensbildung auch positive Effekte auf die Willensdurchsetzung haben werden, da es sich im Wesentlichen um die gleiche Art von Engpässen nur auf einer anderen Ebene handelt.[119]

3. Rationalitätssicherung in der Kontrolle

Kontrolle, verstanden als Lernprozess, dient dem Aufbau von Wissen, das die Basis für ein erneutes Durchlaufen weiterer Führungszyklen bildet.

Die starke Unternehmerprägung – in diesem Fall die Zentrierung der Kontrollprozesse – impliziert wiederum, dass der Kontrollprozess und damit die Lernfähigkeit des Unternehmens wesentlich von den Fähigkeiten des Unternehmers bestimmt werden. Verallgemeinernd lässt sich daraus auf der einen Seite der Vorteil der Informationskonzentrierung, wie auf der anderen Seite der Nachteil der potenziellen Informationsüberlastung ableiten.

Die mangelnde Standardisierung und die nur rudimentär vorhandenen betriebswirtschaftlichen Systeme tragen dazu bei, dass Ergebnisanalysen von vornherein unterbunden werden bzw. ein Anstoßen von Kontrollprozessen verhindert wird.[120]

Die Expertise nimmt auch hier wieder eine steuernde Funktion ein. Zum einen lenkt sie die Aufmerksamkeit auf die relevanten, zu kontrollierenden Faktoren. Ein mangelndes betriebswirtschaftliches Methodenwissen schränkt die Analysemöglichkeiten ein; notwendige, aufschlussreiche Analysen werden fehlerhaft oder gar nicht durchgeführt.[121]

Die Analysemöglichkeit ist zudem abermals durch das Merkmal der mangelnden Datenverfügbarkeit geprägt, aufgrund dessen die Vergleichsmöglichkeiten im Sinne von Soll-Ist-, oder anderen Kontrollformen begrenzt sind. Die Aussagekraft der wenigen möglichen Analysen ist dabei sowohl aufgrund der kurzen Unternehmenshistorie und der damit verbundenen geringen Datenmenge,[122] als auch in Anbetracht der Markt- und Unternehmensdynamik und der damit verbundenen mangelnden Beständigkeit der Analysen wesentlich eingeschränkt.

Zudem kann bei innovativen jungen Unternehmen die Bedeutung des Sicherheitsbedürfnisses als motivationale Komponente der Kontrollhandlungen herausgestellt werden. Verallgemeinernd wird Unternehmern eine hohe interne Kontrollüberzeugung zugesprochen. Unter Berücksichtigung der Ausführungen zu den Merkmalen eines hohen Sicherheitsbedürfnisses lässt sich auf das Vorliegen eines solchen schließen. Dies äußert sich zum einen in der Zentralisation der Kontrolle, führt jedoch auch zu der Vermutung einer höheren Wahrnehmungsabwehr gegenüber Faktoren, die die internen Modelle des Unternehmers gefährden könnten. Inwieweit solche Wahrnehmungsverzerrungen vorliegen, lässt sich nur im Einzelnen prüfen. Aufgrund der relativ hohen Wahrscheinlichkeit für das Vorliegen einer solchen darf sie aber bei den weiteren Betrachtungen nicht außer Acht gelassen werden.

Die Selbstkontrolle kann und sollte durch eine Fremdkontrolle ergänzt werden. Sie wird in der Regel durch die Kapitalgeber wahrgenommen. Der von den Kapitalgebern gestiftete Wertbeitrag kann zum einen in Form einer Unterstützungsleistung zum Tragen kommen.[123] Bereits ein kritisches Hinterfragen kann diesbezüglich entlastend und wissensgenerierend wirken und so dem Übersehen von Einflussfaktoren oder ganzen Handlungsalternativen entgegenwirken. Zudem können sie zum Aufbau betrieblicher Kontrollsysteme beitragen.[124]

Zum anderen fordern die Kapitalgeber selbst Daten und Fakten hinsichtlich der Entwicklung ihres Portfoliounternehmens.[125] Der geringe Bekanntheitsgrad und das damit verbundene geringe marktseitige Vertrauen lässt in diesem Zusammenhang die Kontrollkosten erheblich ansteigen. In der Regel wird bereits in den Finanzierungsverträgen die Art und der Umfang der Reportingleistung festgehalten.[126] Das junge Unternehmen wird somit gezwungen, bestimmte Daten bereitzustellen und zu analysieren. Der Kontrolle kommt insofern eine anregende und weitestgehend rationalitätssichernde Funktion zu. Jedoch weisen verschiedene Studien auf nicht unerhebliche Schwierigkeiten des Reporting hin. So ist damit zumeist nicht nur ein relativ hoher, zusätzlicher Aufwand für das junge Unternehmen verbunden, sondern auch die Aussagekraft der angeforderten Informationen angezweifelt. KOLLMANN bemängelt die überwiegend vergangenheitsorientierten Finanzgrößen und die geringe Erfassung immaterieller Vermögensgegenstände,[127] während HOMMEL/RITTER/WRIGHT auf die nur unzureichend zeitgerechte Information über Unternehmensschwierigkeiten hinweisen.[128] Die Kritik richtet sich zunehmend gegen die Zweckmäßigkeit der Meilensteinregelungen. Sie verleiten zu kurzfristigem Handeln; die langfristige Wertentwicklung des Unternehmens wird nicht zur Genüge berücksichtigt.[129]

Zudem werden die Möglichkeiten der Fremdkontrolle insbesondere aufgrund der Spezifität der Geschäftsidee, der zumeist eine neuartige Technologie zugrunde liegt, durch Informationsasymmetrien zwischen Gründern und Kapitalgebern erschwert und begrenzt. Diesen wird durch entsprechende Vertragsgestaltungen Rechnung getragen.[130]

Die Relevanz der Kontrolle für den gesamten Führungszyklus und letztendlich die Geschäftsentwicklung kommt dabei durch Unterteilung der Betrachtung in ihre beiden Komponenten, die verhaltenssteuernde und wissensgenerierende Funktion zum Ausdruck.

Innerhalb des Unternehmens, bezogen auf die Mitarbeiter, wird die Notwendigkeit einer verhaltenssteuernden Kontrolle als gering eingeschätzt; die in der Regel zu beobachtende hohe Mitarbeitermotivation sowie die Beteiligung der Mitarbeiter am Geschäftserfolg minimiert das Risiko für opportunistisches Verhalten.

Jedoch kommt in Bezug auf die Unternehmensgründer der Fremdkontrolle durchaus eine verhaltenssteuernde Wirkung zu. Wie die Ausführungen zu den Implikationen der Merkmale junger Unternehmen auf die Willensbildung gezeigt haben, besteht die Gefahr individual- und gruppenpsychologischer Verzerrungen, die durch mangelnde Explizierung des Wissens, Groupthink und der teilweisen Trennung von Kapital und Leistungsmacht begünstigt werden.

Der wissensgenerierenden Funktion der Kontrolle kommt insbesondere angesichts der hohen Unsicherheit eine bedeutende Rolle im Führungskontext junger Unternehmen zu. Die vorstehenden Diskussionen der Implikationen der Merkmale junger Unternehmen auf die Willensbildung und -durchsetzung haben dabei die zum Teil erheblichen Begrenzungen der Antizipations-/Lernfähigkeit verdeutlicht. Sowohl die durch die Dynamik bedingte externe Unsicherheit als auch die interne Unsicherheit, die aufgrund mangelnder Expertise in ihrem Ausmaß intensiviert werden, stellen die Notwendigkeit zu lernen heraus. Aus dynamischer Perspektive muss die Wissensbasis sowie die Antizipations-/Lernfähigkeit im Ganzen verbessert werden, will das Unternehmen langfristig am Markt Bestand haben.

D. Zusammenfassung und Ausblick

Zusammenfassend ist festzustellen, dass es mit dem Rationalitätssicherungsansatz des Controllings gelingt, wesentliche Engpässe einer (rationalen) Führung innovativer junger Wachstumsunternehmen zu identifizieren. Diese liegen in jeder Phase des Führungsprozesses. Mit Hilfe eines rationalitätssichernd ausgerichteten Controllings gelingt es, Lösungsvorschläge zu entwickeln, die letztlich ein Controlling innovativer junger Wachstumsunternehmen begründen können. Es gilt, die geschilderten Eckpunkte in einer unternehmensspezifisch adäquaten Form – je nach Ausprägungen der aufgeführten Charakteristika eines Unternehmens – in der Praxis umzusetzen.

Anmerkungen

1 Vgl. STARR/MACMILLAN (1990), S. 81.
2 Dies ist eine Grundannahme der Populationsökologie, vgl. hierzu stellv. HANNAN/FREEMAN 1977.
3 Vgl. MELLEWIGT/WITT (2002), S. 88 ff.
4 In Anlehnung an den englischsprachigen Begriff der Gründungsforschung „Entrepreneurship" werden zumeist Arbeiten einer Teildisziplin mit dem Adjektiv „entrepreneurial" gekennzeichnet, so beschäftigen sich bspw. Arbeiten zum Themengebiet des „Entrepreneurial Marketing" mit marketingspezifischen Aspekten junger Unternehmen oder des „Entrepreneurial Finance" mit finanzierungstheoretischen Fragestellungen junger Unternehmen. Siehe bspw. STOKES (2000a); STOKES (2000b).
5 Die Literaturanalyse bei SCHEFCZYK/PANKOTSCH zeigt, dass das Themenfeld der „Gründungsfinanzierung" mit weit über 100 Arbeiten, die allein in einen Zeitraum von weniger als fünf Jahren veröffentlicht wurden, zu einem der am meisten erforschten Gebieten zählt. Siehe hierzu SCHEFCZYK/PANKOTSCH (2002), S. 30 – 32.
6 Zu dieser Einschätzung kommen auch ACHLEITNER/BASSEN (2002), S. 1192; SCHEFCZYK/PANKOTSCH (2002), S. 32; ACHLEITNER/BASSEN (2003b), S. 4.
7 Vgl. BRÜDERL/PREISENDÖRFER, et al. (1996), S. 60 ff. Die Besonderheiten junger Unternehmen werden als „liabilities" bezeichnet, wenn damit primär Nachteile verbunden sind. Diese beeinflussen das Verhalten junger Unternehmen in der Regel in besonderem Maße.
8 Vgl. STINCHCOMBE (1965), S. 148 ff.; ALDRICH/AUSTER (1986), S. 175.
9 Vgl. STINCHCOMBE (1965), S. 148 ff.
10 Vgl. hierzu MUGLER (1998), S. 18 ff.
11 Vgl. ALDRICH/AUSTER (1986), S. 180. Insbesondere die Kombination von „smallness" und „newness" beeinflusst die Sterbewahrscheinlichkeit von Unternehmen in hohem Maße positiv, vgl. ALDRICH/AUSTER (1986), S. 173; BRÜDERL/PREISENDÖRFER et al. (1996).
12 Vgl. BRÜDERL/SCHÜSSLER (1990), S. 532.
13 Vgl. KAZANJIAN 1988), S. 264 f.; KAZANJIAN/DRAZIN (1990), S. 137 ff.; CHURCHILL/LEWIS (1983), S. 30 ff.
14 Vgl. KAZANJIAN (1988), S. 264; SHANE/STUART (2002), S. 154 ; SCHEFCZYK/PANKOTSCH (2002), S. 32.
15 Vgl. STOREY/SYKES (1996), S. 86.
16 In Anlehnung an SZYPERSKI/NATHUSIUS (1977), S. 27 f., die anhand des zugrunde liegenden Innovationsgrads zwischen Existenz- und Unternehmensgründungen unterscheiden.
17 Vgl. TUSHMAN/ANDERSON (1986), S. 459 ff.
18 Vgl. GRUBER (2003), S. 602.
19 KIESER (2003), S. 12.
20 Auf diesen Widerspruch weisen bereits KÜPPER/WEBER/ZÜND 1990 hin. Siehe hierzu KÜPPER et al. (1990), S. 281 ff. Jedoch weisen neuere Beiträge immer wieder daraufhin, dass sich an diesem Zustand seither nicht viel geändert hat. Siehe hierzu bspw.

LINGNAU (2002), S. 118; DYCKHOFF/AHN (2002), S. 113; SCHULTZE/HIRSCH (2005), S. 7.
21 Vgl. BERENS/BERTELSMANN (2002), Sp. 281; FRANZ/KAJÜTER (2002), S. 123; LINGNAU (2002), S. 118; WEBER (2002), S. 20; SCHULTZE/HIRSCH (2005), S. 7 u. S. 9.
22 Mit dem Begriff der Controllingkonzeption hat sich HARBERT intensiv auseinandergesetzt. Er leitet aus dem Begriff der Konzeption, den er als „ein System von Aussagen ..., welches die Grundlinien einer Sachverhaltsgestaltung als Mittel zur Erreichung einer bestimmten Zielsetzung" (HARBERT (1982), S. 140) definiert, den Begriff der Controllingkonzeption ab und definiert ihn folgendermaßen: „Als Controlling-Konzeptionen [sic!] werden im Folgenden solche Aussagensysteme bezeichnet, die eine finale Beziehung zwischen dem Gegenstand des Controlling und einer betriebswirtschaftlichen Zwecksetzung herstellen." (HARBERT (1982), S. 140).
23 Eine solche Unterteilung ist bspw. bei SCHERM/PIETSCH (2003), S. 34 oder implizit auch bei WEBER (2002), S. 20 – 66 zu finden.
24 Vgl. WEBER (2002), S. 20 ff.
25 Vgl. DYCKHOFF/AHN (2002), S. 113; FRANZ/KAJÜTER (2002), S. 123; SCHERM/PIETSCH (2003), S. 34.
26 Eine ausführliche Darstellung zu den Ursprüngen und der geschichtlichen Entwicklung des Controlling findet sich u.a. bei LINGNAU (1998) und in vielen Lehrbüchern zum Controlling, so z. B. bei SERFLING (1992), S. 20 – 29; HAHN/HUNGENBERG (2001), S. 265 – 271; KÜPPER (2001), S. 1 – 3; WEBER (2002), S. 1 – 17.
27 Vgl. KÜPPER (2001), S. 10 f; BERENS/BERTELSMANN (2002), Sp. 282; WALL (2002b), S. 68; WEBER (2002), 21 f.
28 Vgl. ESCHENBACH/NIEDERMAYR (1996), S. 58; WEBER (2002), S. 22; PIETSCH/SCHERM (2002), S. 193 f. Auf diesen Umstand weist MÜLLER als einer der Vertreter der informationsorientierten Ansätze selbst hin und grenzt die Informationsverarbeitungsaufgabe des Controlling infolgedessen weiter ein. Vgl. MÜLLER (1974), S. 687 f.
29 Vgl. WEBER (2002), S. 23.
30 Hierzu können bspw. MANN (1973) und SIEGWART (1986) gezählt werden. Siehe hierzu WEBER (2002), S. 23 f.
31 Vgl. WEBER (2002), S. 23 f. Die Problematik einer unscharfen Abgrenzung wird bei ULRICH deutlich, der mit Bezug auf eine kybernetische Führungskonzeption feststellt, „dass der Controller in der Unternehmung nicht ein Controller im Sinne der Kybernetik sein kann, denn dann würde er praktisch an die Stelle der Führungskräfte treten oder zumindest diesen einen wesentlichen Teil ihrer Aufgaben abnehmen." (ULRICH (1985), S. 23 f.).
32 Siehe hierzu sowie zu den unterschiedlichen Interpretationen der Zielorientierung die Darstellung bei WEBER (2002), S. 23 f.

33 Siehe zu dieser Unterscheidung AHN/DYCKHOFF (2004), S. 504 bzw. KÜPPER (2001), S. 13 ff. und HORVÁTH (2002b), S. 112 ff.
34 Vgl. WEBER (2002), S. 24; PIETSCH/SCHERM (2002), S. 191 f. Unterschiede zwischen den einzelnen Definitionen bestehen allerdings in der Extension der Koordinationsaufgabe und dem vorangestellten Koordinationsziel. Vgl. HORVÁTH (2002a) S. 56 f.; WALL (2002b), 69 f.; WEBER (2002), S. 24 ff.; SCHAEFER/LANGE (2004) S. 108; WALL (2004), S. 390. Siehe zu den jeweiligen Ausprägungen der Ansätze insbesondere HORVÁTH (1978), HORVÁTH (2002b) und KÜPPER (2001).
35 Vgl. PIETSCH/SCHERM (2002), S. 193; KOONTZ/O'DONNELL sprechen in diesem Zusammenhang von Koordination als „the essence of managership" (KOONTZ/O'DONNELL (1972), S. 50).
36 Vgl. SCHWARZ (2002), S. 10 f.
37 Vgl. WEBER/SCHÄFFER (2000a), S. 113; WALL (2002b), S. 71; WEBER (2002), S. 26.
38 WEBER rückt dabei von seinem eigenen koordinationsorientierten Controllingverständnis ab. Siehe WEBER (1998) sowie nachfolgend in allen weiteren Auflagen.
39 Siehe hierzu insbesondere WEBER/SCHÄFFER (1999).
40 Siehe hierzu insbesondere WEBER/SCHÄFFER (1999), S. 731 – 747 und WEBER (2002), S. 48 – 66.
41 Siehe bspw. HORVÁTH (2002a), S. 60; IRREK (2002); MÜLLER (2003).
42 Vgl. KÜPPER (2001), S. 7. Siehe hierzu auch SCHNEIDER (2001), S. 40 ff.; HORVÁTH (2002a), S. 60 sowie WALL (2002b), S. 71.
43 Vgl. SCHAEFER/LANGE (2004), S. 105.
44 Bspw. würde die Auswahl eines koordinationsorientierten Ansatzes vor dem Hintergrund der Forschungsdefizite im Entrepreneurial Controlling die Gefahr einer zu frühzeitigen Konzentration auf einen spezifischen Aspekt des Controlling beinhalten, ohne zu diesem Zeitpunkt eine fundierte Aussage darüber treffen zu können, ob die Controllingrelevanz in jungen Unternehmen aus einer Koordinationsfunktion herrührt.
45 Vgl. a. V. den Überblick bei WEBER (2002), S. 30 – 33.
46 Vgl. WEBER (2002), S. 31 f.
47 Vgl. WEBER et al. (1996), S. 58. Realiter werden Punkte auf dem Kontinuum zwischen den beiden Eckpunkten Anwendung finden. ALBACH konstatiert in diesem Zusammenhang „ein fruchtbares Spannungsverhältnis" (ALBACH (1990), S. 537). Von der Reflexion und der Intuition ist die Improvisation abzugrenzen. Hierbei handelt es sich um eine reaktive Handlungsweise, die ohne Reflexion und ohne spezifische Erfahrungsbasis erfolgt. Sie sollte nur eingesetzt werden, wenn die vorliegenden Wissensbeschränkungen keine der anderen beiden Verfahren zur Willens-

bildung zulassen. Vgl. m. w. N. WEBER, et al. (1996), S. 62 f.
48 Vgl. WEBER et al. (1996), S. 52.
49 WEBER/BRETTEL/SCHÄFFER bezeichnen solche Wissensbegrenzungen als erheblich, bei denen die Reflexion zu Ergebnissen führt, die „dem Ergebnis anderer Arten von Führungshandlungen unterlegen ist" (WEBER, et al. (1996), S. 53).
50 Vgl. WEBER et al. (1996), S. 53.
51 Vgl. insbesondere RÜDIGER/VANINI (1998); WEBER (2002), S. 91 ff.
52 Über den genauen Ablauf dieser Prozesse liegt derzeit noch relativ wenig Wissen vor. Vgl. WEBER et al. (1996), S. 51 ff. m. w. N. Jedoch sind mithin kognitive Begrenzungen bekannt, die auf die Intuition einwirken können. Siehe hierzu bspw. REITMEYER (2000), S. 178 ff.; SCHNEIDER (2001), S. 332.
53 Vgl. WEBER et al. (1996), S. 57.
54 Vgl. im Überblick hierzu KIRSCH (1977), S. 70 ff. sowie m. w. N. SPIEKER (2003), S. 24 ff. Die Phaseneinteilung und Anordnung derselben sollte dabei aber nicht als starre, vorgegebene Reihenfolge interpretiert werden. Zwischen den einzelnen Phasen bestehen Interdependenzen, die es zu berücksichtigen gilt und die in der Regel zu einem Wechselspiel der einzelnen Phasen führen. Siehe hierzu LAUX (2002), S. 12 f. Diese Annahme gilt auch für das Durchlaufen des Führungszyklusses, dem Entscheidungsprozess i. w. S.
55 Vgl. ähnlich SPIEKER (2003), S. 25 f.
56 Gleichzeitig wird aber auch durch diesen gewünschten Zustand ein anzustrebendes Ziel festgelegt. Um eine Entscheidung bzgl. des anzustrebenden Ziels und der einzusetzenden Mittel treffen zu können, muss das Problem zweckmäßig formuliert werden. Die Problemformulierung stellt wiederum selbst ein Entscheidungsproblem dar, zu deren Lösung gegebenenfalls weitere Informationen gesammelt werden müssen. Vgl. LAUX (2002), S. 9.
57 Vgl. SCHNEIDER (1997), S. 82.
58 Vgl. LAUX (2002), S. 337.
59 Vgl. LAUX (2002), S. 337. In welchem Umfang Wissen bereits vorliegt und welche Menge an Informationen zusätzlich beschafft wird bzw. beschafft werden kann, um Realisation eines gewünschten Zustandes ausreichend zu antizipieren, hängt von der akteursspezifischen Beschränkung der Perzeptionsfähigkeit ab. Liegen Wissensbeschränkungen vor und ist der Akteur somit nicht in der Lage die Realisation des gewünschten Zielzustandes ausreichend zu antizipieren, wird der Akteur bestrebt sein, mehr Informationen zu beschaffen. Siehe hierzu. u. a. BROCKHOFF (1983), S. 53 ff.
60 LAUX (2002), S. 337.
61 So entstehen Kosten in Form von Ausgaben für die Beschaffung an sich sowie in Form von Opportunitätskosten durch Arbeitsein-

61 satz und Zeit. Die Frage in welchem Maß weitere Informationen beschafft werden sollen, stellt somit wiederum ein eigenes Entscheidungsproblem dar. Vgl. LAUX (2002), S. 337.
62 Siehe hierzu exemplarisch LAUX (2002), Kapitel XI.
63 Vgl. LAUX (2002), S. 11.
64 LAUX (2002), S. 11.
65 Vgl. sinngemäß WEBER/SCHÄFFER (1999), S. 734 ff. sowie WEBER et al. (2001c), S. 52.
66 Vgl. LAUX (2002), S. 11.
67 Vgl. WEBER et al. (1996), S. 48 f. und S. 67 f.; WEBER/SCHÄFFER (1999), S. 735 f. Es sei darauf hingewiesen, dass eine Willensdurchsetzung auch dann von Nöten ist, wenn Willensbildung und Ausführungshandlung in einer Person vorgenommen werden. „Die Fiktion erhält den Anstoß zum realen Ablaufen." (WEBER et al. (1996), S. 48).
68 Vgl. hierzu und zum Folgenden insbesondere WEBER (2002), S. 43 ff.
69 Vgl. exemplarisch JOST (2000), S. 44.
70 Vgl. WEBER (2002), S. 43 f.
71 An dieser Stelle treten Aspekte des Opportunismus zutage. Vgl. u. a. WEBER (2002), S. 44 f.
72 Mit der Frage nach den möglichen oder notwendigen Zeitpunkten der Kontrolle eng verbunden ist die Frage nach den Kontrollgrößen, die es miteinander zu vergleichen gilt. Hier werden in der betriebswirtschaftlichen Literatur im Allgemeinen drei Gruppen von Kontrollgrößen differenziert: (1) Ist-Größen als tatsächlich eingetretene Ergebnisse, (2) Soll-Größen als in der Willensbildung bzw. Willensdurchsetzung festgelegte Zielgrößen und (3) Wird-Größen als infolge einer Antizipationshandlung ermittelte Annahmen über Künftiges. Dies führt zu sechs möglichen Kombinationen von Kontrollformen. TÖPFER (1976), S. 135 ff; WILD (1982), S. 44; PFOHL (1988), S. 804 ff; LAUX/LIERMANN (2003), Kapitel 22; BROCKHOFF (1998), S. 18 sowie SCHÄFFER (2001), S. 11 ff.
73 Vgl. SCHÄFFER (2001), S. 11 ff.
74 SCHÄFFER (2001), S. 12.
75 Darüber hinaus dienen sie auch der Verbesserung der Realisationsfähigkeit im Sinne von Ausführungsfertigkeiten. Da es sich hierbei nicht um Führungshandlungen handelt, wird diese Art der Wissensgenerierung im Folgenden nicht betrachtet.
76 Vgl. WEBER (2002), S. 45.
77 Vgl. SCHÄFFER (2001), S. 41 ff.
78 Zur Vermeidung eines von der Willensbildung abweichenden Verhaltens kann die Kontrolle insofern beitragen, als an die Differenz zweier Kontrollgrößen Redistributions- und Befugnisregelungen geknüpft werden. Vgl. exemplarisch LAUX (1999), S. 34 ff.
79 WEBER (2002), S. 45.
80 Dieser Aspekt wird besonders durch eine Interpretation der Kontrolle als Willensbildung ex post ersichtlich.
81 Das fehlende Datenwissen ist dabei sowohl auf die kurze Unternehmenshistorie als auch auf die fehlende kaufmännische Ausbildung zurückzuführen.
82 Vgl. WEBER et al. (2000), S. 238 ff.
83 Vgl. ATHERTON (2003), S. 1384 f.
84 Vgl. LIEKWEG (2003), S. 183 ff. und S. 282.
85 Denkbar ist bspw., dass nicht ausreichend finanzielle Mittel für Marktforschungsaktivitäten zur Verfügung stehen.
86 Vgl. zum Einfluss des Zeitdrucks und der geringen personellen Ressourcen auf den Informationsgenerierungsprozess LIEKWEG (2003), S. 185 f. sowie insbesondere zur Rolle der Unternehmereinbindung a. V. KIESER/KUBICEK (1992), S. 105; HAMER (1987), S. 58. Siehe zur Bedeutung der begrenzten Ressourcen für die Informationsbeschaffung in jungen Unternehmen und den damit verbundenen Begrenzungen der Reduzierung der Unsicherheit ATHERTON (2003), S. 1385.
87 Siehe zur Bedeutung der mangelnden Standardisierung im Rahmen der Willensbildung ALDRICH/AUSTER (1986), S. 178; HUNSDIEK/MAY-STROBL (1986), S. 88; BUSENITZ/BARNEY (1997), S. 14 f.
88 An dieser Stelle sollte dennoch nicht voreilig der Schluss gezogen werden, dass es sich bei der mangelnden Standardisierung um einen Nachteil junger Unternehmen handelt. Es sind damit in Abhängigkeit des Entwicklungsstadiums auch viele Vorteile verbunden. Siehe hierzu bspw. MINTZBERG/MCHUGH (1985), S. 165.
89 Vgl. HAMER (1987), Kapitel 10; WEBER et al. (2000), S. 218 und 223 f.
90 Infolgedessen haben die mangelnden betriebswirtschaftlichen Kenntnisse wiederum einen negativen Einfluss auf die Perzeptions- und Prognosefähigkeit.
91 Vgl. HAMER (1987), Kapitel 10; WEBER et al. (2000), S. 218 und 223 f.; WEBER/LIEKWEG (2001), S. 470 ff.; LIEKWEG (2003), S. 265.
92 Siehe zum falschen Einsatz von quantitativen Entscheidungskriterien WEBER et al. (2000), S. 47 und 89 ff.; WEBER/LIEKWEG (2001), S. 484.
93 Vgl. FREISE et al. (2002), S. 330 ff.
94 HAMEL (1996) S. 74.
95 Dieser Aspekt spiegelt sich u. a. in den Auswahlkriterien von Kapitalgebern wieder. Diesbezüglich wird im Rahmen der Beteiligungswürdigkeitsprüfung der kaufmännischen Erfahrung des Managements eine hohe Bedeutung beigemessen. Siehe hierzu BRETTEL (2001); BRETTEL (2004), S. 228 ff.; HOCHGESAND (2002), S. 383.
96 Vgl. AUTIO (1994), S. 270.
97 Siehe exemplarisch zu den Beiträgen der Business Angels in ihren Beteiligungen die Ergebnisse bei BRETTEL et al. (2000) S. 179.
98 Siehe exemplarisch die empirischen Befunde bei BRETTEL et al. (2000); BRETTEL (2001); ACHLEITNER/ENGEL (2001).
99 Vgl. LIEKWEG (2003), S. 267.
100 Zwar wird prinzipiell davon ausgegangen, dass auch der Unternehmer das oberste Ziel der Unternehmenswertmaximierung anstrebt. Jedoch können weitere persönliche Präferenzen hinzukommen, die die oberste Zielsetzung überlagern. Siehe ausführlich BRETTEL et al. (2001), S. 7 ff.; HOCHGESAND (2002), S. 370 ff.
101 Das Wachstumsunternehmen erhält in diesem Fall das benötigte Investitionsvolumen nicht in Summe, sondern in gestaffelter Form. Die jeweiligen Teilauszahlungen sind dabei an sog. Meilensteine („milestones") gekoppelt; die jeweils nächste Finanzierungsrunde wird nur bei Erreichen des jeweiligen milestones eingeleitet.
102 Als Beispiele lassen sich hier ein Vetorecht für besonders bedeutsame Managemententscheidungen, Mitbestimmungsrecht für den Verkauf von Anteilen oder Liquiditätspräferenzen nennen. Siehe hierzu ausführlich REISSIG-THUST et al. (2004).
103 Siehe zur Überwindung von Informationsasymmetrien zwischen Venture-Capital-Gebern und Wachstumsunternehmen insbesondere BRETTEL et al. (2001) sowie zur Beziehung zwischen Venture-Capital-Gebern und Gründungsunternehmen allgemein REISSIG-THUST (2004).
104 Inwiefern es sich hierbei um Rationalitätsengpässe handelt, ist im Einzelfall zu überprüfen. Dieses Verhalten könnte ebenso von den Venture-Capital-Gebern bewusst gewollt sein oder zumindest in Kauf genommen werden.
105 VAN DEN VEEN et al. (1984), S. 94.
106 Vgl. WEBER et al. (2001b), S. 14 ff.
107 Vgl. RUHNKA/YOUNG (1991), S. 121 ff.; SCHÄFFER (1996), S. 94; WEBER/LIEKWEG (2001), S. 482.
108 Vgl. WEBER et al. (2000), S. 58 ff. und 78 ff.; HAMER (1990), S. 50 ff. m. w. N.
109 Vgl. HAMER (1987), S. 133 ff.; LIEKWEG (2003), S. 264.
110 Vgl. MINTZBERG (1979), S. 305 ff.; SCHEFCZYK/PANKOTSCH (2002), S. 24.
111 Jungen Unternehmen ist noch kein Weg vorgegeben, sie können noch auf der „grünen Wiese" planen.
112 Oftmals haben junge Unternehmer im Rahmen eines Forschungsprojektes eine Technologie entwickelt. Hinsichtlich der letztendlichen Verwendung besteht jedoch noch Unklarheit.
113 Siehe bspw. LEE et al. (1999), S. 299 ff.
114 In jungen Wachstumsunternehmen fehlt oftmals eine klare Ziel-Mittel-Funktion. Siehe hierzu SORENSEN/STUART (2000), S. 84 f.; FALLGATTER (2002), S. 63 ff.
115 Vgl. LIEKWEG (2003), S. 272 ff.

116 Vgl. HAMER (1990), S. 57; WEBER/LIEKWEG (2001), S. 484; LIEKWEG (2003), S. 288 f.
117 Vgl. ALCHIAN/DEMSETZ (1972), S. 790; HAMER (1987), S. 160 ff.; WEBER et al. (2000), S. 90 f.; WEBER/LIEKWEG (2001), S. 481.
118 Siehe hierzu bspw. von EINEM (2002), S. 163 ff.
119 Die Willensdurchsetzung bedarf dementsprechend in den nachfolgenden Untersuchungen keiner gesonderten Betrachtung.
120 Vgl. LIEKWEG (2003), S. 292.
121 Diesem Fall des mangelnden Methodenwissens ist wiederum der Fall zwar vorhandenen Methodenwissens, aber mangelhaft durchgeführter Analysen aufgrund von Zeitdruck und Überlastung der handelnden Akteure innerhalb des Unternehmens gleichzusetzen.
122 Die geringe Datenmenge und die damit verbundene begrenzte Aussagekraft kann sich hierbei sowohl auf die Länge der Zeitreihen als auch die Breite der zur Verfügung stehenden Daten beziehen.
123 Art und Umfang der Unterstützungsleistung fällt dabei je nach Kapitalgeber sehr unterschiedlich aus. Siehe ausführlich bei SAHLMAN (1990), S. 473 ff.; BRETTEL (2004), S. 255 ff.; REISSIG-THUST (2004).
124 Vgl. ACHLEITNER/ENGEL (2001), 76 ff.; ACHLEITNER/BASSEN (2003b), S. 6.
125 Business Angels lassen sich regelmäßig, meist in jährlichen oder halbjährlichen Abständen, Informationen über die Geschäftsentwicklung zukommen. Hierzu zählen Umsatzzahlen, Bilanz und Gewinn- und Verlustrechnung oder Berichte über Investitionsvorhaben. Siehe hierzu ausführlich BRETTEL (2004), S. 255 ff. Siehe zur Reportingleistung bei Venture-Capital-Gebern bspw. STAHL (2003); NIETZER (2003).
126 Siehe hierzu ACHLEITNER/BASSEN (2003b), S. 5 ff.
127 Vgl. KOLLMANN (2005), S. 157 ff. und S. 163 ff.
128 Vgl. HOMMEL et al. (2003), S. 11.
129 Vgl. HOFFMANN/HÖLZLE (2004), S. 233 f.
130 Siehe hierzu ausführlich REISSIG-THUST et al. (2004).

Literatur

ACHLEITNER, A.-K./ENGEL, R. A. (2001): Der Markt für Inkubatoren in Deutschland: Eine empirische Erhebung, in: CEFS Publication.
ACHLEITNER, A.-K./BASSEN, A. (2002): Controlling in jungen Wachstumsunternehmen – terra incognita, in: Betriebs-Berater, 57. Jg., Heft 23, S. 1192–1198.
ACHLEITNER, A.-K./BASSEN, A. (2003b): Grundüberlegungen zum Controlling in jungen Unternehmen, in: ACHLEITNER, A.-K./BASSEN, A. (Hrsg.): Controlling von jungen Unternehmen, Stuttgart, S. 3–23.
ALBACH, H. (1990): Der dispositive Faktor in Theorie und Praxis, in: Zeitschrift für Betriebswirtschaft – ZfB, 60. Jg., Heft 5/6, S. 533–548.
ALCHIAN, A. A./DEMSETZ, H. (1972): Production, Information Costs, and Economic Organization, in: American Economic Review, 62. Jg., No. 5, S. 777–795.
ALDRICH, H. E./AUSTER, E. R. (1986): Even Dwarfs Started Small – Liabilities of Age and Size and Their Strategic Implications, in: CUMMINGS, L. L./STAW, B. M. (Hrsg.): Research in Organizational Behavior, S. 165–189.
ATHERTON, A. (2003): The Uncertainty of Knowing – An Analysis of the Nature of Knowledge in a Small Business Context, in: Human Relations, Vol. 56, No. 11, S. 1379–1398.
AUTIO, E. (1994): New, technology-based firms as agents of R & D and Innovation, in: Technovation, Vol. 14, No. 4, S. 259–273.
BERENS, W./BERTELSMANN, R. (2002): Controlling, in: KÜPPER, H.-U./WAGENHOFER, A. (Hrsg.): Handwörterbuch Unternehmensrechnung und Controlling, 4. Aufl., Stuttgart, Sp. 280–288.
BRETTEL, M. (2001): Entscheidungskriterien von Venture Capitalists – Eine empirische Analyse, in: WHU-Forschungspapier Nr. 82.
BRETTEL, M. (2004): Der informelle Beteiligungskapitalmarkt: Eine empirische Analyse, Wiesbaden.
BRETTEL, M./JAUGEY, C./ROST, C. (2000): Business Angels – Der informelle Beteiligungskapitalmarkt in Deutschland, Wiesbaden.
BROCKHOFF, K. (1983): Informationsverarbeitung in Entscheidungsprozessen: Skizze einer Taxonomie, in: Zeitschrift für Betriebswirtschaft – ZfB, 53. Jg., Heft 1, S. 53–62.
BROCKHOFF, K. (1998): Forschung und Entwicklung – Planung und Kontrolle, 5. Aufl., München, Wien.
BRÜDERL, J./SCHÜSSLER, R. (1990): Organizational Mortality: The Liabilities of Newness and Adolescence, in: Administrative Science Quarterly, Vol. 35, No. 3, S. 530–547.
BRÜDERL, J./PREISENDÖRFER, P. (2000): Fast-Growing Business, in: International Journal of Sociology, Vol. 30, No. 3, S. 45–70.
BRÜDERL, J./PREISENDÖRFER, P./ZIEGLER, R. (1996): Der Erfolg neugegründeter Betriebe: Eine empirische Studie zu den Chancen und Risiken von Unternehmensgründungen.
BUSENITZ, L. W./BARNEY, J. B. (1997): Differences between Entrepreneurs and Managers in Large Organizations: Biases and Heuristics in Strategic Decision-Making, in: Journal of Business Venturing, Vol. 12, No. 1, S. 9–30.
CHURCHILL, N. C./LEWIS, V. L. (1983): The five stages of small business growth, in: Harvard Business Review, Vol. 61, No. 3, S. 30–50.
ESCHENBACH, R./NIEDERMAYR, R. (1996): Controlling in der Literatur, in: ESCHENBACH, R. (Hrsg.): Controlling, 2. Aufl., Stuttgart, S. 49–64.
FALLGATTER, M. J. (2002): Theorie des Entrepreneurship, Wiesbaden.
FRANZ, K.-P./KAJÜTER, P. (2002): Zum Kern des Controlling, in: WEBER, J./HIRSCH, B. (Hrsg.): Controlling als akademische Disziplin: Eine Bestandsaufnahme, Wiesbaden, S. 123–130.
FREISE, H.-U./SCHÄFFER, U./WEBER, J. (2002): Planung in eBusiness-Start-Ups, in: controller magazin, 27. Jg., Heft 4, S. 328–334.
GRUBER, M. (2003): Research on marketing in emerging firms: key issues and open questions, in: International Journal of Technology Management, Vol. 26, No. 5/6, S. 600–620.
HAHN, D./HUNGENBERG, H. (2001): PuK: Planung und Kontrolle, Planungs- und Kontrollsysteme, Planungs- und Kontrollrechnung; wertorientierte Controllingkonzepte, 6. Aufl., Wiesbaden.
HAMEL, G. (1996): Strategy as Revolution, in: Harvard Business Review, Vol. 74, No. 4, S. 69–82.
HAMER, E. (1987): Das Mittelständische Unternehmen: Eigenarten, Bedeutungen, Risiken und Chancen, Stuttgart.
HAMER, E. (1990): Unternehmensführung, in: PFOHL, H.-C. (Hrsg.): Betriebswirtschaftslehre der Mittel- und Kleinbetriebe – Größenspezifische Probleme und Möglichkeiten zu ihrer Lösung, 2. Aufl., Berlin, S. 43–73.
HANNAN, M. T./FREEMANN, J. H. (1977): The Population Ecology of Organizations; in: American Journal of Sociology, Jg. 82, S. 929–964.
HARBERT, L. (1982): Controlling-Begriffe und Controlling-Konzeptionen: Eine kritische Betrachtung des Entwicklungsstandes des Controlling und Möglichkeiten seiner Fortentwicklung, Bochum.
HOCHGESAND (2002): Venture Capital, in: HOMMEL, U./KNECHT, T. C. (Hrsg.): Wertorientiertes Start-Up-Management: Grundlagen – Konzepte – Strategien, München, S. 370–395.
HOFFMANN, R./HÖLZLE, A. (2004): Meilensteinregelungen in Venture Capital-Verträgen nach deutschem Recht, in: Finanz Betrieb, 6. Jg., Heft 3, S. 233–238.
HOMMEL, U./RITTER, M./WRIGHT, M. (2003): Verhalten der Beteiligungsfinanzierer nach dem „Downturn": Ergebnisse einer empirischen Studie, in: Finance Group Working Paper, Oestrich-Winkel.
HORVÁTH, P. (1978): Controlling – Entwicklung und Stand einer Konzeption zur Lösung der Adaptions- und Koordinationsprobleme der Führung, in: Zeitschrift für Betriebswirtschaft – ZfB, 48. Jg., Heft 3, S. 194–208.
HORVÁTH, P. (2002a): Der koordinationsorientierte Ansatz, in: WEBER, J./HIRSCH, B. (Hrsg.): Controlling als akademische Disziplin: Eine Bestandsaufnahme, Wiesbaden, S. 49–65.
HORVÁTH, P. (2002b): Controlling, 8. Aufl., München.
HUNSDIEK, D./MAY-STROBL, E. (1986): Entwicklungslinien und Entwicklungsrisiken neugegründeter Unternehmen, Stuttgart.
IRREK, W. (2002): Controlling als Rationalitätssicherung der Unternehmensführung? – Denkanstöße zur jüngsten Entwicklung der Controllingdiskussion, in: krp Kostenrechnungspraxis – Zeitschrift für Controlling, Accounting & Systemanwendungen, 46. Jg., Heft 1, S. 46–51.
JOST, P.-J. (2000): Ökonomische Organisationstheorie: Eine Einführung in die Grundlagen, Wiesbaden.

Kazanjian, R. K. (1988): Relation of Dominant Problems to Stages of Growth in Technology-Based New Ventures, in: Academy of Management Journal, Vol. 31, No. 2, S. 257 – 279.

Kazanjian, R. K./Drazin, R. (1990): A Stage-Contingent Model of Design and Growth for Technology-Based New Ventures, in: Journal of Business Venturing, Vol. 5, No. 3, S. 137 – 150.

Kieser, A. (2003): Ein kleiner Reisebericht aus einem benachbarten, aber doch fremden Gebiet, in: Weber, J./Hirsch, B. (Hrsg.): Zur Zukunft der Controllingforschung: Empirie, Schnittstellen und Umsetzung in der Lehre, Wiesbaden, S. 11 – 26.

Kieser, A./Kubicek (1992): Organisation, 3. Aufl., Berlin, New York.

Kirsch, W. (1977): Einführung in die Theorie der Entscheidungsprozesse, 2. Aufl., Wiesbaden.

Kollmann, T. (2005): Investor Relations für Start-up-Unternehmen: Eine Analyse der Kommunikationsbedürfnisse von Venture-Capital-Gebern, in: Marketing – Zeitschrift für Forschung und Praxis, 27. Jg., Nr. 3, S. 155 – 167.

Koontz, H./O'Donnell, C. (1972): Principles of Management: An Analysis of Managerial Functions, 5. Aufl., New York, et al.

Küpper, H.-U. (2001): Controlling: Konzeption, Aufgaben und Instrumente, 3. Aufl., Stuttgart.

Küpper, H.-U./Weber, J./Zünd, A. (1990): Zum Verständnis und Selbstverständnis des Controlling, in: Zeitschrift für Betriebswirtschaft – ZfB, 60. Jg., Heft 3, 281 – 293.

Laux, H. (2002): Entscheidungstheorie, 5. Aufl., Berlin, et al.

Laux, H./Liermann, F. (2003): Grundlagen der Organisation: Die Steuerung von Entscheidungen als Grundproblem der Betriebswirtschaftslehre, 5. Aufl., Berlin, et al.

Lee, K. S./Lim, G. H./Tan, S. J. (1999): Dealing with Resource Disadvantage: Generic Strategies for SMEs, in: Small Business Economics, Vol. 12, No. 4, S. 299 – 311.

Liekweg, A. (2003): Risikomanagement und Rationalität: Präskriptive Theorie und praktische Ausgestaltung von Risikomanagement, Wiesbaden.

Lingnau, V. (1998): Geschichte des Controllings, in: Wirtschaftswissenschaftliches Studium – WiSt, Zeitschrift für Ausbildung und Hochschulkontakt, 27. Jg., Heft 6, 274 – 281.

Lingnau, V. (2002): Zum Weiterentwicklungsbedarf des koordinationsorientierten Controllingansatzes, in: Lingnau, V./Schmitz, H. (Hrsg.): Aktuelle Aspekte des Controllings, Heidelberg, S. 115 – 141.

Mann, R. (1973): Die Praxis des Controlling: Instrumente, Einführung, Konflikte, München.

Mintzberg, H. (1979): The Structure of Organizations: A Synthesis of the Research, Englewood Cliffs.

Mellewigt, T./Witt, P. (2002): Die Bedeutung des Vorgründungsprozesses für die Evolution von Unternehmen: Stand der empirischen Forschung; in: Zeitschrift für Betriebswirtschaft, Jg. 72, H. 1, S. 81 – 110.

Buchführung: Einführendes Übungsbuch plus Lern-CD

Jörn Littkemann | Michael Holtrup | Klaus Schulte
Buchführung
Grundlagen – Übungen – Klausurvorbereitung.
Mit Lern- und Übungs-CD-ROM

2., überarb. Aufl. 2007. XX, 339 S., 30 Abb. Br. mit CD EUR 27,90
ISBN 978-3-8349-0558-1

Dieses grundlegende Lehrbuch zur Buchführung ist primär als Übungsbuch konzipiert. Es vermittelt zu jedem Kapitel zunächst kompakt und prägnant die formalen und inhaltlichen Grundlagen des Faches. Anhand zahlreicher Aufgaben und Lösungen wird der Stoff übersichtlich illustriert.

Durch eine themenübergreifende Modellierung von Übungsklausuren mit Musterlösungen wird ein vertiefender Einblick in die Materie gewährt, der die Studierenden bei einer effektiven Prüfungs- und Klausurvorbereitung unterstützt. Die Aufgaben und Lösungen können anhand einer Excel-basierten Lern- und Übungs-CD im Selbststudium nachvollzogen werden. Insbesondere das eigenständige Erarbeiten der Lösungen fördert die routinierte Anwendung des Buchungswissens.

Einfach bestellen:
kerstin.kuchta@gwv-fachverlage.de Telefon +49(0)611. 7878-626

KOMPETENZ IN SACHEN WIRTSCHAFT

MINTZBERG, H./MCHUGH, A. (1985): Strategy Formation in an Adhocracy, in: Administrative Science Quarterly, Vol. 30, No. 2, S. 160 – 197.

MUGLER, J. (1998): Betriebswirtschaftslehre der Klein- und Mittelbetriebe, Band 1, 3. Aufl., Wien, et al.

MÜLLER, A. (2003): Controlling als Funktion zur Sicherstellung der Führungsrationalität? in: Controller magazin, 28. Jg., Heft 5, S. 481 – 485.

MÜLLER, W. (1974): Die Koordination von Informationsbedarf und Informationsbeschaffung als zentrale Aufgabe des Controlling, in: Schmalenbachs Zeitschrift für betriebswirtschaftliche Forschung – Zfbf, 26. Jg., S. 683 – 693.

NIETZER, P. G. (2003): Gestaltung des Controlling in Wachstumsunternehmen und Venture-Capital-Gesellschaften, in: ACHLEITNER, A.-K./BASSEN, A. (Hrsg.): Controlling von jungen Unternehmen, Stuttgart, S. 437 – 452.

PFOHL, H.-C. (1988): Strategische Kontrolle, in: HENZLER, H. (Hrsg.): Handbuch Strategische Führung, Wiesbaden, S. 801 – 824.

PIETSCH, G./SCHERM, E. (2002): Gemeinsamkeiten und Forschungsperspektiven in der konzeptionell orientierten Controllingforschung – acht Thesen, in: WEBER, J./HIRSCH, B. (Hrsg.): Controlling als akademische Disziplin: Eine Bestandsaufnahme, Wiesbaden, S. 191 – 204.

REISSIG-THUST, S. (2004): Venture-Capital-Gesellschaften und Gründungsunternehmen: Empirische Untersuchung zur erfolgreichen Gestaltung der Beziehung, Wiesbaden.

REISSIG-THUST, S./BRETTEL, M./WITT, P. (2004): Vertragsgestaltung durch Venture Capital Gesellschaften, in: Finanz Betrieb, 6. Jg., Heft 9, S. 636 – 645.

REITMEYER, T. (2000): Qualität von Entscheidungsprozessen der Geschäftsleitung: Eine empirische Untersuchung mittelständischer Unternehmen, Wiesbaden.

RÜDIGER, M./VANINI, S. (1998): Das Tacit knowledge-Phänomen und seine Implikationen für das Innovationsmanagement, in: Die Betriebswirtschaft – DBW, 58. Jg., Heft 4, S. 467 – 480.

RUHNKA, J. C./YOUNG, J. E. (1991): Some Hypotheses about Risk in Venture Capital Investing, in: Journal of Business Venturing, Vol. 6, No. 2, S. 115 – 133.

SAHLMAN, W. A. (1990): The Structure and Governance of Venture-Capital Organizations, in: Journal of Financial Economics, Vol. 27, No. 2, S. 473 – 521.

SCHAEFER, S./LANGE, C. (2004): Informationsorientierte Controllingkonzeptionen – Ein Überblick und Ansatzpunkte der Weiterentwicklung, in: SCHERM, E./PIETSCH, G. (Hrsg.): Controlling: Theorien und Konzeptionen, München, S. 103 – 123.

SCHÄFFER, U. (1996): Controlling für selbstabstimmende Gruppen? Wiesbaden.

SCHÄFFER, U. (2001): Kontrolle als Lernprozess, Wiesbaden.

SCHEFCZYK, M./PANKOTSCH, F. (2002): Theoretische und empirische Implikationen wachstumsstarker Start-ups – Stand der Forschung, in: HOMMEL, U./KNECHT, T. C. (Hrsg.): Wertorientiertes Start-Up-Management: Grundlagen – Konzepte – Strategien, München, S. 21 – 38.

SCHERM, E./PIETSCH, G. (2003): Die theoretische Fundierung des Controlling: Kann das Controlling von der Organisationstheorie lernen? in: WEBER, J./HIRSCH, B. (Hrsg.): Zur Zukunft der Controllingforschung: Empirie, Schnittstellen und Umsetzung in der Lehre, Wiesbaden, S. 27 – 62.

SCHERM, E./PIETSCH, G. (2004): Theorie und Konzeption in der Controllingforschung, in: SCHERM, E./PIETSCH, G. (Hrsg.): Controlling: Theorien und Konzeptionen, München, S. 3 – 19.

SCHNEIDER, D. (1997): Betriebswirtschaftslehre – Band 3: Theorie der Unternehmung, München, Wien.

SCHNEIDER, D. (2001): Betriebswirtschaftslehre – Band 4: Geschichte und Methoden der Wirtschaftswissenschaften, München, Wien.

SCHULTZE, W./HIRSCH, C. (2005): Unternehmenswertsteigerung durch wertorientiertes Controlling: Goodwill-Bilanzierung in der Unternehmenssteuerung, München.

SCHWARZ, R. (2002): Entwicklungslinien der Controllingforschung, in: WEBER, J./HIRSCH, B. (Hrsg.): Controlling als akademische Disziplin: Eine Bestandsaufnahme, Wiesbaden, S. 3 – 19.

SERFLING, K. (1992): Controlling, 2. Aufl., Stuttgart, Berlin, Köln.

SHANE, S./STUART, T. (2002): Organizational Endowments and the Performance of University Start-ups, in: Management Science, Vol. 48, No. 1, S. 154 – 170.

SIEGWART, H. (1986): Controlling-Konzepte und Controller-Funktionen in der Schweiz, in: MAYER, E./VON LANDSBERG, G./THIEDE, W. (Hrsg.): Controlling-Konzepte im internationalen Vergleich, Freiburg im Breisgau, S. 105 – 131.

SORENSEN, J. B./STUART, T. E. (2000): Aging, Obsolescence, and Organizational Innovation, in: Administrative Science Quarterly, Vol. 45, No. 1, S. 81 – 112.

SPIEKER, M. (2003): Entscheidungsverhalten in Gründerteams: Determinanten, Parameter und Erfolgsauswirkungen, Wiesbaden.

STAHL, E. (2003): Bedeutung des Controlling für Venture-Capital-Gesellschaften, in: ACHLEITNER, A.-K./BASSEN, A. (Hrsg.): Controlling von jungen Unternehmen, Stuttgart, S. 423 – 436.

STARR, J. A./MACMILLAN, I. C. (1990): Resource Cooptation via Social Contracting: Resource Acquisition Strategies for New Ventures, in: Strategic Management Journal, Vol. 11, No., S. 79 – 92.

STINCHCOMBE, A. L. (1965): Social Structure and Organizations, in: MARCH, J. G. (Hrsg.): Handbook of Organizations, Chicago, S. 142 – 193.

STOKES, D. (2000a): Entrepreneurial marketing: a conceptualisation from qualitative research, in: Qualitative Market Research: An International Journal, Vol. 3, No. 1, S. 47 – 54.

STOKES, D. (2000b): Putting Entrepreneurship into Marketing: The Process of Entrepreneurial Marketing, in: Journal of Research in Marketing & Entrepreneurship, Vol. 2, No. 1, S. 1 – 16.

STOREY, D. J./SYKES, N. (1996): Uncertainty, Innovation and Management, in: BURNS, P./DEWHURST, J. (Hrsg.): Small Business and Entrepreneurship, Basingstoke, et al., S. 73 – 93.

SZYPERSKI, N./NATHUSIUS, K. (1999): Probleme der Unternehmensgründung – Eine betriebswirtschaftliche Analyse unternehmerischer Startbedingungen, 2. Aufl., Lohmar, Köln.

TÖPFER, A. (1976): Planungs- und Kontrollsysteme industrieller Unternehmungen – Eine theoretische, technologische und empirische Analyse, Berlin.

TUSHMAN, M. L./ANDERSON, P. A. (1986): Technological Discontinuities and Organizational Environment, in: Administrative Science Quarterly, Vol. 31, No. 3, S. 439 – 465.

ULRICH, H. (1985): Controlling als Managementaufgabe, in: PROBST, G. J. B./SCHMITZ-DRÄGER, R. (Hrsg.): Controlling und Unternehmensführung: gewidmet Prof. Dr. Hans Siegwart zum 60. Geburtstag, Bern, S. 15 – 27.

VAN DEN VEEN, A. H./HUDSON, R./SCHROEDER, D. M. (1984): Designing New Business Startups – Entrepreneurial, Organizational, and Ecological Considerations, in: Journal of Management, Vol. 10, No. 1, S. 87 – 107.

VON EINEM, C. (2002): Wertorientierte Entlohnungssysteme für Führungskräfte und Mitarbeiter, in: HOMMEL, U./KNECHT, T. C. (Hrsg.): Wertorientiertes Start-Up-Management: Grundlagen – Konzepte – Strategien, München, S. 163 – 186.

WALL, F. (2002b): Das Instrumentarium zur Koordination als Abgrenzungsmerkmal des Controlling? in: WEBER, J./HIRSCH, B. (Hrsg.): Controlling als akademische Disziplin: Eine Bestandsaufnahme, Wiesbaden, S. 67 – 90.

WALL, F. (2004): Modifikationen der Koordinationsfunktion des Controlling, in: SCHERM, E./PIETSCH, G. (Hrsg.): Controlling: Theorien und Konzeptionen, München, S. 387 – 407.

WEBER, J. (1998): Einführung in das Controlling, 7. Aufl., Stuttgart.

WEBER, J. (2002): Einführung in das Controlling, 9. Auflage, Stuttgart.

WEBER, J./SCHÄFFER, U. (1999): Sicherstellung der Rationalität von Führung als Aufgabe des Controlling? in: Die Betriebswirtschaft – DBW, 59. Jg., Heft 6, S. 731 – 747.

WEBER, J./SCHÄFFER, U. (2000a): Controlling als Koordinationsfunktion, in: krp Kostenrechnungspraxis – Zeitschrift für Controlling, Accounting & Systemanwendungen, 44. Jg., Heft 2, S. 109 – 118.

WEBER, J./LIEKWEG, A. (2001): Risiko(management) und Rationalität der Führung in unterschiedlichen Kontexten, in: LANGE, K. W./WALL, F. (Hrsg.): Risikomanagement und KonTraG, München, S. 459 – 503.

WEBER, J./BRETTEL, M./SCHÄFFER, U. (1996): Gedanken zur Unternehmensführung, in: WHU-Forschungspapier Nr. 35.

WEBER, J./REITMEYER, T./FRANK, S. (2000): Erfolgreich entscheiden: der Managementleitfaden für den Mittelstand, Frankfurt a. M.

WEBER, J./SCHÄFFER, U./LANGENBACH, W. (2001c): Gedanken zur Rationalitätskonzeption des Controlling, in: WEBER, J./SCHÄFFER, U. (Hrsg.): Rationalitätssicherung der Führung: Beiträge zu einer Theorie des Controlling, Wiesbaden, S. 46 – 76.

WILD, J. (1982): Grundlagen der Unternehmensplanung, 4. Aufl., Opladen.

WWW.GABLER.DE

Finanzierungs-Know-how für Gründer und Wachstumsunternehmen

Malte Brettel | Markus Rudolf | Peter Witt
Finanzierung von Wachstumsunternehmen
Grundlagen – Finanzierungsquellen – Praxisbeispiele
2005. XVI, 323 S. Br. EUR 34,90
ISBN 978-3-409-12655-7

Dieses Buch führt theoretisch fundiert und praxisorientiert zugleich in alle relevanten Fragen der Finanzplanung und Finanzierung von Wachstumsunternehmen ein. Sehr ausführlich gehen Brettel/Rudolf/Witt auf spezifische Finanzierungsquellen, z.B. Business Angels, Venture Capital und Förderkredite, ein. Die Autoren arbeiten heraus, wie Wachstumsunternehmen ihre Rendite, ihr Risiko und ihre Kapitalkosten berechnen sowie den Exit planen können. Außerdem gehen sie auf wichtige praktische Regeln des Umgangs mit Kapitalgebern ein. Eine Fülle von Anwendungsbeispielen und Fallstudien konkretisiert die wesentlichen Ergebnisse und Empfehlungen.

Die Autoren

Prof. Dr. Malte Brettel: Inhaber des Lehrstuhls Wirtschaftswissenschaften für Ingenieure und Naturwissenschaftler an der RWTH Aachen
Prof. Dr. Markus Rudolf: Inhaber des Dresdner Bank Lehrstuhls für Finanzintermediäre und Kapitalmarkttheorie an der WHU
Prof. Dr. Peter Witt: IInhaber des Lehrstuhls für Unternehmertum und Existenzgründung an der WHU

Aus dem Inhalt

- Merkmale von Wachstumsunternehmen
- Kapitalbedarfs- und Finanzierungsplanung
- Eigenfinanzierung
- Business Angels
- Venture Capital
- Corporate Venture Capital
- Inkubatoren
- Öffentliche Gründungs- und Wachstumsfinanzierung
- Trade Sale
- Börsengang
- Kapitalkosten, Bewertung und Risikomanagement

Einfach bestellen:
kerstin.kuchta@gwv-fachverlage.de Telefon +49(0)611. 7878-626

KOMPETENZ IN SACHEN WIRTSCHAFT

Controlling von R&D-Aktivitäten im Innovationswettbewerb: Erfahrungen des Technologieunternehmens Infineon

Bernd Halemeyer / Eric Mayer / Maximilian Treptow

Kontinuierlich steigende R&D-Kosten[1] als Teil des unternehmerischen Aufwandsportfolios führen dazu, dem Thema „R&D-Excellence" einen hervorgehobenen Stellenwert beizumessen. Diesen bedeutenden Hebel zur Rendite-Optimierung haben zuletzt vor allem diejenigen Marktteilnehmer identifiziert, deren Eigentümerstruktur sich durch das Engagement außerbörslichen Beteiligungskapitals (Private Equity) deutlich geändert hat. Als Beispiele für die besonders R&D-intensive Halbleiterindustrie gelten die mehrheitlichen Übernahmen von Philips Semiconductors (nunmehr NXP) sowie die Motorola-Ausgründung Freescale.

Für ein global führendes Technologieunternehmen wie Infineon, welches sich in einem Branchenumfeld mit R&D-Kosten in Höhe von 10 bis 30 % des Jahresumsatzes bewegt sowie in vielen Marktsegmenten eine Innovationsführerschaft anstrebt und behaupten muss, gilt es in besonderer Weise, etablierte Best Practices zu implementieren und leistungsfähige Kontroll- und Führungsinstrumente einzusetzen.

- Das Research- und Development-Portfolio (R&D-Portfolio) eines Unternehmens bestimmt zu einem wesentlichen Teil die zukünftige Wettbewerbsfähigkeit in einem globalen Marktumfeld.
- Der Erfolg einer weltweit steigenden Zahl von Unternehmen basiert maßgeblich auf deren Innovationsstärke.
- Gleichwohl gehört eine R&D-Sonderstellung als vermeintlich unantastbarer, vielfach intransparenter Kostenblock, begleitet von nicht ausreichend reflektierten Erhöhungen der R&D-Ressourcen, der Vergangenheit an.
- Was zählt, sind Effektivität und Effizienz des strukturierten Innovationssystems: Exakt hier setzt R&D-Controlling an.

Die Autoren dieses Beitrages betrachten vor dem Hintergrund dieser Herausforderungen insbesondere folgende, in der betrieblichen Praxis bewährte Ansätze für ein effizientes R&D-Controlling:

1. R&D-Organisation
2. R&D-Portfoliomanagement
3. Management des Produktlebenszyklus (Product Lifecycle Management)
4. R&D-Performance Measurement (Key Performance Indicators)
5. Patentmanagement
6. R&D-Systemlandschaft

Diese Ansätze dienen gleichermaßen als geeignete Maßnahmen zur Steigerung der R&D-Performance.

1. R&D-Organisation
Zentrale Planung, Steuerung und Koordination versus dezentrale segmentspezifische R&D

Eine zweckgerichtete Struktur der R&D-Organisation ist Grundvoraussetzung für ein leistungsfähiges Innovationsmanagement und stellt einen wesentlichen Eckpfeiler für die kon-

Dipl.-Kfm. Bernd Halemeyer ist Senior Manager Strategy im Geschäftsbereich Communication Solutions bei Infineon und hat eine Vielzahl von Strategie- und Benchmarking-Projekten zu unterschiedlichsten R&D-Themenstellungen bei Infineon beratend begleitet.

krete Ausgestaltung des R&D-Controllings dar.

Bei der Organisationsgestaltung wird häufig das Aufeinanderprallen der Paradigmen „Structure follows Strategy" versus „Strategy follows Structure" thematisiert. Dieser akademische Diskurs wird indes in der Praxis, insbesondere bei länger am Markt etablierten Unternehmen, infolge *organisch gewachsener Strukturen* oftmals durch die Ausprägung von Mischformen entkräftet, sodass weder die eine noch die andere „Reinform" anzutreffen ist. Allerdings sind in Anlehnung an erstgenannten Gestaltungsgrundsatz bei aktiven Adjustierungen der Organisationsstruktur an geänderte Rahmenbedingungen nicht nur die originären R&D-Aktivitäten, sondern eben auch die Leistungsfähigkeit der unterstützenden R&D-Prozesse, hier also explizit das R&D-Controlling, zu berücksichtigen.

In der jüngeren Vergangenheit hat ein maßgeblicher Wandlungsprozess bei der Organisationsgestaltung begonnen: Der *eine* – traditionell zentrale – R&D-Bereich existiert in vielen Unternehmen nicht mehr; die *R&D-Matrix* hat sich als dominierende Organisationsform durchgesetzt (siehe Abbildung 1).

Die weitverbreitete Abkehr von der ausschließlich *zentralen R&D-Organisation* in der Unternehmenszentrale beruht auf deren strukturimmanenten Restriktionen hinsichtlich einer unmittelbaren Markt- und Kundenfokussierung. Diese lässt sich oftmals besser auf Ebene der dezentralen Geschäftsbereiche realisieren. Hinzu kommen die häufig divergierenden Geschäftsspezifika der verschiedenen Unternehmensbereiche, sodass die Synergiepotenziale einer rein zentralen R&D-Organisation limitiert sind.

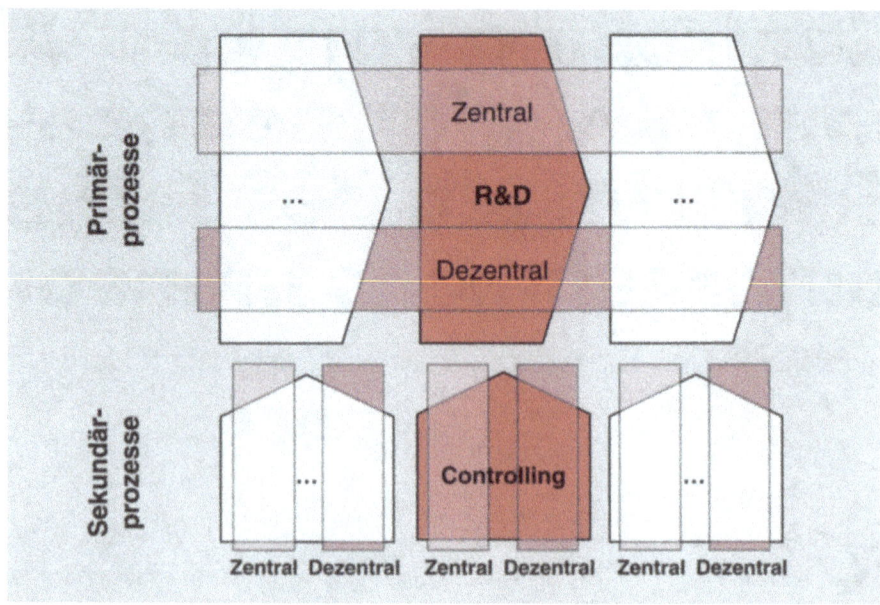

Abbildung 1: R&D-Matrix: zentrale Koordination, Entwicklung von Leittechnologien und -Produkten versus marktnahe Steuerung von Einzelprojektaktivitäten

Eine ausschließlich *dezentrale Struktur* als dialektisches Gegenmodell zur Zentralorganisation vernachlässigt hingegen potenzielle Effektivitäts- und Effizienzvorteile eines abgestimmten Innovationsmanagements. Grundlagenforschung, Leittechnologie-/Produktentwicklung, und das Management disruptiver bzw. nicht-geschäftsfeldspezifischer Opportunitäten (Ventures, Inkubatoren, etc.) sind auf Geschäftsfeldebene i. d. R. nicht optimal platziert.

Entsprechend kristallisiert sich zunehmend eine Aufgabenteilung zwischen zentralen und dezentralen R&D-Funktionen heraus: *Corporate Innovation Centers* fördern als Knotenpunkte den Informationsaustausch und die Kooperation zwischen den Geschäftseinheiten. Sie fungieren als technologische Inkubatoren für potenzielle Zukunftsträger und fokussieren auf die Entwicklung synergetischer Leittechnologien und -produkte. *Dezentrale R&D-Funktionen* dagegen betonen marktnah deren segment- und kundenspezifische Adaptionen.

Personalisierte Verantwortung und Klarheit über die Ergebniswirkung von R&D-Aktivitäten

Ebenso wie mit den Primäraktivitäten verhält es sich mit den zugehörigen Support-Prozessen: Die Verantwortung für Prozesse, Systeme und die unternehmensweite R&D-Strategie ist zumeist zentral verankert, um eine einheitliche Ausrichtung und Steuerung zu gewährleisten. Der Erfolg einzelner R&D-Projekte wird hingegen unmittelbar durch die budgetverantwortliche Geschäftseinheit überwacht.

Rechtsanwalt Eric Mayer hat das Corporate Benchmarking bei Infineon geführt und ist nunmehr als Vice President Production Partner Management für die Zusammenarbeit mit Fertigungszulieferern im Unternehmensbereich Operations Solutions bei Infineon zuständig.

KONTEXTSPEZIFISCHES INNOVATIONSCONTROLLING

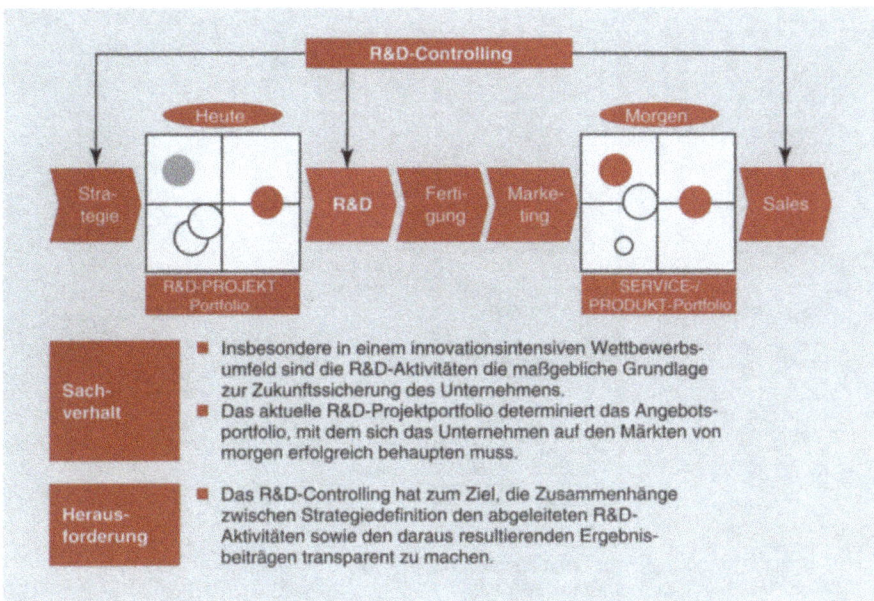

Abbildung 2: Überführung des R&D-Projektportfolios in das Angebotsportfolio: das R&D-Projektportfolio von heute stellt die Weichen für den Erfolg von morgen

Folglich muss es Ziel einer effizienten R&D-Organisation sein, ein nutzbringendes Zusammenwirken übergeordneter und „verursachungsnaher" Controllingfunktionen zu gewährleisten. Als eine unabdingbare Gestaltungsmaxime gilt hierbei in jedem Fall die Zuweisung einer *eindeutigen und personalisierten Verantwortung* („set goals, track goals, hold people responsible"). Wenig effizient dagegen ist eine Verlagerung von Zuständigkeiten und Entscheidungsprozessen auf eine Vielzahl mitwirkender Entscheidungsgremien, wie sie sich mannigfach im unternehmerischen Alltag herausgebildet haben (z. B. Technologieentwicklungs-Board, Engineering-Reviews, Projektleiterforen, Engineering-Leitungskreis, Patent-Komitee, etc.). Die *individuellen R&D-Projekte* sind daher grundsätzlich zunächst *dezentral* und marktnah zu steuern.

Ein *zentrales* R&D-Controlling zeichnet hingegen (analog zu den zentralisierten R&D-Primäraktivitäten) insbesondere für ein Aufgabenspektrum verantwortlich, das dezentral nicht oder nur unzureichend bzw. nicht autonom wahrgenommen werden kann: Hierzu zählt z. B. die häufig immer noch vernachlässigte Ermittlung der *Ergebniswirkung* von R&D-Projekten, d. h. der Einfluss der R&D-Aktivitäten auf international gebräuchliche betriebswirtschaftliche Kennzahlen wie EBIT, EVA, CFRoI oder ROCE. Dieser direkte Bezug zwischen R&D-Tätigkeit und wirtschaftlichem Markterfolg ist in der betrieblichen Praxis eher die Ausnahme. Projekt-Reviews orientieren sich stattdessen allzu oft ausschließlich an dem der ursprünglichen R&D-Projektentscheidung zugrunde gelegten isolierten Businessplan.

Eine weitere wichtige Aufgabe des zentralen Controllings ist die Unterstützung der *geschäftsfeldübergreifenden Budgetallokation* durch das Topmanagement. Während das Geschäftsfeldcontrolling Projekte innerhalb der dezentralen Einheiten priorisiert, obliegt es der übergeordneten Controllinginstanz, auch den geschäftsfeldübergreifenden Wettbewerb um den erfolgversprechendsten und lukrativsten Mitteleinsatz zu fördern und die verfügbaren Ressourcen entsprechend zu kanalisieren. Im Klartext: Die Förderung der „Top 3"-Projekte je Geschäftsfeld mündet aller Wahrscheinlichkeit nach nicht in einer gewinnbringendsten Verteilung des R&D-Budgets für das Gesamtunternehmen – wohl aber die Priorisierung der Top-Projekte mit der *unternehmensweit* höchsten Ergebniswirkung.

2. R&D-Portfoliomanagement

Das R&D-Portfolio von heute determiniert den Erfolg auf den Märkten von morgen

Zweifelsohne verkörpern die aktuellen R&D-Entscheidungen von Unternehmen in durch Innovationen geprägten Märkten die entscheidenden Weichenstellungen für die zukünftige Wettbewerbsfähigkeit. Es ist daher unerlässlich, bei der Überführung des aktuellen R&D-Portfolios in das zukünftige Produktportfolio auf ein systematisches Portfoliomanagement zurückzugreifen, welches subjektive unternehmerische Erfahrungswerte nicht vollständig ersetzen kann und soll, wohl aber in geeigneter Weise objektiviert (siehe Abbildung 2).

Zur Größe des R&D-Budgets: Größe allein ist zu kurz gesprungen

Ein häufig beobachteter Fauxpas im Rahmen des R&D-Managements ist eine vie-

Dipl.-Kfm. Maximilian Treptow hat mehrere Jahre als Senior Director Corporate Controlling das zentrale Konzern-Controlling bei Infineon geleitet und ist nunmehr als Corporate Compliance Officer für die Koordinierung der weltweiten Compliance-Aktivitäten des Infineon-Konzerns verantwortlich.

lerorts anzutreffende Neigung, die Größe des R&D-Budgets als dominierenden Steuerungsparameter zu verwenden. Um von vornherein mit einem weitverbreiteten Missverständnis aufzuräumen: Tatsächlich gibt es *kein idealtypisches R&D-Budget*; eine allgemeingültige empirische Korrelation zwischen Ressourceneinsatz und den daraus generierten Erträgen ist bislang nicht gelungen. Die einzig universell gültige Aussage, die sich treffen lässt, ist die, dass ein weitgehender oder kompletter Verzicht auf R&D-Aktivitäten zwangsläufig das Ende für Unternehmen bedeutet. Ausnahmen davon können Produkte darstellen, die mit einem unendlich langen Lebenszyklus gesegnet sind – oder aber ganz vereinzelte, herausragende Unternehmen, deren Markt- und Markenmacht es erlaubt, R&D-Aufwand auf Zulieferer zu delegieren beziehungsweise ganze Wertschöpfungsketten zu orchestrieren.

Es geht also darum, das R&D-Budget in Abhängigkeit der *Charakteristika und Spielregeln der Marktsegmente* zu fixieren, in denen das Unternehmen aktiv ist. Ausgehend von der konkreten Innovationsaktivität und dem aktuellen Marktanteil ergibt sich die Notwendigkeit, jeweils in einem größeren oder kleineren Ausmaß R&D-Aktivitäten durchzuführen. Dabei ist ein „Mehr" nicht zwangsläufig „besser"; es ist unter der Prämisse einer effektiven und gleichsam effizienten Mittelverwendung keineswegs zielführend, sich per se in jedem Produkt-Marktsegment als Innovationsführer zu positionieren. In Teilmärkten, in denen Innovationen maßgebliche Treiber zur Erzielung von Wettbewerbsvorteilen darstellen, sind höhere R&D-Budgets zweifellos ein probates Mittel, um Marktanteile zu verteidigen oder auszubauen. In Märkten mit geringer Innovationsintensität, in denen keine dominierende Position eingenommen wird, ist dagegen eine gegenläufige Verfahrensweise erfolgversprechender. Durch eine weitgehende Minimierung der R&D-Kosten kann z. B. eine Niedrigpreisstrategie adäquat unterstützt werden. Wesentliche Gesichtspunkte zur Verteilung des R&D-Budgets sind in Abbildung 3 zusammengefasst.

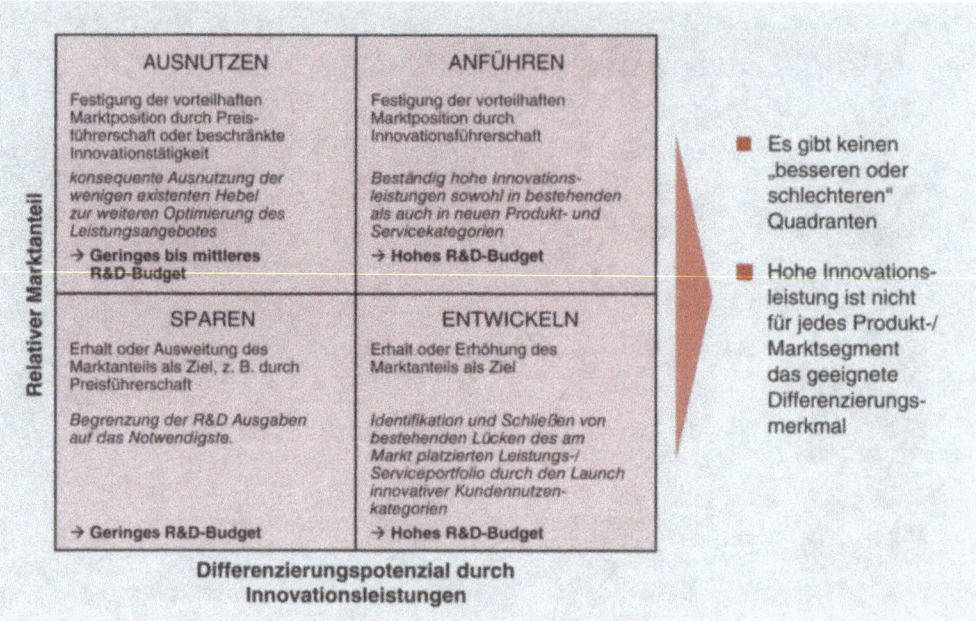

Abbildung 3: R&D-Budgetallokationje Geschäftsfeld: Die Verteilung des R&D-Budgets auf die einzelnen Geschäftsfelder resultiert aus deren Positionierung im Innovationsportfolio

Die Verwendung des R&D-Budgets: Es geht um größtmögliche Effektivität und Effizienz des Ressourceneinsatzes

Ist der Budgetrahmen definiert, widmet sich das R&D-Controlling in einem zweiten Schritt der bestmöglichen Mittelverwendung je Produkt-Marktsegment. Hierbei geht es um die Frage nach den „richtigen" Maßnahmen, um mit den verfügbaren Mitteln den größtmöglichen Nutzen zu generieren. Zwei Aspekte spielen hierbei eine übergeordnete Rolle: Die *Operationalisierung der R&D-Strategie* sowie *die Priorisierung von R&D-Aktivitäten* und *Ressourcenallokation* innerhalb der einzelnen Produkt-Marktsegmente.

Kongruenz zwischen Unternehmensstrategie, R&D-Strategie und R&D-Aufwand

Das Wirken des R&D-Controllers an der Schnittstelle zwischen Strategiedefinition und Strategiequantifizierung wird bereits bei der Budgetplanung offenkundig, geht es doch darum, die *Kongruenz zwischen Strategiezielen und Ressourceneinsatz* zu gewährleisten.

Spätestens vor einer abschließenden Budgetallokation auf Einzelprojekt-Ebene bedarf es deshalb der Operationalisierung der R&D-Strategie anhand quantifizierbarer Unterziele: Welcher Grad an R&D-induzierten Produktinnovationen, Kostenreduktionen und Qualitätsoptimierungen wird in *welchem* Produkt-Marktsegment avisiert, um die übergeordneten Unternehmensziele zu erfüllen? Die Quantifizierung dieses Lösungsraumes manifestiert sich in Kennziffern, sog. Key Performance Indikatoren (KPIs), wie z. B. dem Deckungsbeitrag oder dem Anteil des Neuproduktgeschäftes am Gesamtumsatz.

Auswahl der förderungswürdigen Projekte je Produkt-Marktsegment

Priorisierung als Gegenpol zum weitverbreiteten „Gieskannenverfahren" bedeutet explizit, einige R&D-Aktivitäten *nicht* weiterzuverfolgen, die *ausgewählten* Projekte jedoch konsequent fortzuführen und zu steuern. Als Ergänzung zur „unternehmerischen Bauchentscheidung" bietet sich, wie schon bei der Ableitung des Ge-

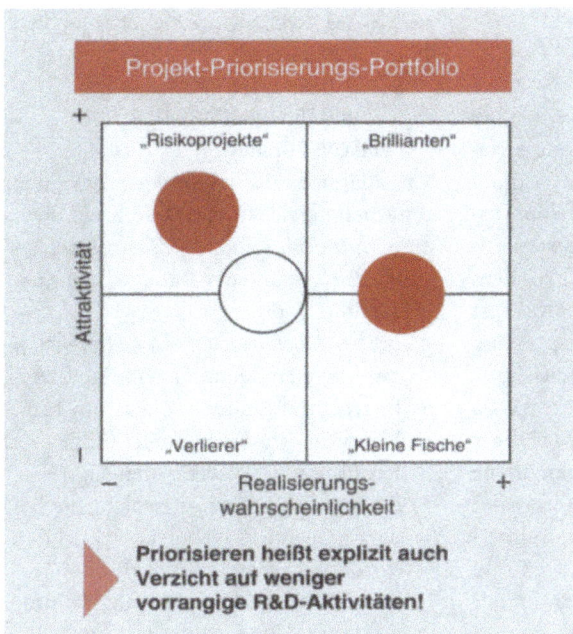

Abbildung 4: Projektpriorisierung je Produkt-Marktsegment – sind die Etats je Geschäftsfeld definiert, erfolgt die Budgetverteilung auf Einzelprojektebene

samtbudgets, das Portfolio-Instrumentarium an (siehe Abbildung 4).

In Abhängigkeit der Risikoimmanenz bzw. der *Realisierungswahrscheinlichkeit* einerseits und des *Projektbeitrages* zur Erreichung der Strategie- und Profitabilitätsziele andererseits lassen sich potenzielle R&D-Aktivitäten systematisch priorisieren. Aussagen wie „Es gibt keine Fokussierung auf die wirklich bedeutenden Projekte; alles ist irgendwie wichtig" sollten damit der Vergangenheit angehören.

In diesem Zusammenhang noch ein Wort zu den bisweilen „auftauchenden U-Booten": Sie verhindern nicht nur die einzufordernde Transparenz in der Mittelverwendung, sondern sie stellen auch so ziemlich exakt das Gegenteil des Fokussierungsgedankens aus der Shareholder Value-Lehre dar.

3. Management des Produktlebenszyklus (Product Lifecycle Management)

Nichts ist beständiger als der Wandel

Ein drittes bedeutendes Arbeitsfeld, in dem die aktive Mitwirkung des R&D-Controllings zur Entscheidungsvorbereitung und -unterstützung von maßgeblicher Relevanz ist, ist die laufende *Überprüfung und Anpassung des definierten Projektportfolios* an die aktuellen Rahmenbedingungen. In der Praxis geht es hierbei in der Regel um eine Aufgabe, die in der einschlägigen Managementliteratur als „Consequence Management" oder „Decision Making" bezeichnet wird. Um die Notwendigkeit eines aktiven Lifecycle Managements deutlich zu machen, dient folgendes Beispiel:

In einem durch Innovation geprägten homogenen Wettbewerbsumfeld muss bei einem branchenüblichen Lebenszyklus von vier Jahren 75 % des jährlichen Umsatzes mit maximal drei Jahre alten Produkten generiert werden; selbst bei einer Verlängerung des Lebenszyklus auf sieben Jahre beträgt der entsprechende Umsatzanteil mit „*Neuprodukten*" immer noch 42 %.

Infolge dieses Innovationsdrucks spielen überdies folgende Determinanten eine maßgebliche Rolle für ein erfolgreiches Lebenszyklus-Management: Frühzeitiges „*time to market*" sowie adäquate „*project kill rates*". Das zielgerichtete Steuern der drei genannten Erfolgsparameter beim R&D-Projektmanagement, nämlich

- die Fähigkeit zur Entwicklung einer ausreichenden Zahl marktgerechter Innovationen (Neuprodukte),
- das Erreichen einer rechtzeitigen Marktreife („time to market") und
- das konsequente Handeln im Fall von Plan-Ist-Abweichungen (u. U. also auch die Entscheidung zur Beendigung des Projektes)

ist untrennbar mit der Effektivität des R&D-Controllings verbunden. Auf in diesem Zusammenhang relevante Faktoren wird im Nachfolgenden ausführlich eingegangen.

> Es zählt nicht nur wie viel verkauft wird, sondern auch was verkauft wird

Bereits der Begriff R&D-Controlling impliziert die Notwendigkeit von Analyse und Steuerung unternehmerischer Innovationsleistungen. Betrachtet man indes die gängigen Produkterfolgsrechnungen, wird offenkundig, dass diesem Gedanken auch hier oftmals nur unzureichend Rechnung getragen wird. Während zu Zwecken betriebswirtschaftlicher Analysen umfassende Betrachtungen der Produktkategorien und Marktsegmente an der Tagesordnung sind, ist eine Differenzierung des Leistungsangebotes nach dem *Alter der Produkte* (Reifegrad im Sinne des Produktlebenszyklus) vielfach die Ausnahme.

Der Verzicht auf einen *ex-post Vergleich* zwischen den durch eine R&D-Aktivität tatsächlich generierten Volumina und Ergebnisbeiträgen einerseits und den beim Projektstart ursprünglich prognostizierten Erträgen andererseits ist ein weiteres, häufig zu beobachtendes Versäumnis. Aufgrund der Limitierung des R&D-Aufgabenspektrums bis zum Meilenstein Produktfreigabe werden zu diesem Zeitpunkt vielfach auch die entsprechenden Controllingaktivitäten eingestellt: „Sales und Marketing übernehmen Sie ...!"

Diese abrupte Beendigung des R&D-Controllings zum Zeitpunkt der Produktfreigabe ist ein prägnantes Beispiel für eine vielfach nicht ganzheitliche und damit nicht *wertschöpfungskettenübergreifende Ausrichtung* des unternehmerischen Controllings. Es kapriziert häufig ausschließlich auf einen budget- und fristgerechten Markteintritt, nicht aber auf den gesamten Entwicklungs- und Produktlebenszyklus. Dadurch beraubt sich das Unternehmen der Chance, den wirklichen Erfolg einer R&D-Aktivität unter Berücksichtigung der „Amortisationsphase" des getätigten Aufwands (Produkt-/Technologiezyklus *nach* der Markteinführung) beurteilen zu können und für Folgeaktivitäten die richtigen Schlüsse zu ziehen.

> **Fast immer gibt die Ursprungsversion und nicht die letzte Adaption des Projektplans Aufschluss über das rechtzeitige Markteintrittsdatum**

In die gleiche Richtung zielt die weitverbreitete Neigung, Projektfahrpläne im Sinne einer „rollierenden Planung" den aktuellen Gegebenheiten anzupassen. Hierbei werden in aktualisierten Versionen Zeitleisten – ähnlich wie Wanderdünen – häufig nach hinten verschoben. Dies geschieht leider vielfach, ohne den gesamten Businessplan, etwa die umsatz- und ergebnisseitigen Implikationen eines verspäteten „go-to-market" oder den Zeitwert des Kapitals, den geänderten Rahmenbedingungen insgesamt anzupassen. Selbst Korrekturen der Umsatzprognose „nach unten" bleiben in der betrieblichen Praxis folgenlos – einmal gestartete Projekte werden nur allzu selten rekonfiguriert oder wenn notwendig vollständig gestoppt.

Hier schließt sich die ausdrückliche Empfehlung an, im Rahmen von Projekt-Reviews nicht ausschließlich auf die aktuelle Version des Projektplanes zu fokussieren. Der *Vergleich mit der Vor- oder Erstversion* bietet oftmals hervorragende Ansatzpunkte zur Ableitung notwendiger Korrekturen („always keep the first version").

Eine weitere, unter Controllingaspekten relevante Beobachtung hinsichtlich des Lebenszyklus betrifft die *unvollständige Erfassung* des Ressourceneinsatzes von R&D-Projekten im Stadium der Ideengenerierung. Als Startzeitpunkt für die Zurechnung in Anspruch genommener Ressourcen dient in aller Regel vielmehr erst der Zeitpunkt der formalen Projektfreigabe. Alle bis dahin bereits angefallenen Aufwendungen (z. B. Vor- oder Machbarkeitsstudien) bleiben bei der projektspezifischen Aufwandserfassung sehr häufig außen vor.

> **Consequence Management: Ein fälschlicherweise negativ belegter Begriff**

Ein leistungsfähiges R&D-Controlling darf sich nicht in der Erstellung aussagekräftiger Analysen erschöpfen. Widmet man sich allerdings im Rahmen von Ausführungen zur beratenden und steuernden Funktion des Controllings dem Thema Consequence Management, ist zumindest im deutschsprachigen Raum eine tendenziell negative Begriffsbelegung nicht zu verhehlen. Zu Unrecht, da doch gerade die Einleitung notwendiger *Korrekturmaßnahmen* auch gegen offene und versteckte Widerstände, integraler Bestandteil eines erfolgreichen Innovationsmanagements ist. Zu gut Deutsch: Consequence Management hat in der Mehrzahl der Fälle nichts mit „abstrafen" zu tun. Eine *Ressourcen-Reallokation* infolge identifizierter Plan-Ist-Abweichungen stellt u. U. den Erfolg eines Entwicklungsvorhabens erst sicher. Und selbst der Entschluss, ein begonnenes Projekt aufgrund geänderter Rahmenbedingungen nicht weiterzuführen, ist nicht zwangsläufig als Misserfolg zu werten – wenn die alternative Mittelverwendung zur Erfolgsstory mutiert.

4. R&D-Performance Measurement (Key Performance Indicators)

Von Thomas Alva Edison wird kolportiert, dass Innovation zu 99 % aus Transpiration, aber nur zu einem einzigen Prozent aus Inspiration besteht. In Analogie hierzu ist auch ein taugliches R&D-Management harte Arbeit und nicht nur hehre Kunst. Der Einsatz diverser Kontrollparameter verspricht, diese Arbeit wirkungsvoll zu unterstützen.

Eine erschöpfende Abhandlung aller hierbei in Betracht kommenden KPIs würde den Rahmen dieser Darstellung sprengen, sodass im Weiteren nur einige angesprochen werden. Nicht die schiere Anzahl möglichst vieler KPIs ist anzustreben, sondern die Formulierung und konsequente Messung aussagekräftiger Parameter, welche die verschiedenen Aspekte des R&D-Managements in den Blickpunkt rücken.

> **"If you can't measure it, you can't manage it"**

Zur adäquaten Reflektion der relevanten unternehmerischen R&D-Teilziele dient eine *multidimensionale Messung* der *ergebnisseitigen* und der *strategischen* Zielerreichung, bspw.:

- die *betriebswirtschaftliche Dimension* mit Bezug zu Bilanz, Gewinn- und Verlustrechnung sowie Cashflow (z. B. Neuproduktmargen, R&D-induzierte Reduktion der Stückkosten, etc.),
- die *Kundendimension*, welche die bedarfsgerechte Angebotspolitik in den Vordergrund stellt (z. B. durch Messung von Anzahl und Umsatz Neuprodukte pro Kundensegment, etc.),
- die *Partnerdimension* durch möglichst enge Verzahnung der eigenen R&D-Aktivitäten mit Anstrengungen von Partnerunternehmen, bspw. in Entwicklungsallianzen (z. B. Quantifizierung der arbeitsteiligen Technologie- und Produktentwicklung, etc.) sowie
- die *Personaldimension* durch gezielte Aus- und Weiterbildung bis hin zur unternehmensweiten Rotation von R&D-Projektexperten einschließlich der Schaffung geeigneter Anreizsysteme für bereichsübergreifende, wertschöpfende und innvationsfördernde Zusammenarbeit (z. B. Anzahl der R&D-Experten, Fluktuationsbilanzen, Innovationsklima, etc.).

Nachdem ein universell einsetzbares Standardsystem noch nicht gefunden wurde („nobody's got a crystal-ball"), kann auch ein fokussiertes Benchmarking oder Best Practice Sharing mit führenden Innovationsunternehmen zur kontinuierlichen Verbesserung gerade in schnelllebigen Zukunftsindustrien einen weiteren Erfolgsgaranten darstellen.

> **"You'll get what you measure"**

Bei der Definition der relevanten Messgrößen je Dimension ist Klarheit und Einigkeit hinsichtlich der zu optimierenden Parameter unerlässlich. Für jede Kenngröße bedarf es zunächst einer exakten Definition, *was* genau zu „verbessern" ist.

Eine weitere Herausforderung ergibt sich bei der Definition eines ausgewogenen KPI-Systems, welches sowohl die ergebnisseitige als auch die strategische Zielerreichung reflektiert: Es ist insbesondere bei der Messung der strategischen Dimension zu beachten, dass genau diese auch gemessen wird – und nicht etwa operativ geprägte Kenngrößen an ihrer Stelle.

Zur Definition aussagekräftiger KPIs hat sich ein kaskadiertes Vorgehen bewährt:

- Definition der *strategischen Oberziele* des Prozesses/der Aktivität (z. B. effektive und effiziente Technologieentwicklung)
- Ableitung der *operativen Subziele* zur Zielerreichung (z. B. Schnelligkeit, Ressourcenminimierung)
- Definition der entsprechenden *Messgrößen* (z. B. Abweichung des Zeitplans vom Referenzplan, Budgeteinhaltung)

Im Ergebnis ist festzuhalten, dass R&D-Erfolg nicht mehr länger nur anhand von reiner Kostensaldierung, Addition von Mannmonaten oder der schieren Meilensteinerreichung gemessen wird, sondern anhand „der richtigen" für das Unternehmen relevanten Parameter zur unternehmerischen Zielerreichung. Damit ist für die Wirksamkeit eines Monitoring- und KPI-Systems die Fokussierung auf unternehmensspezifische Kenngrößen sowie deren Integration in den verschiedenen, durchgängig konsistenten Darstellungsebenen entscheidend.

5. Patentmanagement

Die effektive Nutzung der dem Unternehmen zur Verfügung stehenden Patente und Lizenzen – in der angelsächsischen Welt ist von Intellectual Property (IP) die Rede – ist insbesondere in hochinnovativen Branchen ein Schlüssel für nachhaltigen wirtschaftlichen Erfolg und langfristigen Unternehmensbestand. Die Struktur des zukünftigen Produktportfolios hängt hier unter Umständen wesentlich ab von Exklusivität, Unverletzbarkeit und Innovationsgehalt des für den Unternehmenserfolg entscheidenden geistigen Eigentums.

Proaktives versus reaktives Patentmanagement

In der Vergangenheit stand lange der *Schutz vor Kopie und Nachahmung* durch bestehende oder neu in den Markt eintretende Wettbewerber im Vordergrund („freedom to operate"). Ausgehend vom aktuellen Produktportfolio und laufenden R&D-Aktivitäten wurden einerseits Markteintrittsbarrieren für Marktneulinge bewusst hoch gehalten und andererseits eine weitgehend flächendeckende Absicherung des unmittelbaren und mittelbaren geistigen Eigentums angestrebt. Dafür wurde hoher finanzieller und administrativer Aufwand in Kauf genommen, bspw. für Patentevaluierung sowie Anmeldung und Verwaltung. Zudem stand – im Sinne eines reaktiv geprägten Handelns – die Verteidigung angemeldeter Patente und Lizenzen gegen (vermeintlich) unrechtmäßige Nutzung durch Dritte im Vordergrund.

Ein proaktives, zukunftsgerichtetes Management des Patent- und Lizenzportfolios geht über diesen Ansatz deutlich hinaus: Zunehmend hat sich die Erkenntnis durchgesetzt, Patente und Lizenzen im Sinne eines aktiven Managements in die Realisierung eigener Unternehmensziele einzubinden. Die *Werthaltigkeit* eines Patentes bemisst sich folglich nicht ausschließlich daran, die Nutzung geistigen Eigentums durch Dritte (bspw. Wettbewerber, Lieferanten oder Kunden) zu verhindern, sondern darüber hinaus auch an den Möglichkeiten, das eigene Lizenz- und Patentportfolio gezielt zu vermarkten („patents are no longer shields, but swords").

In diesem Zusammenhang sei auf einige aktuelle Entwicklungen in diversen Industrien verwiesen. In hochinnovativen Branchen wie der Halbleiterindustrie und den Life Sciences und Pharma Segmenten häufen sich die Markteintritte von reinen IP-Unternehmen, die sich lediglich auf die Entwicklung und Vermarktung von IP-Portfolios fokussieren, ohne jemals marktreife Produkte herstellen oder vertreiben zu wollen. In volkswirtschaftlich als kritisch zu bewertenden Einzelfällen kann es hierbei auch zu reinen forensischen Geschäftsmodellen kommen, bei denen so genannte „patent trolls" vorzugsweise in US-Gerichtssälen ihr kostspieliges Unwesen treiben. Schließlich wird die Bedeutung marktgängigen geistigen Eigentums durch die wachsende Zahl von IP-Börsen, Auktionsplattformen oder auch IP-Investment Fonds gekennzeichnet.

Zu einer wirksamen IP-Nutzung gehört die – nicht nur technologische – Evaluierung des Patentportfolios hinsichtlich des Beitrags einzelner Patente und Lizenzen zur bestmöglichen Schaffung von Mehrwert, insbesondere durch Lizenzvergabe und damit *Generierung von (Lizenz-) Umsatz und Ergebnis*. Dabei ist selbstverständlich zu beachten, dass eine Lizenzvergabe nur dann erfolgt, wenn unternehmerisches Schlüssel-Know-how, dessen Exklusivität auch künftig sichergestellt sein muss, unangetastet bleibt. Trotz dieser Einschränkung lässt sich in vielen Fällen aus der Lizenzierung von Patenten und Lizenzen ein beträchtlicher Teil zum Unternehmenserfolg mit teils überdurchschnittlich hohen Margen beitragen. Schließlich sei auch noch darauf hingewiesen, dass der Einsatz von IP am Verhandlungstisch oftmals den Markteintritt in Entwicklungsregionen überhaupt erst ermöglicht – verbunden mit einem nicht zu unterschätzenden Aufwand für den Schutz vor unerwünschtem IP-Abfluss.

Fokus auf „Schützbares"

Ein weiterer wesentlicher Aspekt betrifft die *Durchsetzbarkeit* von Patenten und Lizenzen sowohl hinsichtlich des Schutzes des geistigen Eigentums also auch in Bezug auf dessen Vermarktung. Ein vorausschauendes Management des Portfolios ist nur dann effektiv, wenn es gelingt, sich auf solche Rechte zu konzentrieren, die im Zweifelsfall auch gegen die unrechtmäßige Nutzung durch Dritte erfolgreich verteidigt werden können. Abhängig vom jeweiligen Marktumfeld gilt es zielgerichtet die entsprechend erforderlichen Schutzwirkungen in den wichtigsten Regionen oder „main battle fields" von vornherein anzustreben. Der Weg von der Innovation zum geschützten geistigen Eigentum ist indes von Jurisdiktion zu Jurisdiktion teilweise sehr unterschiedlich. Dies gilt für die reine Kostenbetrachtung, den unterschiedlichen Steuerungsaufwand für entsprechend spezialisierte Patentanwaltsfirmen und für den Zeitbedarf bis zur Patenterteilung. Als Resultat sind zwischenzeitlich Patentabteilungen deutscher Großkonzerne mit Sitz im kalifornischen Silicon Valley zu besichtigen.

Ein effektives R&D-Controlling muss darauf hinwirken, dass in Anbetracht der hohen Anmelde- bzw. Administrationskosten ausschließlich werthaltige und durchsetzbare Patente beim richtigen Patentamt (oder -ämtern) in der richtigen Marktregion zur Anmeldung gelangen („quality first"). Die Werthaltigkeit ist anhand einer konsequenten Segmentierung zu bemessen. Wesentliche Faktoren hierbei sind vor allem das Umsatz- und Ergebnispotenzial, Alter bzw. Restlaufzeit des Patents sowie die Konformität des geistigen Eigentums zur Geschäfts- und Produktstrategie. Kriterien zur Beurteilung der Durchsetzbarkeit sind der Grad der Einzigartigkeit (marginale Technologieinnovation versus disruptives Neuprodukt) bzw. die Wahrscheinlichkeit, Patentverletzungen zu erkennen. In Abbildung 5 sind die Kriterien zur Bewertung von Patenten zusammengefasst.

Trotz weitestgehender Konzentrations- bzw. damit korrespondierender Outsourcing-Bewegungen des IP-Managements kann bei summarischer Betrachtung ein taugliches R&D-Controlling auch den Beleg zugunsten eines gegenläufigen Insourcing liefern. Damit wird der gesteigerten Bedeutung eines vorausschauenden IP-Portfoliomanagements mit geeigneten *unternehmenseigenen* Ressourcen angemessen Rechnung getragen.

■ 6. R&D-Systemlandschaft

Struktur und Konfiguration der Systemlandschaft für Erfassung, Analyse und Dokumentation der R&D-Aktivitäten tragen wesentlich zum Erfolg eines effektiven und effizienten R&D-Controllings bei. Bedingt durch die hohe Komplexität eines modernen Innovationsmanagements sind Transparenz und realitätskonforme Abbildung der R&D-Aktivitäten im unternehmerischen Zahlenwerk Schlüssel für Qualität und Glaubwürdigkeit der Dienstleistung Controlling. Dabei spiegelt die enge Verzahnung der R&D-Aktivitäten innerhalb der Wertschöpfungskette die Notwendigkeit eines *integrierten Systemansatzes* wider. Schnittstellen zwischen Individualsystemen („stand-alone Ansätze") bergen hingegen – ähnlich dem Zusammenspiel betrieblicher Teilorganisationen – die Gefahr von Friktionen, Synergie- und Erkenntnisverlusten.

Standardisierung von Systemen, Formaten und Inhalten

Für die R&D-Systemlandschaft gelten im Wesentlichen die Parameter, die auch für eine optimale Gestaltung der (übrigen) Finanzsysteme ausschlaggebend sind. Integrierte Finanzsysteme stellen eine Konsistenz der verwandten Daten im Unternehmen sicher. Wenn auch in der betrieblichen Praxis zu Zwecken von Individualauswertungen auf Sekundärsysteme (z. B. Excel, etc.) nicht vollends verzichtet werden kann, so sollte deren Nutzung auf Ausnahmefälle beschränkt werden. Das Gros des Reportings und des Auswertungsaufwands ist effizienterweise *standardisiert* systemseitig abzudecken. Dies sichert zudem eine zeitnahe Bereitstellung widerspruchsfreier und gleichartig aufbereiteter Daten.

Integration als Vehikel für Überlegenheit im Geschwindigkeitswettbewerb

Die Einheitlichkeit der Reportingsysteme stellt mit zunehmender Geschäftskomplexität einen nicht zu unterschätzenden *Wettbewerbsvorteil* dar – gerade, da dies heute in vielen Unternehmen eher die Ausnahme als die Regel ist. Die resultierenden Effektivitäts- und Effizienzvorteile steigen mit der Vielschichtigkeit des Geschäftsmodells und kontinuierlich verkürztem „time-to-market".

7. Fazit

Die Übersicht in Abbildung 6 fasst die wesentlichen Stellhebel eines effektiven und effizienten R&D-Controllings nochmals zusammen.

Vor allem die wertschöpfungs- und damit organisationsübergreifende Generierung, Bereitstellung sowie konsequente Verwertung relevanter Steuerungsgrößen fungieren als Kernelemente eines integrierten und leistungsfähigen R&D-Controllings.

Anmerkung

1 R&D wird im nachfolgenden als Synonym für Forschung und Entwicklung (F&E) verwendet.

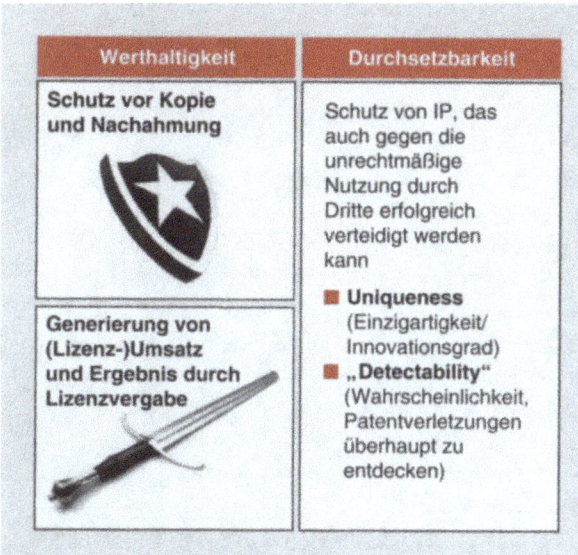

Abbildung 5: Kriterien zur Bewertung von Patenten

- **Die R&D-Matrix** hat sich als dominierende Organisationsform durchgesetzt. Zentrale projektübergreifende Koordination vs. marktnahe personalisierte Verantwortung für Einzelprojektaktivitäten
- **Betrachtung des gesamten Entwicklungs- und Produktlebenszyklus:** Eine Beschränkung der R&D-Controlling-Aktivitäten auf die budget- und termingerechte Meilensteinerreichung bis zur Marktreife ist unzureichend. Die Berücksichtigung der Amortisationsphase des getätigten R&D-Aufwands, d. h. die Ermittlung der Ergebniswirkung (EBIT, ROCE, ...) der initiierten R&D-Aktivitäten ist inhärenter Bestandteil eines effektiven Controllings
- **R&D-Portfoliomanagement:** Bereitstellung und Anwendung von Instrumentarien zur effektiven, effizienten und strategiekonformen Budgetallokation auf Unternehmens-, Geschäftsfeld- und Einzelprojektebene
- **Consequence Management** im Sinne einer laufenden Überprüfung und Anpassung des definierten Projektportfolios an die aktuellen Rahmenbedingungen ist eine unabdingbare Voraussetzung für ein erfolgreiches R&D-Management. Dies beinhaltet ausdrücklich auch die Rekonfiguration bzw. den Stop vom Plan abweichender bzw. nicht mehr marktkonformer Aktivitäten
- Zur laufenden **Messung & Steuerung der R&D-Performance** haben sich multidimensionale Konstrukte etabliert, welche die verschiedenen Aspekte des R&D-Managements in den Blickpunkt rücken. Die Messgrößen reflektieren die ergebnisseitige und strategische Zielerreichung der relevanten unternehmerischen Unterziele
- **Patente, Lizenzen und Schutzrechte** sind ein wesentliches Fundament für die R&D-Aktivitäten im Unternehmen. In Anbetracht der hohen Kosten für Patentanmeldung und -verwaltung ist eine Fokussierung auf den Schutz von wirklich werthaltigem und durchsetzbarem geistigen Eigentum unumgänglich. Das Controlling unterstützt bei der Beurteilung der relevanten Kriterien
- Eine **integrierte Systemlandschaft** zur Kontrolle und Steuerung der R&D-Aktivitäten gewährleistet einheitliche Strukturen, Formate und Inhalte. Damit verkörpert sie ein bedeutendes Vehikel zur Erzielung von Vorteilen im Geschwindigkeitswettbewerb

Abbildung 6: Eckpfeiler eines leistungsfähigen Controllings von R&D-Aktivitäten

KONTEXTSPEZIFISCHES INNOVATIONSCONTROLLING

„Wir sind koordinierende Rationalitätssicherer, insbesondere im Bereich Innovationen"

Interview mit Mark Deinert, Leiter des Corporate Controllings, SAP AG

■ Allgemeines/Einleitung

Die SAP AG zählt zu den drei größten, unabhängigen Softwareanbietern weltweit. Ihre Kunden sind überall auf der Welt zu finden. Welche Ziele strebt SAP für die Zukunft an?

Traditionell kennt man SAP als innovativen Anbieter betriebswirtschaftlicher Standardsoftware *beginnend mit* SAP R/2, das Anfang der neunziger Jahre zu SAP R/3 weiterentwickelt wurde. Bereits damals haben wir einen großen Technologiewechsel gewagt und die Mainframe- durch eine Client-Server-Technologie ersetzt. Dadurch war es mit dem System R/3 erstmals möglich, Informationen in Echtzeit abzufragen. Die so genannte Stapelverarbeitung (Batch Processing) wurde durch Real-Time-Systeme abgelöst.

Nun haben wir uns vorgenommen, in den nächsten Jahren weiterhin überproportional und sehr profitabel zu wachsen. Hierfür ist zum einen eine kundenbedürfnisorientierte und kontinuierliche Weiterentwicklung unserer bestehenden Lösungen erforderlich. Dabei müssen wir schneller als unsere Wettbewerber sein. Zum anderen werden wir aber auch unseren adressierbaren Markt sukzessive vergrößern: mit neuen Produkten

● Die SAP AG (**S**ysteme, **A**nwendungen, **P**rodukte in der Datenverarbeitung) zählt zu den drei größten, unabhängigen Softwareanbietern der Welt. Über 40.000 Kunden in mehr als 25 Branchen und 120 Ländern rund um den Globus nutzen ein Produkt des Unternehmens.
● Die Wertschöpfung von SAP umfasst neben der eigentlichen Softwareentwicklung auch das Marketing und den Vertrieb der Produkte sowie Beratungsleistungen und Schulungen. SAP bietet auf dem Markt Softwarelösungen an, die eine reibungslose, standort- und zeitunabhängige Zusammenarbeit zwischen Kunden, Partnern und Mitarbeitern garantieren sollen. Dazu zählen beispielsweise Systeme im Customer Relationship, Supply Chain oder Product Lifecycle Management. Zu den Abnehmern zählen dabei sowohl große Konzerne als auch kleine und mittlere Betriebe.
● Gegründet wurde SAP im Jahr 1972 von fünf IBM-Mitarbeitern und wuchs seither in rasantem Tempo. Im Geschäftsjahr 2006 erzielte das Unternehmen mit Niederlassungen in mehr als 50 Ländern einen Umsatz von 9,4 Milliarden Euro. Das Unternehmen zählt rund 42.000 Beschäftigte. Allein in der Software-Entwicklung sind weltweit insgesamt 12.330 Mitarbeiter beschäftigt. Neben dem Hauptentwicklungszentrum in Walldorf sowie drei weiteren deutschen Standorten unterhält SAP unter anderem Entwicklungslabors in den USA, China, Indien und Israel.

können wir dann eine deutlich größere Anzahl an potenziellen Kunden ansprechen. Man kann das mit einem auf Limousinen spezialisierten Pkw-Hersteller vergleichen, der zusätzlich Vans oder Kleinwagen produziert, weil er in diesen Märkten entsprechende Wachstumsmöglichkeiten sieht. Um den Markt zu erweitern, sind wir daher auf Produktinnovationen angewiesen. Bis zum Jahr 2010 soll der SAP-Kundenstamm von derzeit circa 40.000 auf über 100.000 Kunden wachsen. Im vergangenen Jahr haben wir deshalb mehr als 1,3 Milliarden Euro für Forschung und Entwicklung aufgewendet.

Mark Deinert,
39 Jahre, studierte Betriebswirtschaftslehre mit den Schwerpunkten Industriebetriebslehre und Steuern an den Universitäten Bayreuth und Mannheim. Seine Laufbahn bei der SAP AG begann 1995 in Japan, wo er zunächst im Bereich der Beratungsleistungen als Controller arbeitete. Später war er zuständig für die Region North East Asia, bevor er nach Deutschland wechselte. Dort unterstützte er zunächst die Umstellung von HGB zu US GAAP durch die Einführung des Umsatzkostenverfahrens und arbeitete als Assistent des

Welche Marktsegmente unterscheiden Sie bei SAP? Welche Rolle spielt das Mittelstandssegment für das zukünftige Wachstum?

Wir unterteilen unseren Markt in drei Größensegmente: Bei den Großunternehmen waren wir schon immer stark. Allerdings haben Unternehmen wie z. B. Unilever sehr unterschiedliche, sich über den Zeitablauf wandelnde Bedürfnisse. Dies bedeutet für unsere Produkte, dass Änderungen des Geschäftsmodells unserer Kunden künftig noch flexibler abbildbar sein müssen. Im Mittelstandssegment unterscheiden wir zwischen größeren und kleineren Unternehmen. Hier sehen wir insgesamt ein großes Wachstumspotenzial. Allein in der Sparte der kleineren mittelständischen Unternehmen, d. h. Firmen mit ca. 50 – 500 Mitarbeitern, wird die erreichbare Marktgröße auf knapp 20 Milliarden US-Dollar geschätzt. Dies ist eine für SAP bis heute weitgehend unerschlossene Kundengruppe.

In diesem unteren Mittelstandssegment gehen wir einen völlig neuen Weg: Wir möchten auch diesem Kundensegment flexible Software-Lösungen anbieten, mit denen schnelle Anpassungen und Reaktionen auf Veränderungen möglich sind. Allerdings brauchen kleinere Unternehmen keinen Maßanzug, sie wollen einen Anzug von der Stange, der individuell angepasst werden kann. Deshalb entwickeln wir derzeit ein völlig neues Produkt mit dem Projektnamen „A1S". Es bietet eine Vielzahl technologischer, aber auch betriebswirtschaftlicher Innovationen und ist speziell auf das untere Marktsegment im Mittelstand zugeschnitten. Lassen Sie mich etwas weiter ausholen, um die besonderen Eigenschaften von A1S zu erläutern.

Prozesse in Unternehmen verändern sich. Dies geschieht beispielsweise im Rahmen einer Akquisition oder bei Lieferantenwechsel, wenn eine bisher intern bezogene Leistung zukünftig am Markt gekauft werden soll. Beides muss einfach ohne signifikanten Implementierungsaufwand umsetzbar sein. Dies ist über eine so genannte Enterprise Service-Oriented Architecture (Enterprise SOA) möglich, verbunden mit einem sehr umfassenden Katalog definierter Geschäftsprozesse, dem so genannten Enterprise Service Repository. Damit sind unterschiedliche Lösungen über eine generische Plattform bedienbar. Der damit verbundene technologische Fortschritt ist in seiner Bedeutung mit dem oben beschriebenen Wechsel von Mainframe- auf Client-Server-Technologie vergleichbar.

In der beschriebenen Kundensituation wäre es also nicht mehr eine Frage von „Process follows Software" wie bisher, sondern – auf Basis der Enterprise SOA – „Software follows Process".

A1S umfasst jedoch nicht nur diese Produktinnovation, sondern auch ein völlig neues Geschäftsmodell: Der Vertrieb soll verstärkt über das Internet abgewickelt werden. Die Implementierung wird durch neue Formen der Konfiguration und intuitiven Bedienbarkeit erheblich schneller und billiger. Ein zusätzlicher Vorteil ist schließlich die Erweiterbarkeit auf Basis der Enterprise SOA, die ohne teure und riskante Änderung des Softwarecodes auskommt.

Wir glauben, dass wir mit A1S das große Wachstumspotenzial bei kleineren Mittelständlern, die sich von unserem derzeitigen Mittelstandsangebot nicht angesprochen fühlen, bestens nutzen können.

■ Controlling bei SAP

Sind aus diesen Zielen spezifische Anforderungen an die Unternehmenssteuerung/an das Controlling ableitbar?

Dazu müssen Sie Folgendes bedenken: Unsere unternehmensinterne Organisation ist entsprechend der Wertschöpfungskette von SAP aufgebaut und gliedert sich folglich in fünf Bereiche: Research & Breakthrough Innovation, Product, Production, Global Service & Support und Customer Solutions & Operations. Hinzu kommen zwei unterstützende Funktionen: Finance & Administration – zu der übrigens mein Bereich, das Corporate Controlling, gehört – und Human Resources, Processes & Information. Aufgrund des Aufbaus entlang der Wertschöpfungskette sind die einzelnen Bereiche eng miteinander verzahnt. Die Koordination zwischen den einzelnen Vorstandsbereichen, also den Wertschöpfungsstufen, und die Schaffung von Transparenz sind folglich zentrale Aufgaben des Controllings. Außerdem ist der Prozess hinsichtlich der Entscheidung über Investitionen und deren anschließende Nachverfolgung von großer Wichtigkeit.

Darf man aus Ihren Äußerungen schlussfolgern, dass Sie die Koordinationssicht des Controllings vertreten?

Die Koordination ist ganz zentral bei SAP. Aber wir betreiben über die Koordination eine Rationalitätssicherung. Es gibt wie in jedem Unternehmen nur eine begrenzte Anzahl an finanziellen Mitteln. Wir müssen sicherstellen, dass wir unsere selbst gesetzten Finanzziele erreichen. Selbstverständlich ist eine Rationalitätssicherung vor diesem Hintergrund ein integraler Bestandteil unseres Controllingansatzes. Dementsprechend sind wir eigentlich koordinierende Rationalitätssicherer, insbesondere im Bereich Innovationen.

Welches sind die wichtigsten Controllinginstrumente bei SAP? Warum werden diese eingesetzt? Gibt es spezifische Anforderungen in den einzelnen Geschäftsfeldern, die die Verwendung anderer/zusätzlicher Instrumente erfordern? Welche sind dies?

kaufmännischen Leiters des Konzerns, bevor er als Controller die Region Europa betreute. Seit 2001 ist Mark Deinert für den Bereich Konzerncontrolling bei der SAP AG verantwortlich.

E-Mail: Mark.Deinert@SAP.com

Wie bereits erläutert, ist das Controlling u. a. für die Koordination controllingrelevanter Themen zwischen den Vorstandsbereichen verantwortlich. Hierfür ist es erforderlich, die langfristig angestrebten Ziele in konkrete Pläne zu übersetzen. Die Strategieformulierung obliegt dem so genannten Corporate-Strategy-Team, das an den Vorstandssprecher berichtet. Das Corporate-Strategy-Team fasst die wesentlichen Aspekte der SAP-Strategie in einem umfassenden Dokument zusammen, das den wichtigsten Führungskräften im SAP-Konzern und – in gekürzter Form – den SAP-Mitarbeitern zugänglich gemacht wird. Wurden im Rahmen des Strategiefindungsprozesses das erwartete Wettbewerbsumfeld und die Marktchancen determiniert, so werden anschließend die Innovations- und Wachstumsfelder festgelegt. Hierauf basierend werden die strategischen Businesspläne der Einheiten und eine Drei-Jahres-Finanzplanung erarbeitet.

Die strategischen Businesspläne der Einheiten enthalten z. B. Informationen zu der bis zum Jahr 2010 zu erreichenden Kundenzahl. Neben solchen quantitativen Zielgrößen werden auch sehr viele qualitative, langfristige Ziele festgelegt. Dies ermöglicht es, die strategischen Gesamtziele auf die Organisation herunterzubrechen und diese auch auf operativer Ebene zu konkretisieren sowie die Erreichung der Ziele quartalsmäßig zu verfolgen.

Für die Drei-Jahres-Finanzplanung werden zunächst die mittelfristigen Wachstumsziele ermittelt. Dann wird die Planung abgeleitet und im Vorstand diskutiert und verabschiedet. Danach werden die Ziele für die einzelnen Vorstandsbereiche abgeleitet. Hierfür wird ein intensiver Dialog geführt, in dem die Prämissen für die Zielereichung herausgearbeitet und Abhängigkeiten verdeutlicht werden. Diese bereichsspezifische Planung wird zunächst mit den einzelnen Vorständen besprochen. Im Anschluss wird der Überblick über die gesamte Unternehmung gegeben.

Nach der strategischen Geschäftsplanung und der Drei-Jahres-Planung werden das Produktportfolio und das Service Portfolio geplant. Außerdem findet eine jährliche Finanzplanung sowie regelmäßig ein rollierender Forecast statt. Der rollierende Forecast ist mit dem Konzept der ereignisorientierten Planung kombiniert, um frühzeitig Chancen und Risiken transparent zu machen.

Wie viele Mitarbeiter umfasst das Corporate Controlling bei der SAP AG? Wie ist Ihre Abteilung organisatorisch aufgestellt?
Insgesamt arbeiten rund 40 Mitarbeiter in meiner Abteilung. Unsere Arbeit haben wir auf vier Teams verteilt: (1) Strategie Planning and Portfolio Management, (2) Business Unit Controlling, (3) Controlling Processes und schließlich (4) Development Contract Controlling.

Das Team „Strategie Planning and Portfolio Management" ist für die Drei-Jahres-Finanzplanung sowie die Erstellung und den Review von Businessplänen – z. B. für das oben beschriebene A1S – verantwortlich. Hauptaufgabe des Teams ist es, den Vorstand aus Controllingsicht bei der Strategiefindung zu unterstützen. Das „Business Unit Controlling" unterstützt die operative Umsetzung der Strategie um sicherzustellen, dass wir unsere jährliche Guidance auch tatsächlich erreichen. „Controlling Processes" verantwortet die Definition und Umsetzung von Controlling-Prozessen, wie beispielsweise des Forecast-Prozesses oder des Reportings. Der Bereich „Development Contract Controlling" betrachtet große, kundenindividuelle Entwicklungsprojekte. Er unterstützt die Projektanbahnung und bildet die Umsatzrealisierung bei SAP finanziell ab. Letzteres ist im Übrigen ein Beleg für die Harmonisierung von internem und externem Rechnungswesen bei SAP.

Welche weiteren Entwicklungen und Herausforderungen sehen Sie für das Controlling in Ihrem Unternehmen?
Die Umsatzstrukturen bei SAP werden sich verändern. Wenn zum Beispiel eine Softwarelösung zukünftig nicht mehr von einem Unternehmen gekauft wird, sondern als Weblösung über eine monatliche Gebühr pro Anwender abonniert wird, ergeben sich neue Herausforderungen für das Controlling. So genannte „Pay as you go"-Modelle werden die Umsatzströme verändern. Zudem stellen uns die individuellen Wünsche unserer Kunden nach einer strategischen Zusammenarbeit im Rahmen mehrjähriger Global Enterprise Agreements vor immer neue Herausforderungen, auch im Bereich des Controllings.

■ Innovationscontrolling bei SAP

Welche Rolle spielen Innovationen allgemein bei SAP? Welche größeren Innovationen gab es in den letzten Jahren?
Die innovative Weiterentwicklung unseres Produkt- und Technologieangebots spielt eine ganz wesentliche Rolle bei SAP. Sie ist die Basis für die Erweiterung unseres adressierbaren Marktes. Nach Neuheiten streben wir insbesondere in drei Bereichen, die gleichzeitig unseren Wachstumsfeldern entsprechen: Lösungen für den so genannten „Information Worker", Geschäftsprozessplattformen und Lösungen für mittelständische Unternehmen.

Zur Entwicklung von Lösungen für den so genannten „Information Worker" sind wir zum Beispiel eine Entwicklungspartnerschaft mit Microsoft eingegangen. Mit der gemeinsam entwickelten Software „Duet" für Microsoft Office und SAP können Anwender über ihre Microsoft-Office-Anwendungen schnell und einfach auf Geschäftsprozesse und Daten in den SAP-Systemen zurückgreifen. Damit möchten wir weitere Wachstumspotenziale erschließen. Stellen Sie sich zum Beispiel vor, Sie könnten einen Urlaubsantrag einfach in Microsoft Outlook ausfüllen und der Workflow wäre so voreingestellt, dass die Daten direkt an das SAP-System weitergegeben würden und sofort eine Meldung an Ihren Vorgesetzten sowie die Personalabteilung ginge. Inzwischen konnten wir einige solcher Szenarien mit unserem gemeinsamen Produkt „Duet" realisieren, die am Markt gut angenommen wurden.

Eine weitere wichtige Innovation sind die bereits beschriebenen serviceorientierten Softwarearchitekturen, die ich im Zusammenhang mit A1S schon erläutert habe.

Wie erfolgt das Innovationsmanagement in den einzelnen Phasen des Innovationsprozesses?
Unser Innovationsprozess gliedert sich in unserem Product Innovation Lifecycle in fünf Schritte: Invent, Define, Develop, Deploy und Optimize.

In der Invent-Phase geht es darum, die vielfältigen Möglichkeiten und Anforderungen an Entwicklungen zu priorisieren. Zum Beispiel stellen wir uns hier Fragen wie: Wollen wir im Bereich Supply Chain Management (SCM) aktiv werden? Oder: Ist die RFID-Technologie für unsere Forschung interessant? Wir wollen also Trends erkennen, diese diskutieren und schließlich priorisieren.

Im zweiten Schritt, der Define-Phase, steht im Mittelpunkt, was am Ende unserer Innovationsbemühungen herauskommen soll. Zu diesem Zeitpunkt gilt es, das Ziel unserer Entwicklungstätigkeit zu definieren. Um beim Beispiel SCM zu bleiben: Wir müssen hier etwa festlegen, welche Prozesse wir innerhalb der Supply Chain abbilden wollen – z. B. sämtliche Prozesse der Automobilindustrie oder lediglich ein Beschaffungsprozess mit einer Marktplatzsoftware.

Die Bezeichnung „Develop-Phase" spricht im Grunde für sich. In einzelnen Zwischenschritten wird das Produkt bis zur Marktfähigkeit entwickelt.

Als viertes wird das neu entwickelte Produkt für den Massenmarkt zur Verfügung gestellt (Deploy).

Schließlich, im letzten Prozessschritt (Optimize), versuchen wir, nicht in Lethargie zu verfallen und uns auf den Lorbeeren auszuruhen, sondern die Programme kontinuierlich zu optimieren. Dabei kommt es vor allem darauf an, die Software zu warten und mit neuen Releases weiterer komplementärer Produkte kompatibel zu halten.

Wie kann das Controlling das Innovationsmanagement unterstützen?
Es ist uns sehr wichtig, die Innovationsprozesse transparent zu gestalten und konstruktiv zu begleiten. Wir wissen heute beispielsweise genau, welche Entwicklungsleistungen in welche Projekte fließen.

Wir kennen genau den aktuellen Stand der einzelnen Entwicklungsprojekte und können so beurteilen, ob wir tatsächlich in die richtigen Innovationen investieren. Damit haben wir einen Überblick über das gesamte Entwicklungsportfolio bei SAP. Diese Transparenz ist entscheidend. Auf dieser Basis können wir bessere Entscheidungen treffen und die Ressourcenallokation erstens erkennen und zweitens optimieren.

Am besten kann ich Ihnen unsere Unterstützung im Innovationsmanagement anhand eines Beispiels erläutern, nämlich erneut anhand der Entwicklung unserer neuen A1S-Software. Unsere Verantwortung ist es, den Bedarf an finanziellen Mitteln zunächst zu ermitteln und die Auswirkungen auf den Konzern darzustellen. Dazu erstellt das Controlling in Zusammenarbeit mit den Unternehmensbereichen zunächst einen Businessplan. Dieser Plan dient als Diskussionsgrundlage mit den einzelnen Unternehmensbereichen. Schließlich werden Meilensteine für die Markteinführung des Produktes definiert. Über Frühwarnindikatoren versuchen wir zu bestimmen, wann was getan werden muss, um signifikante Planabweichungen zu vermeiden.

Inwieweit gibt es ein spezielles Innovationscontrolling bei SAP? Wo ist dieses organisatorisch angesiedelt?
Ein institutionalisiertes Innovationscontrolling im Sinne einer eigenen Abteilung innerhalb des Corporate Controllings gibt es bei SAP nicht. Das Controllingteam „Strategie Planning and Portfolio Management" schafft über die Drei-Jahres-Planung Transparenz im Hinblick auf die wichtigsten Investitionsbereiche. Außerdem unterstützt es bei der Erstellung und bei der Überprüfung von Businessplänen. Das Team „Business Unit Controlling" hilft bei der Umsetzung.

Wie erfolgt die Aufgabenabgrenzung zwischen Controlling und Entwicklung? Welche Steuerungsaufgaben werden von der Entwicklung selbst übernommen?
Das Programmmanagement der Projekte und die operative Meilensteinkontrolle bei Quality Gates etc. erfolgt nicht durch das Controlling, sondern durch das in der Entwicklung verankerte „Operative Portfolio Management Team".

Die Entwicklungsteams arbeiten selbstständig. Sie sind ehrgeizig genug, ein Projekt bis zum Ende zu verfolgen. Ihr Aufgabenschwerpunkt ist permanente Softwareentwicklung. Eine Einbindung des Controllings ist hier erfahrungsgemäß nicht erforderlich.

Die Vorstandsbereiche haben eine gewisse Unabhängigkeit bei der Setzung der Prioritäten und der Zuteilung der finanziellen Mittel innerhalb ihrer Ressorts; es müssen nur die allgemeinen Zielvorgaben für die Bereiche erfüllt werden. Die Vorstände haben natürlich ein Interesse daran, dass die eigenen Ziele erreicht werden, um so zu einer erfolgreichen Umsetzung auf Ebene des Gesamtunternehmens beizutragen. Daher gibt es eine zentral vernetzte Struktur, die dem Controlling nutzt. Aber den Controller interessiert der operative Zustand eines einzelnen Projektes im Grunde nicht.

Die Entwicklung teilt dem Controlling allerdings die Nachfrage an Ressourcen in Manntagen für die einzelnen Projekte mit. Aufgabe des Controllings ist dann der Abgleich zwischen Nachfrage und Angebot an Ressourcen. Ein regelmäßiger Abgleich ist hier sehr wichtig.

Wie stellen Sie sicher, dass die angestoßenen Innovationsprodukte auch den Marktbedürfnissen entsprechen?
Unsere Organisationsstruktur entlang der Wertschöpfungskette wird zwar meistens als Prozessfluss, der mit der Forschung beginnt und beim Markt endet, dargestellt, aber eigentlich ist alles, was wir machen, vom Markt gesteuert. Bei allem, was wir tun, gilt es, ein Feedback vom Markt einzuholen. Wir müssen herausfinden, wie erfolgreich unsere Produktlösungen sind.

Diese Rückkopplung mit dem Markt wird durch das Controlling angestoßen. Bei neuen Vertragsabschlüssen wird immer gefragt, wie der Kunde beabsichtigt, das Produkt zu nutzen. Es ist wichtig, die Kaufgründe zu kennen. Wir versuchen, aus den Antworten Trends zu erkennen.

Außerdem führen wir regelmäßig Vermessungen der Kundensysteme durch, um zu erfahren, wie hoch die Systemlast ist und zu prüfen, ob die Konfiguration noch ideal ist. Die Vermessung gibt uns Anhaltspunkte über die Nutzung der Software.

Eine weltweite Kundenzufriedenheitsanalyse, die Produkt, Service und das Partnernetzwerk umfasst, ermöglicht es uns abzuschätzen, inwieweit wir zukünftig weiter Geschäfte mit den bestehenden Kunden machen können. Dies können wir in die Vertriebsplanung einfließen lassen.

Im F&E werden oft mehr Projekte begonnen als letztendlich zur Marktreife gebracht werden. Projektabbrüche sind ein integraler Bestandteil des Innovationsprozesses. Wie stellen Sie fest, welche Projekte fortgeführt werden sollten und welche nicht?
Wir verfolgen nicht, wie beispielsweise in der Pharmabranche, hunderte von Forschungsvorhaben parallel. Bei uns werden gezielt Projekte begonnen. Wenn wir ein Entwicklungsprojekt gestartet haben, möchten wir das Projekt auch erfolgreich zum Abschluss bringen. Projektabbrüche spielen somit eigentlich keine Rolle. Insgesamt achten wir eher darauf, Verbesserungspotenziale in der Entwicklung zu identifizieren. Bei uns stellt sich daher vielmehr die Frage, wie wir den Grad der Wiederverwendung von einzelnen Softwarekomponenten sicherstellen können.

Persönliches

Über welche Eigenschaften und Kompetenzen muss ein erfolgreicher Controller Ihrer Meinung nach verfügen? Welche Eigenschaften werden in Zukunft wichtiger werden?
Natürlich muss ein Controller analytische Fähigkeiten haben. Aber das ist meines Erachtens selbstverständlich. Deshalb möchte ich gerne drei weitere Eigenschaften hervorheben: Erstens muss jeder Controller mit dem Geschäftsmodell und der Strategie seines Unternehmens sehr vertraut sein, zweitens muss er kommunizieren können und drittens (basierend auf einem persönlichen Netzwerk) ein gutes Standing im eigenen Konzern haben.

Ein Controller muss u. a. wissen, wie das Unternehmen wachsen will, welche finanziellen Mittel das Unternehmen hat und wie die Prozesse aussehen. Allerdings ist die Unternehmensrealität komplex, daher muss ein Controller einen Blick für die Hintergründe und Interdependenzen haben und diese dann auch einfach und klar vermitteln können.

In welchen Situationen freuen Sie sich, Controller zu sein?
Ehrlich gesagt freue ich mich immer, Controller zu sein. Es gab noch niemals einen Tag in meinem Berufsleben, an dem ich keine Lust hatte, zur Arbeit zu gehen.

SAP ist permanent in Bewegung. Wir streben immer danach, besser zu werden. Ich stelle mir stets die Frage: Was kann ich als Controller tun, um unsere gemeinsamen Projekte zum Erfolg zu führen und unsere ehrgeizigen Ziele zu erreichen? Was können wir machen, um unser Wachstum zu unterstützen? Erst vor wenigen Jahren haben wir beispielsweise die Drei-Jahres-Planung und das Portfoliomanagement eingeführt. Gerade überarbeiten wir unsere Prozesse. Dabei sehe ich den Controller nicht nur als „Zahlenknecht". Am Ende sind wir nur dann erfolgreich, wenn wir unsere Ziele erreichen. Die ständige Bewegung innerhalb des Unternehmens – genau das sind die positiven Seiten der Controllingfunktion, die ich so schätze.

Das Interview führten die ZfCM-Redakteure **Heiko Icks** und **Sonja Willach**.

Der Klassiker der Konzernrechnungslegung – Topaktuell mit IAS / IFRS

Busse von Colbe, Walther | Ordelheide, Dieter | Gebhardt, Günther | Pellens, Bernhard
Konzernabschlüsse
Rechnungslegung nach betriebswirtschaftlichen Grundsätzen sowie nach Vorschriften des HGB und der IAS/IFRS
8., überarb. Aufl. 2006. XXXII, 749 S. Mit 18 Abb. u. 78 Tab.
Geb. EUR 61,90
ISBN 978-3-8349-0321-1

Umfassend und kompetent vermittelt dieses Standardwerk den State-of-the-Art der Konzernrechnungslegung. Die achte Auflage wurde komplett überarbeitet und den aktuellen gesetzlichen Rahmenbedingungen angepasst, ohne die bewährte Grundstruktur zu verändern.

Einfach bestellen:
kerstin.kuchta@gwv-fachverlage.de
Telefon +49(0)611. 7878-626

KOMPETENZ IN SACHEN WIRTSCHAFT

Neue Entwicklungen im Hochschulcontrolling

Hans-Ulrich Küpper

Die „zweite" Hochschulreform in Deutschland

Die deutschen Hochschulen sind unübersehbar in Bewegung geraten. Bachelor und Master, Studienbeiträge, Exzellenzinitiative und Eliteuniversitäten sind Themen des öffentlichen Interesses geworden. Erst jetzt wird damit für einen breiten Kreis erkennbar, dass sich seit Anfang der 90er Jahre in ihnen Veränderungen vollziehen, die man als „zweite" Hochschulreform interpretieren kann.

Als „erste" Reform in der 2. Hälfte des 20. Jahrhunderts können die Umwälzungen in Folge der *Studentenbewegung von 1968* bezeichnet werden. Damals standen die Öffnung der Hochschulen, ihre Demokratisierung und Organisationsfragen im Vordergrund. Die Entwicklung nach 1990 vollzog sich anders, nicht im Blickfeld der Öffentlichkeit, und zielte auf eine *Verbesserung der Leistungsfähigkeit und Effizienz der Hochschulen* ab. Betriebswirtschaftliche Führungsinstrumente gewannen an Bedeutung. Die von vielen Seiten aufgestellte Forderung nach größerer Autonomie der staatlichen Hochschulen wird zunehmend umgesetzt. Mehr und mehr wird deutlich, dass diese in einem nationalen und internationalen Wettbewerb stehen. Um sich in diesem zu behaupten, müssen die Hochschulen innovativ tätig werden und sich geeignete Instrumente, insb. der Informationsbe-

- Seit 15 Jahren vollzieht sich an den Hochschulen ein Reformprozess, in welchem dem Hochschulcontrolling eine wichtige Bedeutung zukommt.
- Anforderungen von Gesellschaft und Politik, Globalisierung und Wettbewerb, der Übergang auf Bachelor und Master sowie die Stärkung der Hochschulautonomie haben dabei Innovationen im Hochschulcontrolling ausgelöst.
- Die Instrumente des Rechnungswesens erwerbswirtschaftlicher Unternehmungen lassen sich nicht ohne weiteres auf die ohne Gewinnerzielungsabsicht tätigen staatlichen Hochschulen übertragen. Deshalb sind sie für die Hochschulrechnung innovativ umzugestalten.
- Um das Leistungsspektrum von Hochschulen zu erfassen, werden darüber hinausgehende Informationssysteme in Form von Datawarehouses, Absolventenstudien u. ä. entwickelt.
- Ein besonderes Gewicht besitzen Innovationen für das Hochschulcontrolling auf den Ebenen zwischen Ministerien und Hochschulen sowie zwischen Hochschulleitungen und den dezentralen Einheiten der Hochschulen. Mit der Einbeziehung von kennzahlenbasierter Mittelverteilung und Zielvereinbarungen wird der Weg zu leistungsfähigeren Koordinations- und Steuerungssystemen für Hochschulen mit größerer Autonomie beschritten.

reitstellung und des Controllings zulegen. Dieser Prozess wurde von ihnen eingeleitet und soll hier nachgezeichnet werden. Dazu werden zuerst maßgebliche Determinanten der Innovationen und das Verständnis sowie die relevanten Ebenen und Komponenten des Hochschulcontrollings gekennzeichnet. Auf dieser Grundlage lassen sich die wichtigsten Innovationsschritte dieser zweiten Hochschulreform skizzieren, die im Ausbau der Hochschulrechnung und in der Entwicklung umfassender Informations- sowie Koordinations- und Steuerungssysteme gesehen werden. Ein Ausblick auf Innovationsaufgaben des Hochschulcontrollings schließt die Analyse.

Determinanten der Innovation im Hochschulcontrolling

Forderungen von Gesellschaft und Politik

In Deutschland werden die meisten Hochschulen vom Staat betrieben, der

Prof. Dr. Dr. h. c. Hans-Ulrich Küpper leitet das Institut für Produktionswirtschaft und Controlling an der Ludwig-Maximilians-Universität München, Ludwigstr. 28/RG, D-80539 München, sowie das Bayerische Staatsinstitut für Hochschulforschung und Hochschulplanung, Prinzregentenstr. 24, 80538 München
E-Mail: kuepper@bwl.lmu.de

den überwiegenden Anteil der in ihnen eingesetzten finanziellen Mittel bereitstellt. Als Eigentümer legt er über die *Hochschulgesetze der Länder* maßgebliche Strukturmerkmale der Hochschulen fest und greift über deren Parlamente und (Wissenschafts- sowie Finanz-) Ministerien in deren Entscheidungen ein. Ferner beeinflusst er über die Art und die Zweckbindung seiner Mittelverteilung auf die Hochschulen die dort stattfindenden Innovationen. Auf diese Weise bilden die Anforderungen der Gesellschaft und Politik eine zentrale Determinante für die Entwicklung und damit auch für die Innovationen in Hochschulen. Charakteristisch für die Entwicklung in Deutschland nach 1970 ist eine eklatante *Erhöhung* (ca. Verdoppelung) der *Studentenzahlen*, die von den Hochschulen mit einer nur wenig erhöhten Bereitstellung öffentlicher Mittel ausgebildet werden musste. Von ihnen wurde eine Bewältigung dieses „Studentenbergs" unter Beibehaltung der Qualität der Lehre verlangt. Dazu kam nach 1990 immer offener die Forderung nach einer *Steigerung ihrer Effizienz*. Mit der prognostizierten Zunahme der Abiturienten in den kommenden Jahren bis ca. 2015 und den aus einer Verkürzung des Gymnasiums in diesem Zeitraum folgenden doppelten Abiturientenjahrgängen kommt ein weiterer *Anstieg der Nachfrage nach Studienplätzen* um bis zu ca. 20 % auf die Hochschulen zu. Bei der Bewältigung dieser Aufgabe könnten die Instrumente des Controllings eine wichtige Rolle spielen, wie sich jetzt schon in den erforderlichen Prognosen der Studentenzahlen, den mit ihrer Ausbildung verbundenen Kosten und dem sich hieraus ergebenden Finanzbedarf zeigt.

Nachfrage nach Absolventen

Während Politik und Öffentlichkeit daran interessiert sind, alle Abiturienten unterzubringen, ist es für die Hochschulen als Dienstleistungsunternehmen wichtig, wie erfolgreich ihre Absolventen sind. Ihre Studiengänge sind so zu gestalten, dass diese gute *Beschäftigungschancen* erlangen. Dadurch beeinflussen Wirtschaft und öffentlicher Bereich die Entwicklung in den Hochschulen. In der „zweiten" Hochschulreform wird dies an der Einrichtung von Hochschulräten sichtbar, in die Repräsentanten aus Wirtschaft und Gesellschaft (vgl. z. B. Art 26 Bayerisches Hochschulgesetz) berufen werden.

Nachfrage nach Forschungsergebnissen

Auch die Forschung nimmt einen beachtenswerten Einfluss auf den Bedarf an Führungsinstrumenten in den Hochschulen. Dies schlägt sich in der Nachfrage nach neuen Erkenntnissen, Gutachten und Beratung bis hin zu praxisorientierten Diplomarbeiten nieder. Eine für die Hochschulen zunehmend wichtige Komponente dieser Determinante bildet die *Drittmittelfinanzierung*.

Globalisierung und Wettbewerb

Insbesondere der Zusammenbruch des Kommunismus sowie die Entwicklung der Informations- und Kommunikationstechnologien haben zu einem stärkeren *internationalem Austausch* von Studierenden sowie Wissenschaftlern der Hochschulen geführt. Immer mehr erkennt und fördert man, dass die Hochschulen in einem *nationalen und internationalen Wettbewerb* stehen.

Strukturänderungen der Ausbildung

Die Internationalisierung schlägt sich in Strukturänderungen auf allen Ausbildungsebenen nieder, gegenwärtig vor allem in dem Übergang auf *Bachelor- und Masterstudiengänge*. Sie zeigt sich auch im Übergang auf strukturierte postgraduale und Promotionsstudiengänge sowie in der Einführung von Juniorprofessuren.

Stärkung der Hochschulautonomie

Die von den Länderparlamenten und -regierungen abhängigen staatliche Hochschulen fordern seit langem mehr Autonomie, welche über die Freiheit in Forschung und Lehre hinausgeht. Diese Forderung der zweiten Hochschulreform ist von der Politik aufgegriffen und zumindest teilweise umgesetzt worden. Globalhaushalte, Hochschulräte und Akkreditierungsagenturen sind sichtbare Zeichen hierfür. Der Übergang von einer zentralen staatlichen auf eine *dezentrale Steuerung* beinhaltet einen tiefgreifenden Wechsel des für die Hochschulen maßgebenden Koordinationssystems und betrifft damit unmittelbar das Hochschulcontrolling.

Gegenstand und Struktur des Hochschulcontrollings

Verständnis des Controllings

Controlling hat in den vergangenen zwei Jahrzehnten auch in der öffentlichen Verwaltung und Hochschulen eine starke Verbreitung gefunden. Darin kommen hohe Erwartungen zum Ausdruck, auch wenn bis heute keine einheitliche Auffassung über diese Funktion besteht (vgl. hierzu den Sammelband von Scherm/Pietsch 2004). Jedoch sehen alle in der *Unternehmensrechnung* ein zentrales Basisinstrument für das Controlling. Durch eine entsprechende Informationsbereitstellung und -verwendung soll die Rationalität der Entscheidungsfindung gesichert werden. Eine spezifische Funktion des Controllings, mit dem es sich von anderen Führungsfunktionen wie Planung und Kontrolle, Organisation und Personalführung unterscheidet, kann in deren *Koordination* gesehen werden (vgl. Küpper 2005, S. 25 ff.). Folgt man dieser Auffassung, so sind Controllingsysteme Instrumente oder Mechanismen zur übergreifenden Steuerung wirtschaftlicher Akteure und deren Entscheidungen.

Ebenen der Steuerung von Hochschulen

Die Steuerung staatlicher Hochschulen vollzieht sich auf drei verschiedenen Ebenen, auf denen gegenwärtig wesentliche Veränderungen zu beobachten sind (vgl. Küpper 2003). Die erste Ebene betrifft die *Steuerung der Hochschulen durch den Staat*, in Deutschland die Bundesländer und damit deren Parlamente sowie Regierungen. Indirekt wirkt der Bund über eine Rahmengesetzgebung, durch gemeinsame Institutionen wie den Wissenschaftsrat und Forschungsinvestitionen auf die Hochschulsteuerung ein. Der zunehmende Rückzug des Staates aus einer direkten

Einflussnahme auf die Hochschulen erfordert den *Einsatz anderer Koordinations- und Steuerungsinstrumente*, durch die der Staat seiner Funktion als Eigentümer der Hochschulen gerecht werden kann. Hierbei werden in hohem Maße die gleichen übergreifenden Controllingsysteme wie innerhalb von Unternehmungen genutzt.

Wie in dezentralisierten Unternehmungen betrifft die zweite Ebene des Hochschulcontrollings die Beziehungen zwischen der jeweiligen *Hochschulleitung und ihren Bereichen*, den Fakultäten bzw. Fachbereichen, Departments, Hochschulverwaltung sowie zentralen Einheiten wie Bibliothek und Rechenzentrum. Wegen der grundgesetzlich garantierten Freiheit von Forschung und Lehre liegt ein Charakteristikum von Hochschulen darin, dass die akademischen Teileinheiten seit jeher über einen gewissen Freiheitsraum verfügen. Zudem besitzen sie zumindest im Hinblick auf das jeweilige Fachwissen einen Informationsvorsprung gegenüber der Hochschulleitung. Dies gilt auch im Verhältnis zwischen den *Leitungen dieser dezentralen Einheiten*, insbesondere dem Dekan und dem Studiendekan, und ihren *Professoren*. In deren Koordination und Steuerung wird eine dritte Ebene des Hochschulcontrollings erkennbar.

Komponenten des Hochschulcontrollings

Wenn die spezifische Kernaufgabe des Controllings in der Abstimmung zwischen den in Abbildung 1 wiedergegebenen anderen Führungsteilfunktionen liegt, dient es der Steuerung der Leistungsprozesse in Forschung, Studium und Lehre sowie Service (vgl. Küpper 1998). Dafür bilden die Informationssysteme eine maßgebliche Basis. Deshalb beginnt ein Ausbau des Controllings auch in Hochschulen mit der Entwicklung einer leistungsfähigen *Hochschulrechnung*. Die Wahrnehmung der Koordinations- und Steuerungsaufgabe setzt darüber hinaus die Verfügbarkeit der anderen Führungsteilsysteme voraus. Während aber Organisationsfragen in Hochschulen seit langem diskutiert und gelöst wurden, waren Planung und Kontrolle sowie die Personalführung bislang bei ihnen häufig nur in Ansätzen entwickelt. Innovationen im Hochschulcontrolling erfordern daher vielfach auch die *Verbesserung dieser Führungsteilsysteme* in den Hochschulen (vgl. Küpper/Sinz 1998). Auf dieser Grundlage ist es dann auch möglich, auf allen drei Steuerungsebenen von zentralistischen, vielfach bürokratischen Systemen auf solche *Controllingsysteme* gemäß Abbildung 2 überzugehen, bei denen Entscheidungen stärker dezentralisiert und damit die Autonomie der Hochschulen und ihrer Teileinheiten erhöht werden.

Ausbau der Hochschulrechnung
Übertragung des HGB oder eigenständige Hochschulrechnung?

Der Finanzbereich staatlicher Hochschulen war bis in die 90er Jahre hinein in die Länderhaushalte eingebunden und wurde über eine kameralistische Buchführung erfasst. Mit dem Streben nach (mehr) Hochschulautonomie, die sich in der Forderung nach Globalhaushalten niederschlugen, nahm die Bedeutung leistungsfähiger Systeme der Hochschulrechnung immer mehr zu. Zwar hatte es 30 Jahre zuvor schon intensive Bemühungen zur Entwicklung von Hochschulkostenrechnungen gegeben (vgl. Schweitzer/Hettich 1981), die jedoch in den Hochschulen kaum umgesetzt wurden.

Manche politische Instanzen waren der Meinung, Hochschulen könnte ein Globalhaushalt nur zugewiesen werden, wenn sie die kaufmännische doppelte Buchführung mit einem *Jahresabschluss nach HGB* einführten. Ein dementsprechendes Konzept wurde explizit in einem Reformprojekt dreier niedersächsischer Hochschulen umgesetzt (vgl. Küpper 2000, S. 352 ff.). Auch das Land Hessen verlangte von seinen Universitäten den Übergang auf eine kaufmännische Buchführung, die in zu prüfende Jahresabschlüsse mündet.

Ausgelöst durch derartige Bestrebungen setzten die *Kanzler* der deutschen Universitäten 1997 einen *Arbeitskreis Hochschulrechnungswesen* ein, der sich seither intensiv mit der Struktur und Einrichtung von Rechnungssystemen in den Universitäten befasst. Von ihm wurden ein einheitlicher Kontenrahmen für Hochschulen und ein *Grundkonzept* für die Gestaltung des gesamten Rechnungswesens an Hochschulen verabschiedet. Beides soll dazu dienen, vergleichbare Daten zu ermitteln und zu veröffentlichen. Das vorgeschlagene Konzept eines Kontenrahmens ging inzwischen weitgehend in den Verwaltungskontenrahmen der Länder auf. Die Vorschläge zur Hochschulrechnung wurden 1999 als „*Greifswalder Grundsätze*" von dem Plenum aller Universitätskanzler empfohlen (Kronthaler 1999). Sie bilden beispielsweise in Bayern

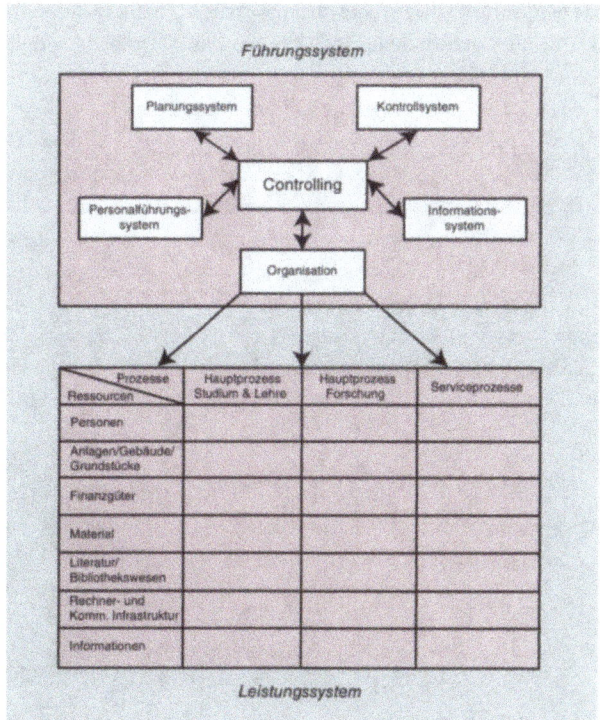

Abbildung 1: Struktur eines koordinationsorientierten Hochschulcontrollings

die Grundlage für ein von den Universitäten gemeinsam mit dem Wissenschaftsministerium ausgearbeitetes Fachkonzept zur Einführung der Kostenrechnung an allen Universitäten dieses Landes.

Grundlegend für die vom Arbeitskreis der Kanzler ausgearbeiteten Grundsätze und Konzepte ist die Einsicht, dass sich die Rechnungssysteme erwerbswirtschaftlicher Hochschulen nicht ohne Anpassungen auf staatliche Hochschulen übertragen lassen. Maßgebend dafür ist deren *andersartige Zielsetzung*. Der (am HGB oder den IFRS orientierte) Jahresabschluss erwerbswirtschaftlicher Unternehmungen dient ebenso wie deren Kosten- und Investitionsrechnung der Erfassung ökonomischer Erfolge in Form von Jahresüberschüssen, Deckungsbeiträgen, Gewinnen und Kapitalwerten. Eine derartige monetäre Zielgröße existiert für weitgehend öffentlich finanzierte Hochschulen mit einer von den Gesetzen vorgegebenen *Zwecksetzung in Forschung, Lehre, Studium und Weiterbildung* nicht (vgl. z. B. Art 2 Abs. 1 Bayer. HG). Sie lässt sich auch nicht willkürfrei ermitteln, solange die Leistungen von Hochschulen nicht auf freien Märkten durch Preise bewertet werden. Damit fehlt staatlichen Hochschulen das für das Rechnungswesen erwerbswirtschaftlicher Unternehmungen zentrale Rechnungsziel (Küpper 2000; Küpper 2001).

Dennoch besteht in derartigen Hochschulen ein Bedarf an Informationen über die Finanzströme, die in ihnen eingesetzten Vermögensgegenstände und deren Wertentwicklung, die erbrachten Leistungen und deren Kosten sowie die Zweckmäßigkeit von Investitionen. Deshalb setzt sich die in den Greifswalder Grundsätzen empfohlene *monetäre Hochschulrechnung* aus fünf, in Abbildung 3 wiedergegebenen Elementen zusammen.

Finanzielle Geld- und Vermögensrechnungen

Nach diesem Konzept kommt der Erfassung der Zahlungen weiterhin ein großes Gewicht zu und bildet entsprechend Abbildung 4 die *Finanzrechnung* den Ausgangspunkt sowie Kern der Hochschulrechnung. Beim Übergang auf ein stärker oder voll kaufmännisch ausgerichtetes Rechnungswesen sollte deren Gewicht nicht reduziert werden, zumal im erwerbswirtschaftlichen Bereich deren Bedeutung für vielfältige Cashflow-Rechnungen inzwischen immer mehr erkannt worden ist. Sie besitzt zudem in den Ländern eine spezifische Bedeutung, in denen die Finanzministerien weiterhin eine enge Kompatibilität mit dem Landeshaushalt verlangen.

Da die kameralistische Haushaltsführung das Vermögen nicht abbildet, kann der Informationsstand von Hochschulen durch *Bilanzen* verbessert werden. Deren Funktion liegt primär in der *Vermögensübersicht*, solange Hochschulen keine wesentlichen Finanzierungsaktivitäten durchführen können. Um zudem Einblick in die Wertänderungen am Vermögen und die Wirkungen der Zahlungsvorgänge auf das Vermögen zu erhalten, ist eine „*Vermögensänderungsrechnung*" aufzustellen. Sie weist Ähnlichkeiten zur Gewinn- und Verlustrechnung auf. In ihrer Bezeichnung kommt jedoch explizit zum Ausdruck, dass ihr Saldo keinen aus Marktvorgängen hergeleiteten Gewinn oder Verlust wiedergibt, sondern Wertänderungen am Vermögen, die weitgehend auf Konventionen über Bewertungsregeln für Anlage- und Umlaufvermögen sowie Abschreibungen beruhen. Die Finanzrechnung ist eine rein monetäre, die Vermögensänderungsrechnung eine bonitäre Rechnung. Beide können über den Zahlungsüberschuss miteinander ver-

Merkmale \ Systeme	Zentralistisch-Bürokratische Systeme	Budgetierungssysteme		Ziel-(vereinbarungs-)Systeme	Marktsysteme
		Inputorientiert	Outputorientiert		
Organisation	• Hierarchisch		• Dezentralisiert	• Hohe Autonomie	• Auswahl der Studierenden • Exzellenzinitiative • Differenzierte Studienbeiträge
Planung und Kontrolle	• Top-Down-Planung	• Fortschreibungs-Budgetierung	• Kennzahlen-basierte Budgetierung	• Gegenstromverfahren	• Studienbewerber
Anreizsystem			• Kennzahlen-abhängige Mittelzuteilung	• Zielerreichungs-abhängige Mittelzuteilung	• Erfolgsbeteiligung
Informationssystem	• Kameralistik	• Kameralistik	• Kosten- und Leistungsrechnung	• Finanz- und Vermögensrechnung • Erfolgs- und Investitionsrechnung	• Rankings • Absolventenstudien

Abbildung 2: Übergreifende Controllingsysteme für Hochschulen

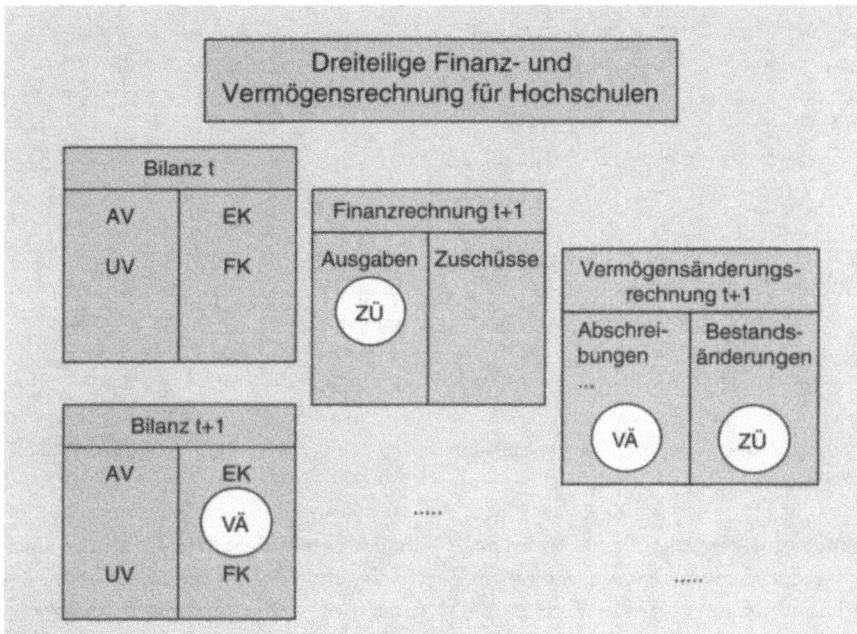

Abbildung 3: Bestandteile einer monetären Hochschulrechnung (Greifswalder Grundsätze)

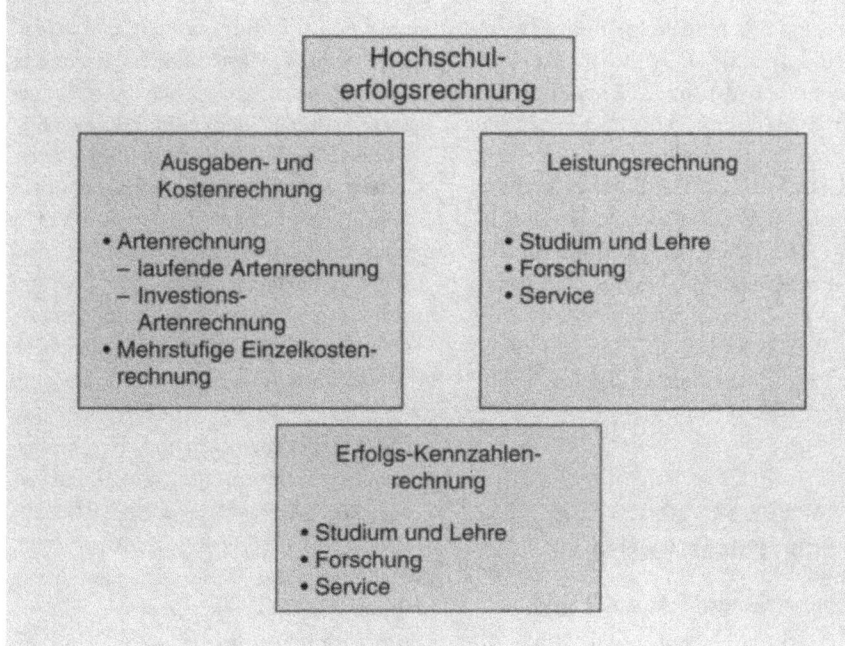

Abbildung 4: Dreiteilige Finanz- und Vermögensrechnung

Abbildung 5: Struktur der Hochschulerfolgsrechnung

bunden und in die Bilanz abgeschlossen werden.

Kosten- und Leistungsbezogene Hochschulerfolgsrechnung

Da der Output von Hochschulen nicht monetär an Märkten bewertet wird, ist in der Erfolgsrechnung der monetären *Ausgaben- und Kostenrechnung* eine *Leistungsrechnung* mit weitgehend nichtmonetären Mengengrößen gegenüberzustellen. Aus der Verknüpfung von Output- und Inputgrößen kommt man zu Kennzahlen als Indikatoren ihres Erfolgs. Damit bietet es sich an, entsprechend Abbildung 5 die erfolgsbezogenen Rechnungen in Kosten-, Leistungs- und Erfolgskennzahlenrechnung zu gliedern.

Da (und solange) Hochschulen vielfältige Leistungen erbringen, die nicht über einen Markt monetär bewertet werden, muss ihre Leistungsrechnung unterschiedliche *Leistungsarten* erfassen (vgl. Küpper 2002). Dieser mengenmäßigen Rechnung kommt daher in Hochschulen eine besondere Bedeutung zu. *Studium und Lehre* lassen sich in erster Linie durch die Studierenden (als externe Faktoren) sowie die von diesen besuchten Veranstaltungen und absolvierten Prüfungen abbilden. Diese Leistungsdaten sind (zumindest) für die Bezugsgrößen Studiengang, Professur und Fakultät zu ermitteln.

Die *Forschung* vollzieht sich durch die wissenschaftliche Arbeit in den Professuren, Instituten sowie Departments und ist mit der *Förderung von wissenschaftlichem Nachwuchs* verknüpft. Die Forschungsergebnisse beider Formen schlagen sich in Veröffentlichungen, Patenten u. ä. sowie deren Anerkennung und Verwendung nieder. Für die *Serviceeinheiten* der Studenten-, Prüfungs-, Finanzverwaltung, Bibliotheken usw. kann man entsprechende Leistungsgrößen bestimmen.

Wie im erwerbswirtschaftlichen Bereich liefert die Gegenüberstellung von Output- oder Leistungsgrößen und Einsatz- oder Ausgaben- bzw. Kostendaten die Grundlage für eine Beurteilung der Effizienz sowie des Erfolgs der betrachteten Institution. Die Ermittlung von *Kennzahlen als Erfolgsindikatoren* erfordert i.d.R. eine Zuordnung bestimmter Leistungs- und Inputgrößen. Dabei können schon bei nichtmonetären Größen Zurechnungsprobleme z. B. wegen der Lehrverflechtungen zwischen verschiedenen Studiengängen auftreten. Da die Hochschulen vielfältige Leistungen erbringen und über die wichtigsten Kennzahlen zumindest bisher keine einheitliche Auffassung besteht, ist der Katalog an Kennzahlen eher breit anzulegen. Wichtige Indikatoren für den Bereich Studium und Lehre sind die Bewerber je Studienplatz, die Studierenden je Professor und wissenschaftlichem Personal und die Absolventenquote, für die Forschung die Publikationen, Zitationen und Drittmittel je Professor und wissenschaftlicher Einheit.

Die Informationsadressaten einer Hochschulerfolgsrechnung haben ein Interesse daran, die für sie wichtigen Daten in geeigneter Berichtsform zu erhalten. Daher sollte die Vielzahl an Daten in *Erfolgsübersichten* münden, welche den jeweiligen Einheiten von den Professoren über die Fakultäten bis zur Hochschulleitung zur Verfügung gestellt werden. Für die Leitungsebene hat der Arbeitskreis „Hochschulrechnungswesen" der Universitätskanzler den in Abbildung 6 vereinfacht wiedergegebenen Vorschlag einer universitären Erfolgsrechnung erarbeitet. „Nichtmonetären Erfolgsgrößen" werden die Einnahmen als verfügbare Budgetsumme und die Einzelkosten sowie die Gemeinkosten als Größen eines „monetären Erfolgs" gegenübergestellt. In den Spalten sind diese Daten für die dezentralen und die zentralen Einheiten ausgewiesen.

Investitionsplanung und Erfolgspotenzialrechnung

Neben diesen einperiodigen Rechnungen müssen auch in Hochschulen längerfristig ausgerichtete Rechnungen treten. Ein Schwerpunkt hat dabei auf der *Investitionsplanung* zu liegen, da ein wesentlicher Teil der Entscheidungen in Hochschulen mittel- bis langfristigen Charakter hat. Hierzu gehören insbesondere die Einrichtung von Studiengängen, die Festlegung und Aufnahme von Studierenden, die Einrichtung, Ausstattung und Besetzung von Professoren, die Übernahme von For-

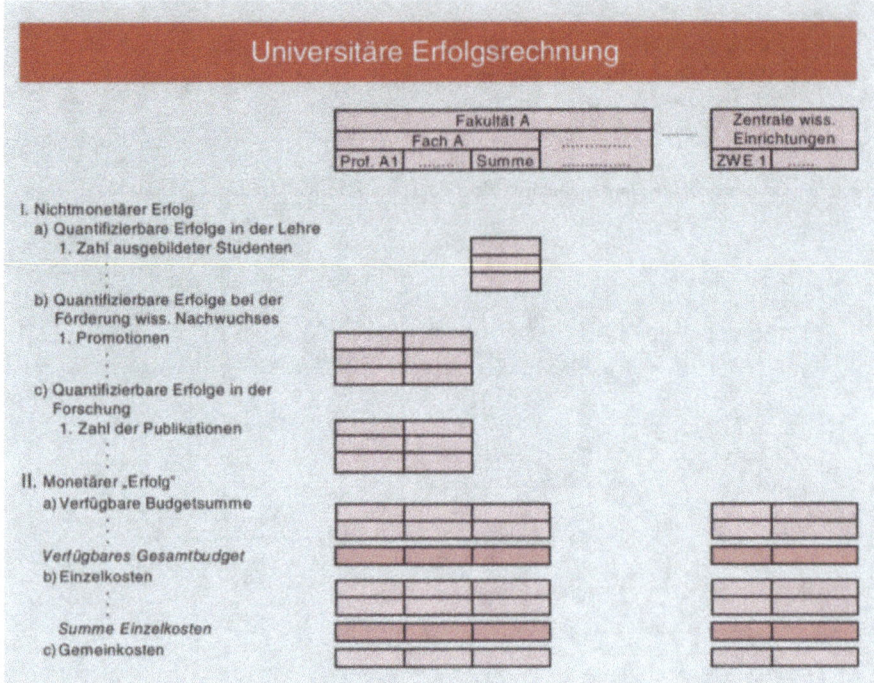

Abbildung 6: Dreiteilige Finanz- und Vermögensrechnung

schungsprojekten u. ä. In den Hochschulen werden inzwischen Anstrengungen unternommen, auch diesen Bereich mit aussagefähigen Daten zu unterstützen.

Als Forschungs- und Lehreinrichtungen besitzen Hochschulen eine große Bedeutung für die künftige Entwicklung eines Landes. Ihre grundlegenden Entscheidungen in Forschung und Lehre haben eine über sie selbst hinausreichende strategische Bedeutung. Sie benötigen daher Informationssysteme, mit denen sich ihre Erfolgspotenziale erfassen und prognostizieren lassen. Die Entwicklung von *Erfolgspotenzialrechnungen* ist eine Innovationsaufgabe, für die Ansatzpunkte in Konzepten des Intellektuellen Kapitals sowie von Wissensbilanzen bestehen, wie sie u. a. österreichische Hochschulen erstellen (vgl. Waltenberger 2006, S. 182 ff.; Titscher 2004).

Entwicklung umfassender Informationssysteme

Datawarehouse-Systeme (CEUS)

Sowohl die Ministerien als auch die Hochschulen benötigen für ihre Entscheidungen eine Vielzahl von Informationen, welche über die Hochschulrechnung hinausgehen. Verbunden mit der Entwicklung der EDV sind daher ihre Informationssysteme in allen Bereichen und Ebenen ausgebaut worden. So muss die *Studenten- und Prüfungsverwaltung* durch den Übergang auf leistungsbegleitende (credit point) Prüfungssysteme, wie sie in Bachelor- und Masterstudiengängen üblich sind, wesentlich gestiegene Anforderungen erfüllen. Da nicht nur die entsprechenden Prozesse laufend zu bewältigen, sondern daraus Konsequenzen für deren Steuerung zu ziehen sind, muss man die zeitliche Entwicklung verfolgen und analysieren können. Dies ist möglich mit Hilfe von Datawarehouse-Systemen, welche die historisierten Daten speichern und vielfältig auswerten lassen. Deshalb wurde beispielsweise in Bayern ein explizit auf ihre Bedingungen und Zwecke ausgerichtetes *Computerbasiertes Entscheidungs-Unterstützungs-System CEUS* entwickelt. Mit ihm verfügen entsprechend Abbildung 7 das Wissenschaftsministerium und die Universitäten sowie ggf. deren Fakultäten über eigene Systeme mit Daten zur Mittelbewirtschaftung, Perso-

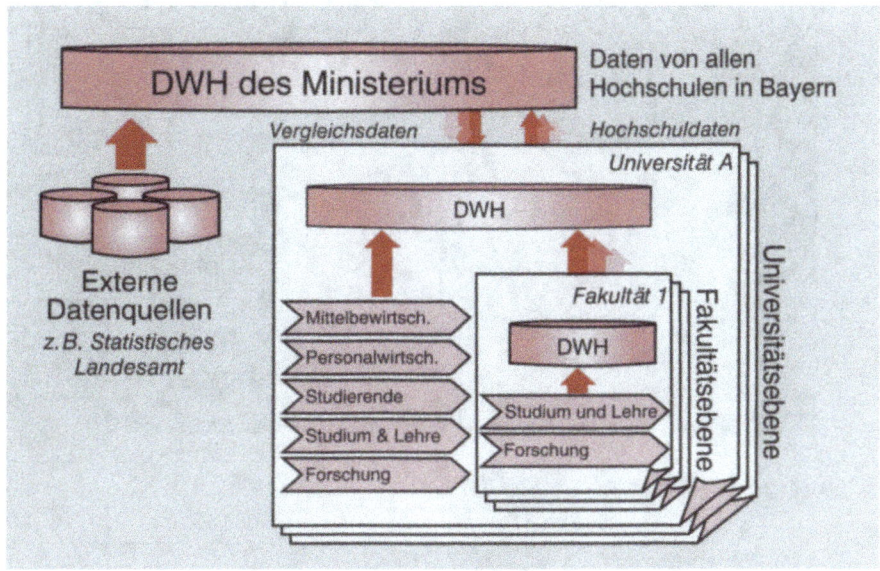

Abbildung 7: Struktur des Datawarehouse-Systems CEUS

nal, Studierenden, Studium und Lehre sowie Forschung. Aus diesen lassen sich in vielfältigster Hinsicht Kennzahlen zusammenstellen (vgl. Sinz u. a. 2001).

Rankings

Ein Indiz des Wettbewerbs zwischen den Hochschulen bilden Rankings (vgl. Küpper/Ott 2003), die seit einigen Jahren von *Publikationsorganen* wie Focus, Spiegel, Stern und Zeit sowie Institutionen wie dem *Centrum für Hochschulentwicklung CHE* in regelmäßigen Abständen erhoben und veröffentlicht werden. Sie sollen vor allem Studierenden Anhaltspunkte für die Auswahl ihres Studienortes geben. Bei einer Abkehr von einer zentralen Verteilung der Studienplätze in Massenfächern dürfte ihnen eine wachsende Bedeutung zukommen.

Kapazitäts- und Leistungsdaten der Hochschulen

Die deutschen Hochschulen müssen seit Jahrzehnten eine hohe Studentenzahl bewältigen. Dennoch mangelt es an konkreten Informationen über die Auslastung in den verschiedenen Fächern und ihr Ausmaß an Überlast. Deshalb werden in mehreren Bundesländern wie z.B. Nordrhein-Westfalen (vgl. Fangmann 2006, S. 61ff.) Instrumente entwickelt, welche die *Kapazitätsauslastung* und die wichtigsten *Leistungen* in Studienfeldern sowie Fächern aufzeigen. Mit ihnen erhalten die Hochschulleitungen und die Ministerien eine weitere Entscheidungsgrundlage.

Absolventenstudien

Eine wichtige Komponente des Erfolgs eines Studiums liegt darin, wie gut es für den beruflichen Weg nutzbar ist. Deshalb benötigt man Informationsinstrumente über den Weg der Absolventen nach der Hochschule. Bislang werden entsprechende Absolventenstudien einerseits für alle deutschen Hochschulen durch die HIS GmbH, andererseits an einzelnen Hochschulen und für einzelne Fächer durchgeführt. In Bayern wurde gerade die erste Stufe eines *Bayerischen Absolventenpanels BAP* abgeschlossen (vgl. Falk/Reimer/Hartwig 2007). Sie umfasste eine Vollerhebung aller Studierenden der staatlichen Universitäten und Fachhochschulen in wichtigen Studienfächern. In zwei weiteren Befragungen des hierdurch gewonnenen Panels soll der berufliche Weg der Absolventen über einen Zeitraum von 10 Jahren hinweg verfolgt werden. Durch solche Längsschnittstudien erhält man Informationen über die Aufnahme der Absolventen, deren Einkommen, Aufstiegsmöglichkeiten und -wege usw., die für die Gestaltung der Studienstruktur und des Studiums nutzbar sind.

Koordinations- und Steuerungssysteme für Hochschulen

Eine stärkere Autonomie staatlicher Hochschulen bedingt einen Übergang auf andere Koordinations- und Steuerungssysteme, welche an die Stelle der Einbindung in den Staatshaushalt mit einem hohen Grad an Fortschreibungsbudgetierung treten. Damit erhält das Controlling auf allen Ebenen ein wesentlich größeres Gewicht.

Kennzahlenbasierte Mittelverteilung

Ein wichtiger Schritt in diese Richtung wurde in verschiedenen Bundesländern vollzogen, indem zumindest Teile der Hochschulhaushalte auf der Grundlage ausgewählter Kennzahlen *auf die Hochschulen* verteilt wurden. Um den Bedarf und die Leistungen einer Hochschule zu erfassen, werden hierzu insb. die *Ausstattung mit Stellen* sowie *Studierenden- und Absolventenzahlen, Promotionen, Habilitationen* und *Drittmittel* einbezogen. Ferner können spezifische Aspekte wie der Anteil weiblicher Stelleninhaber (vgl. Art 5 Abs. 2 Bayer. HG) oder ausländischer Studierender berücksichtigt werden. Inzwischen wird dieses Instrument in vielen Hochschulen auch für die *Mittelverteilung auf Fakultäten, Fachbereiche und Departments* angewandt. Dabei haben die Hochschulen jeweils eigenständige Systeme entwickelt. Während sich die Mittelverteilung zuvor häufig nach Berufungsvereinbarungen richtete, haben diese inzwischen nur noch einen begrenzten Geltungszeitraum. Durch die Orientierung an Leistungsgrößen der Lehre, die beispielsweise in studienbegleitenden Prüfungssystemen über die Leistungspunkte gut erfassbar sind, und der Forschung, bei der man vermehrt Veröffentlichungen in referierten, insb. internationalen Zeitschriften und Zitationen heranzieht, werden Anreize gesetzt.

Zielvereinbarungen

Daneben wird immer stärker das Instrument der Zielvereinbarung genutzt (vgl. Weichselbaumer 2007). Um den Hochschulen trotz knapper Haushaltsmittel Planungssicherheit und Bewegungsspielräume zu bieten, wurde in verschiedenen

Bundesländern ein *("Innovations-") Pakt* abgeschlossen. Dieser enthält häufig *Zielvereinbarungen des Landes mit Hochschulen*, in denen Ausbauziele im Hinblick auf Forschung und Lehre z.B. zur Einrichtung von Forschungszentren und Studiengängen, die dafür bereitzustellenden Ressourcen, Parameter der Zielerreichung und Verfahren für den Fall der Nichterreichung festgelegt werden (vgl. Art. 15 Bayer. HG). Eine Reihe von Hochschulen wie die Technische Universität München hat dieses Instrument auch für die inneruniversitäre Steuerung ausgebaut.

Kombination der Systeme

Budgetierung, Zielvereinbarungen und Lenkungspreise als wichtige Ausprägungen übergreifender Controllingsysteme bilden keine strengen Alternativen (vgl. Ch. Hofmann 2001). Wie bei erwerbswirtschaftlichen Unternehmungen werden sie im Hochschulcontrolling miteinander kombiniert. Dabei schält sich sowohl für die Mittelverteilung auf die Hochschulen als auch in diesen eine *Kombination aus Grundversorgung, kennzahlenbasierter Mittelverteilung und Zielvereinbarungen* heraus. Mit der ersten soll der Bedarf abgedeckt und gesichert werden, der sich aus den grundlegenden Aufgaben vor allem in der Lehre und der langfristigen Bindung von Personal ergibt. Über die Verknüpfung mit leistungsbezogenen Kennzahlen gelangt man für einen Teil der Mittel zu einer outputbezogenen Budgetierung, die Anreize setzt und eine laufende Anpassung an Veränderungen ermöglicht. In Zielvereinbarungen lassen sich strategische Ziele setzen, Innovationen auf den Weg bringen und deren Umsetzung verfolgen. Mit der Einführung von Studienbeiträgen, Wettbewerbsverfahren wie der Exzellenzinitiative und der dezentralen Auswahl von Studierenden gewinnen Marktelemente eine höhere Bedeutung.

Künftige Innovationen im Hochschulcontrolling

In der „zweiten" Hochschulreform hat in Deutschland das Hochschulcontrolling eine maßgebliche Rolle übernommen und

wichtige Innovationen vollzogen. Deren Determinanten wie die Forderung nach effizienter Steuerung der Forschungs- und Lehrprozesse, Wettbewerb und Autonomie werden weiter wirksam sein. Deshalb sind zusätzliche Innovationen im Hochschulcontrolling vor allem in zwei Richtungen notwendig.

Zum einen müssen seine *Informations-, Koordinations- und Steuerungssysteme ausgebaut* werden. Auf die gegenwärtig zu beobachtende Entwicklung von Einzelsystemen der Hochschulrechnung, Datawarehouses, Absolventenstudien etc. sollte eine Phase folgen, in welcher deren vielfältige Informationen im Hinblick auf die relevanten Entscheidungen in Hochschulen zusammengeführt und bereitgestellt werden. Dies beinhaltet die Schaffung geeigneter *Berichtssysteme* in und über Hochschulen, welche mit den eingesetzten Koordinations- und Steuerungssystemen zu integrieren sind. Die übergreifende Aufgabe besteht darin, die für die jeweilige Hochschule am besten geeignete *Kombination dieser Controllingsysteme* zu finden.

Die andere Richtung betrifft die *wissenschaftliche Fundierung* des Hochschulcontrollings. Im Hinblick auf die Gestaltung und Anwendung der Controllingsysteme in der Hochschulpraxis besteht ein Defizit an theoretischem Wissen. Um dies zu verringern, sind Erkenntnisse aus dem Gebiet der in Deutschland wenig ausgebauten *Hochschulforschung* mit Ansätzen zur *theoretischen Fundierung des Controllings* zu verknüpfen. Während sich die Hochschulforschung in hohem Maße empirischer Methoden bedient (vgl. Hartmann 1998; Y. Hofmann 2007), bildet die formal-analytische Agency-Theorie ein wichtiges Instrumentarium der Controllingforschung (vgl. Ch. Hofmann 2001; Küpper 2007). Mit der Brückenbildung zwischen beiden kann man zu innovativen Ansätzen und weiterführenden Erkenntnissen gelangen.

Literatur

FALK, S./REIMER, M./HARTWIG, L.: Absolventenforschung für Hochschulen und Bildungspolitik: Konzeption und Ziele des „Bayerischen Absolventenpanels", in: Beiträge zur Hochschulforschung 2007, S. 6–33.
FANGMANN, H.: Hochschulsteuerung in Nordrhein-Westfalen. Strukturen und Instrumente, Sachstand und Perspektiven, in: Beiträge zur Hochschulforschung 2006, S. 54–65.
HARTMANN, Y. E.: Controlling interdisziplinärer Forschungsprojekte. Theoretische Grundlagen und Gestaltungsempfehlungen auf der Basis einer empirischen Erhebung, Stuttgart 1998.
HOFMANN, CH.: Anreizorientierte Controllingsysteme. Budgetierungs-, Ziel- und Verrechnungspreissysteme, Stuttgart 2001.
HOFMANN, Y.: Steuerung durch Transparenz. Die Rolle transparenzinduzierter Emotionen bei der Realisierung von Koordinations- und Motivationswirkungen. Habilitationsschrift München 2007.
KRONTHALER, L.: Greifswalder Grundsätze: Weshalb Hochschulen ein modernes Rechnungswesen brauchen, in: Forschung & Lehre, Nr. 11 1999, S. 582–583.
KÜPPER, H.-U.: Struktur, Aufgaben und Systeme des Hochschul-Controlling. In: Gestaltungskonzepte für Hochschulen. Effizienz, Effektivität, Evolution, hrsg. von KÜPPER, H.-U. und SINZ, E. J., Stuttgart 1998, S. 152–172.
KÜPPER, H.-U.: Hochschulrechnung auf der Basis von doppelter Buchhaltung und HBG? In: Zeitschrift für betriebswirtschaftliche Forschung (52) 2000, S. 348–369.
KÜPPER, H.-U.: Rechnungslegung von Hochschulen. In: Betriebswirtschaftliche Forschung und Praxis 2001, S. 578–592.
KÜPPER, H.-U.: Konzeption einer Perioden-Erfolgsrechnung für Hochschulen, in: Zeitschrift für Betriebswirtschaft (72) 2002, S. 929–951.
KÜPPER, H.-U.: Management Mechanisms and Financing of Higher Education in Germany, in: Higher Education Management and Policy (15) 2003, S. 71–89).
KÜPPER, H.-U.: Controlling. Konzeption, Aufgaben, Instrumente, 4. Auflage, Stuttgart 2005.
KÜPPER, H.-U.: Controlling und Operations Research – Der Beitrag quantitativer Theorie zur Selbstfindung und Akzeptanz einer praxisorientierten Disziplin, in: Zeitschrift für Betriebswirtschaft (77) 2007, S. 735–757.
KÜPPER, H.-U./OTT, R.: Objektivierung von Hochschul-Rankings – Analyse ihrer Meß- und Bewertungsprobleme am Vergleich deutscher und US-amerikanischer Rangliste, in: Betriebswirtschaftliche Forschung und Praxis 2003, S. 614–630.
KÜPPER, H.-U./SINZ, E. (Hrsg.): Gestaltungskonzepte für Hochschulen. Effizienz, Effektivität, Evolution, Stuttgart 1998.
SCHERM, E./PIETSCH, G. (Hrsg.): Controlling – Theorien und Konzeptionen, München 2004.
SCHWEITZER, M./HETTICH, G. O.: Entwicklung des Systems einer Kostenarten- und Kostenstellenrechnung an Hochschulen. Schlussbericht zum BLK-Modellversuch, Tübingen 1981.
SINZ, E. J./BÖHNLEIN, M./PLAHA, M./ULBRICH-VOM ENDE, A.: Architekturkonzept eines verteilten Data-Warehouse-Systems für das Hochschulwesen, in: Information Age Economy, Physica-Verlag, hrsg. von BUHL, H.-U./HUTHER, A./REITWIESNER, B., Heidelberg 2001.
TITSCHER, S.: Theoretische Grundlagen, Interpretationsvarianten und mögliche Auswirkungen des Universitätsgesetzes, in: Die österreichische Universitätsreform: zur Implementierung des Universitätsgesetzes 2002, hrsg. von HÖLLINGER, S. und TITSCHER, S., Wien 2004, S. 73–123.
WALTENBERGER, M.: Rechnungslegung staatlicher Hochschulen: Prinzipien, Struktur und Gestaltungsprobleme, München 2006.
WEICHSELBAUMER, J.: Hochschulinterne Steuerung über Zielvereinbarungen – ein prozessbegleitender ökonomisch-methodischer Ansatz, in: Hochschulrechnung und Hochschulcontrolling, hrsg. von KÜPPER, H.-U., Sonderheft der Zeitschrift für Betriebswirtschaft 2007.

Notwendigkeit und Chancen von systematischen Innovationsprozessen und deren Kontrolle in gemeinnützigen Stiftungen

Johannes Meier/Vincent Paul Menken

■ Einleitung

„... nearly every problem has been solved by somebody somewhere, and yet we can't seem to replicate it everywhere else. Anybody who has spent a serious amount of time thinking and looking about this knows that that is the central challenge of this age". Was Bill Clinton bereits im Jahr 1993 als zentrale Herausforderung für das amerikanische Bildungswesen beschrieb, gilt heute immer noch für die Arbeit gemeinnütziger Einrichtungen, auch in Deutschland. Sie stehen vor der Herausforderung, wirkungsvolle und skalierbare Lösungen für gesellschaftliche Probleme zu entwickeln, nicht nur im Bereich des Bildungswesens. Dies setzt eine erhebliche Innovationskraft voraus. Dabei kommt gemeinnützigen Stiftungen wegen ihrer inhaltlichen und finanziellen Unabhängigkeit eine besondere Rolle bei der Entwicklung und Umsetzung von gesellschaftspolitisch relevanten Innovationen zu. Dass gemeinnützige Stiftungen innovative Lösungen entwickeln sollten, ist Stand allgemeiner Erkenntnis. Nur wenige Stiftungen sind ausschließlich dem bloßen Bewahren verpflichtet. Entscheidend ist jedoch die Frage, wie Stiftungen mit dem Druck zur Innovation umgehen lernen. Dieser Beitrag gibt einen Einblick in die Herausforderungen und Erfolgsfaktoren für Innovationsprozesse bei gemeinnützigen Stiftungen.

> ● Die Entwicklung skalierbarer Lösungen für gesellschaftliche Probleme ist wesentliche Herausforderung gemeinnütziger Stiftungen – erhebliche Innovationskraft ist dafür Voraussetzung.
> ● Stiftungssatzungen, der Umgang mit steuerbegünstigten Mitteln und die Nachfrage von Stakeholdern erzeugen Innovationserwartungen.
> ● Das frühe Erkennen von Trends entlang dem Lebenszyklus öffentlicher Anliegen ist ein Erfolgsfaktor für gemeinnützige Stiftungsarbeit.
> ● Der Schutz des Innovationsimpulses und die frühe Wettbewerbsverprobung sind erfolgskritisch in der Latenzphase des Innovationsprozesses.
> ● Die Analyse des Policy-Zyklus und der Stakeholder-Zielgruppen sind neben dem Satzungszweck weitere entscheidende strategische Filter des Innovationsprozesses.
> ● Das Dilemma zwischen Freiheit und Kontrolle ist durch gute Führung und Delegation innerhalb klarer Qualitätsvorgaben auflösbar.
> ● Intelligent strukturierte Innovationsprozesse helfen gemeinnützigen Stiftungen bei der Erfüllung einer der wesentlichsten Aufgaben: der Ermöglichung von Pionierleistungen und deren Umsetzung in der Breite.

■ Innovationserwartungen an gemeinnützige Stiftungen

Die Erwartung, dass gemeinnützige Stiftungen Innovationen erzeugen, ist hoch, was in drei Situationen besonders deutlich wird:

Dr. Johannes Meier ist Vorstandsmitglied der Bertelsmann Stiftung und verantwortlich für deren kaufmännische Geschäftsführung, Carl-Bertelsmann-Straße 256, 33311 Gütersloh.

Dipl.-Jur. Vincent Paul Menken ist Assistent des Vorstands bei der Bertelsmann Stiftung, Carl-Bertelsmann-Straße 256, 33311 Gütersloh.

Erstens: Die Verpflichtung zur Innovation ergibt sich zunächst häufig aus der Stiftungssatzung. Hintergrund ist dabei oftmals der Wunsch des Stifters nach ganzheitlichen Problemlösungen und größtmöglicher Verbreitung innovativer Konzepte. Bei der Bertelsmann Stiftung ergibt sich die Verpflichtung zur Innovation aus dem Stifterwillen, Lösungen für die Systemfortschreibung in Staat, Wirtschaft und Gesellschaft zu entwickeln. Stifterwillen und Stiftungssatzung erfordern bereits deshalb leistungsfähige Innovationsprozesse in der Stiftung.

Zweitens: Der Umgang mit steuerbegünstigten Investitionsmitteln verpflichtet gemeinnützige Stiftungen ebenfalls zur Innovation. Sowohl bei der Errichtung als auch im laufenden Geschäftsbetrieb unterliegen gemeinnützige Stiftungen keiner oder lediglich einer eingeschränkten Steuerpflicht. Diese Vergünstigung wird vom Steuergesetzgeber mit zunehmender Deutlichkeit als Investition und nicht als Subvention verstanden (vgl. Steinbrück 2007). So bedeutet der Gesetzesentwurf der Bundesregierung mit dem Titel „Hilfen für Helfer" nicht nur eine Investition in den Non-Profit-Sektor, sondern gleichzeitig auch Steuermindereinnahmen in Höhe von ca. 400 Mio. €. Die Gemeinschaft fordert deshalb mit Recht ein hohes Maß an Transparenz und Accountability über die Verwendung dieser Mittel ein.

Drittens: Die konkrete Nachfrage nach Innovationen aus dem Arbeitsumfeld von Stiftungen ist ein weiterer Innovationstreiber. In Anlehnung an betriebswirtschaftliche Definitionen können Pull- und Push-Innovationen unterschieden werden (vgl. Lindorfer/Girkinger 2004). Push-Innovationen bieten eine radikale Lösung eines gesellschaftlichen Problems und etablieren einen neuen Standard. Sie werden in den Markt „gepusht". Social Franchising und Social Business Konzepte, die von Social Entrepreneurs mit Blick auf eine Flächenwirkung vorangetrieben werden, können hier als Beispiele dienen. Das wahrscheinlich prominenteste Beispiel ist das Micro-Credit-Modell des Friedensnobelpreisträgers Prof. Yunus. Durch seine unternehmerische Leistung und sein innovatives Geschäftsmodell etablierte Prof. Yunus einen weltweiten Standard für die Vergabe von Mikrodarlehen. Mittlerweile werden von Yunus' Grameen-Bank Darlehen an ca. 100 Millionen Menschen vergeben. Im gemeinnützigen Stiftungswesen findet sich diese Art von Innovation bislang leider noch selten. Nachfragegesteuerte Pull-Innovationen finden sich hingegen meist in Bereichen, in denen bestehende gesellschaftliche Probleme mit den herkömmlichen, oft auch staatlich verankerten Angeboten nicht mehr befriedigend lösbar sind. Ein gutes Beispiel für Pull-Innovationen sind die wachsenden Angebote für generationenübergreifende Wohnformen. Ein weiteres Beispiel sind Bürgerstiftungen, die in großer Zahl in Deutschland errichtet werden aufgrund der Nachfrage von Personen, die sich gesellschaftlich engagieren möchten, aber allein kein großes Stiftungsvermögen mobilisieren können.

Vor diesem Hintergrund stellt sich die Frage, mit welchen Prozessen diese Innovationserwartungen am besten erfüllt werden können.

Innovationsprozesse und der Lebenszyklus öffentlicher Anliegen

In der Managementpraxis ist die Notwendigkeit der Planung und Kontrolle innovativer Prozesse unbestritten. Der Zweck der betrieblichen Innovation ist unter anderem das Erreichen und die langfristige Sicherung der Gewinn- und Wachstumsziele des Unternehmens. Diese Definition des Zwecks von Innovationen eignet sich auf den ersten Blick nicht für die Beschreibung von Innovationsprozessen zur Verwirklichung gemeinnütziger Zwecke. Jedoch enthält das betriebswirtschaftliche Verständnis von Innovation den Begriff der Zukunftsorientierung, der den systematischen Blick in die Zukunft der eigenen Branche richtet (vgl. Weber/Vinkemeier 2007). Die Zukunftsorientierung öffnet eine semantische Brücke zwischen gewinn- und wachstumszielgetriebenen Innovationsprozessen und der Innovationskultur von gemeinnützigen Stiftungen. Denn das frühe Erkennen von Trends und Umbrüchen in der Gesellschaft ist im Kern wesentlicher Erfolgsfaktor moderner gemeinnütziger Stiftungen.

Es hat sich aus Sicht der Bertelsmann Stiftung als hilfreich herausgestellt, den Innovationsprozess und seine Steuerung entlang des Lebenszyklus von öffentlichen Anliegen auszurichten und an ein phasengestütztes Projektmanagement zu koppeln. Anpassungen an die Dynamiken öffentlicher Anliegen können dabei fortlaufend vorgenommen werden, etwa vergleichbar der Produktpflege im Profit-Innovationsprozess. Abbildung 1 zeigt unterschiedliche Rollen der Bertelsmann Stiftung im Innovationsprozess entlang eines solchen Lebenszyklusmodells (vgl. Meffert 2004). Zur Verdeutlichung des Innovationsprozesses werden zwei Zeitpunkte im Lebenszyklus eines öffentlichen Anliegens nachfolgend genauer untersucht. Die Latenz- und die Emergenzphase von öffentlichen Anliegen stellen jeweils besondere Anforderungen an die Steuerung des Innovationsprozesses.

Schutz des Startimpulses in der Latenzphase

In der Latenzphase des öffentlichen Anliegens ist noch unsicher, ob das Anliegen über einen kleinen Kreis von Experten oder Interessierten hinaus den Weg in die öffentliche Diskussion findet. Damit liegt die wesentliche Herausforderung der Steuerung des Innovationsprozesses darin, den Impuls für den Start des Innovationsprozesses nicht aufgrund der Konkurrenz mit anderen Ereignissen oder Informationen abzuschwächen oder gar im allgemeinen Rauschen zu verlieren (vgl. Schüller 2002). Nicht selten hängt dabei der Impuls zum Start des Innovationsprozesses von der Bereitschaft Einzelner ab, sich vorzuwagen. Die Sensibilität der Mitarbeiterinnen und Mitarbeiter für aufkommende Themen ist deshalb erfolgskritisch. Innovation bedeutet auch gelegentlich Norm- und Regelbruch, sodass es oftmals Querdenker sind, die wegweisende Innovationen anstoßen. Auch diese Mitarbeiter sind ein wichtiger Faktor für das frühzeitige Aufspüren öffentlicher Anliegen. Die Bertelsmann Stiftung hat mit der Pflege von Startimpulsen durch die Mitarbeiterinnen und Mitarbeiter sehr gute Erfahrungen gemacht. Es wäre ein Trugschluss zu glauben, dass Innovationsimpulse bei der Vielfalt komplexer öffentlicher Anliegen ausschließlich aus der Führungsetage kommen können.

Der frühe Wettbewerbsvergleich und die dazu erforderliche explizite Bedarfsanalyse gehören ebenfalls zu den Erfolgsfaktoren des Innovationsprozesses in der Latenzphase eines öffentlichen Anliegens. Sie sollen den Aufbau redundanter Organisationsstrukturen und die Produktion von Überangeboten vermeiden. Eine klar eingegrenzte und quantifizierte Zielgruppe ist außerdem Grundlage für die spätere Erfolgskontrolle und Evaluation des Projekts. Leider fehlen an vielen Stellen im Non-Profit-Sektor noch Instrumente, die schnell Transparenz über Art und Qualität des Engagements der gemeinnützigen Akteure schaffen. Dies erschwert nicht nur den notwendigen Wettbewerbsvergleich im Innovationsprozess, sondern verhindert auch häufig, dass zusätzliche Mittel mobilisiert werden können.

Innovationsfilter in der Emergenzphase

Beim Übergang eines öffentlichen Anliegens von der Latenz- in die Emergenzphase steigen die sozio-politische Bedeutung und die Zahl der Interessierten. Meist müssen zu diesem Zeitpunkt auch erste Innovationsideen bewertet und gute Ideen herausgefiltert werden.

Die Satzung von gemeinnützigen Stiftungen ist im Innovationsprozess eine Art vordefinierter strategischer Filter, ist in ihr doch der Stifterwille als strategische Richtschnur niedergelegt. Eine besondere Herausforderung bei der Steuerung von Innovationsprozessen ist es deshalb, die Bedeutung des jeweiligen Satzungszwecks im Bewusstsein aller am Innovationsprozess Beteiligten zu halten. An die Satzungsfrage schließen sich insbesondere bei beratenden Stiftungen inhaltliche Fragen an, deren Beantwortung die weitere Entwicklung des Innovationsprozesses gedanklich vorwegnimmt und zu einer weiteren Filterung führt. Diese Fragen entsprechen den typischen Fragen, die in jedem Strategieprozess gestellt werden:

- Timing bzw. Window of opportunity: In welcher Phase des klassischen Policy-Zyklus (Problemdefinition, Agenda-Setting, Politikformulierung, Implementierung) soll die Innovation wirken?
- Zielgruppenorientierung: Welche Instrumente können bereitgestellt werden, um die Zielgruppe effektiv zu erreichen?
- Differenzierung: Kann durch die Stiftung eine Lücke gefüllt werden, die von anderen Akteuren nur schwer zu füllen ist?
- Stakeholder-Analyse: Welche Stakeholder-Interessen müssen berücksichtigt werden bei der Umsetzung der Innovation?
- Ressourcenbewertung: Sind ausreichend Ressourcen zur Umsetzung der Innovationsidee mobilisierbar?

Da zu Beginn eines Innovationsprozesses nie alle Fragen vollständig aufgelistet werden können, lohnt es sich, über eine regelmäßige Form der Nachsteuerung nachzudenken. In der Bertelsmann Stif-

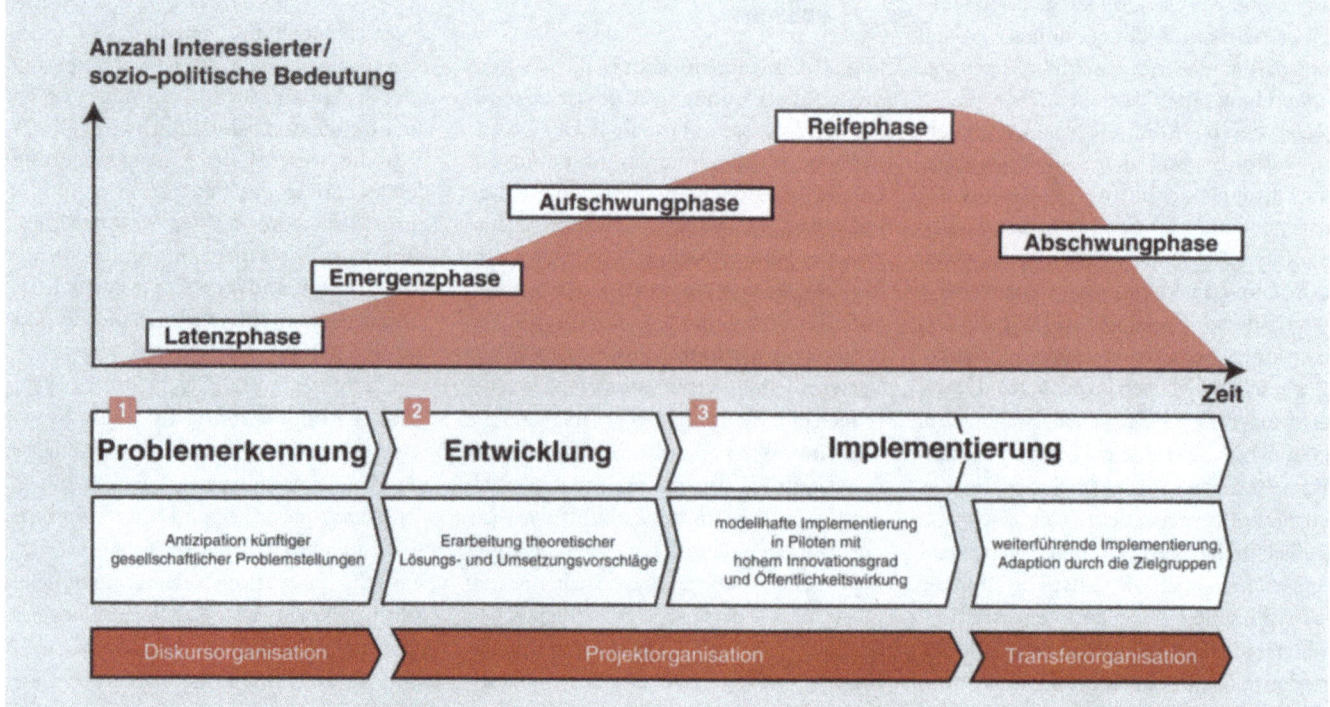

Abbildung 1: Unterschiedliche Rollen der Bertelsmann Stiftung im Innovationsprozess entlang eines Lebenszyklusmodells.

Quelle: Meffert 2004

tung finden deshalb so genannte Qualitätsdialoge in jeder Phase des Innovationsprozesses statt. An den Dialogen nehmen das zuständige Vorstandsmitglied, die Projektmitarbeiter und die Leiter von Personal, Controlling und Kommunikation teil. Ziel ist es, den Innovationsprozess und den Projektfortschritt zu analysieren und über erforderliche Anpassungen zu entscheiden. In der Emergenzphase eines öffentlichen Anliegens ist dieser Dialog besonders wichtig, weil noch viele Variablen nur unscharf bewertet werden können.

Freiheit und Kontrolle im Innovationsprozess

„An excellent research organization is always slightly out of control". Was Fopke Klok 2003 für das Research Team von Philips beschrieb, gilt auch für ein erfolgreiches Innovationscontrolling in gemeinnützigen Stiftungen. Wenn Fobke Klok davon spricht, dass Organisationen „slightly" außer Kontrolle geraten dürfen, bedeutet dies, dass dennoch ein verträgliches Maß an Kontrolle ausgeübt werden muss, um den Innovationsprozess vor dem Versanden oder vor zahllosen Iterationen und Phantastereien zu schützen. Dies führt zu dem zentralen Dilemma von Innovationsprozessen, das sowohl gemeinnützige Stiftungen als auch For-Profit-Unternehmen bewältigen müssen: das Dilemma zwischen Freiheit und Kontrolle, das es im Innovationsprozess aufzulösen gilt. Wird innerhalb dieses Dilemmas auch nur eine Seite, Freiheit oder Kontrolle, gänzlich ausgeblendet, hemmt dies langfristig die Innovationskraft der Organisation insgesamt (vgl. Schüller 2002). Das Dilemma äußert sich zum Beispiel darin, dass eine stärkere Formalisierung des Innovationsprozesses einerseits Mitarbeiter entlasten kann und Synergien realisieren hilft, aber andererseits die stärkere Kontrolle des Prozesses als Einschränkung individueller Freiheit erfahren wird. Dieses Dilemma lässt sich nur mit Hilfe einer guten Führung auf allen Ebenen auflösen, die die Mitarbeiter einbezieht und die Fähigkeit zur Delegation im Rahmen klarer Qualitätserwartungen besitzt. So werden im Fall der Bertelsmann Stiftung Projektmitarbeiter, Projekt- und Programm-Manager, Senior Experts und schließlich Themenfeldleitung, Vorstand und Kuratorium zu wichtigen Impulsgebern von Innovationsprozessen.

Das Ziel ist, die gesamte in einer gemeinnützigen Stiftung vorhandene Intelligenz mit dem Innovationsprozess zu verkoppeln. Tatsächlich gibt es in Stiftungen, wie auch in profitorientierten Unternehmen, hohe Synergiepotenziale zu erschließen. Die Potenziale bestehen aus dem Wissen, das sich im Laufe der Jahre innerhalb der gesamten Organisation angesammelt hat. Eine zentral gesteuerte Hebung von Synergiepotenzialen gefährdet indes die komplex-adaptive Natur von Innovationsprozessen im Kern.

Zusammenfassung

Gemeinnützige Stiftungen können dem wachsenden Innovationsdruck durch intelligent strukturierte Innovationsprozesse begegnen, die das Lernen innerhalb der Organisation und über die Grenzen der Organisation hinaus befördern. Am Ende des Tages werden sich die gemeinnützigen Stiftungen und alle anderen Akteure der Bürgergesellschaft eine Frage beantworten müssen, wie Bill Clinton sie in der eingangs zitierten Rede im Jahr 1993 formulierte: „... what is our excuse, when we can give you a hundred examples of where it's working, for not having thousands and thousands and thousands examples of where it's working?" Für die meisten gemeinnützigen Stiftungen in Deutschland führt der Beitrag zur Antwort über eine der wesentlichsten und ursprünglichsten Aufgaben von gemeinnützigen Stiftungen. Gemeint sind Ermöglichung gesellschaftlicher Pionierleistungen und Umsetzung von Innovationen in der Breite der Gesellschaft.

Literatur

LINDORFER, B./GIRKINGER, W.: Innovationscontrolling – „Controlling the uncontrollable" Teil I, ControllerNews, H. 4, 2004.
MEFFERT, H.: Innovation in Nonprofit-Organisationen – am Beispiel einer operativen Stiftung, in: Arbeitspapiere, Wissenschaftliche Gesellschaft für Marketing und Unternehmensführung e.V. 2004.
SCHÜLLER, A.: Innovationsmanagement in NPOs in: Handbuch der Nonprofit Organisation/ Christoph Badelt (Hrsg.), Stuttgart 2002.
STEINBRÜCK, P.: Festansprache des Bundesministers der Finanzen Steinbrück anlässlich des Deutschen Stiftungstages am 11. Mai 2007 in Lübeck.
WEBER, J./VINKEMEIER, R.: Controlling und Innovation, Schriftenreihe Advanced Controlling, Band 56, Weinheim 2007.

Innovationen im Controlling – eine neue und notwendige Perspektive für die Arbeit der Controller

Jürgen Weber

Notwendigkeit von Innovationen im Controlling

Controlling ist eine in den Unternehmen etablierte Funktion, die längst schon nicht mehr auf große und größere Unternehmen beschränkt ist. Controller sind aus den Unternehmen – wie es scheint – nicht mehr wegzudenken. Controller fühlen sich von den Managern akzeptiert und gebraucht. Interne Wettbewerber schätzen sie durchweg als wenig bedeutsam ein; am meisten Konkurrenz nehmen sie noch durch externe Berater wahr, aber auch diese können ihre Position nicht wirklich gefährden (vgl. Weber et al. 2006, S. 48 f.).

Diese starke Stellung ist aber nicht frei von Gefährdungen. Sie resultieren im Wesentlichen aus dem Umfeld der Unternehmen. Zum einen ist hierfür der hohe Veränderungsdruck verantwortlich (Margendruck, Globalisierung, Wachstumsnotwendigkeit, Konzentrationstendenzen), der auf den Unternehmen lastet. Hiermit steigen die Anforderungen an die Aufgabenvielfalt und -intensität ebenso wie die Forderung nach einem eigenen Beitrag der Controller für die Effizienzsteigerung. Zum anderen tritt in Folge der Globalisierung eine „Amerikanisierung" von Rechnungslegung einerseits (US-GAAP und IFRS, die zu einer Harmonisierung des internen und externen Rechnungswesens geführt haben) und Corporate Governance andererseits ein (Themen sind hier u. a. Risikomanagement und Sarbanes Oxley Act), die einen erheblichen Veränderungsdruck auf das Controlling ausübt.

Dieser Veränderungsdruck trifft auf eine Situation, in der das „deutsche Controlling" international zunehmend als ein Sonderweg erkannt wird. Ein amerikanischer Controller etwa ist zumeist stärker zahlenorientiert und hat auch kaum eine realistische Chance, seinem Manager zu widersprechen. Generell gilt die Regel, dass man abseits der Norm gefährlich lebt. Zumindest besteht die permanente Notwendigkeit, den eigenen Nutzen nachzuweisen und immer wieder neu zu belegen. Zugleich ist der Sonderweg nicht nachhaltig, wenn die Controller verzichten, sich ständig weiter zu entwickeln. Und exakt aus diesem Grund stellt Innovation ein wesentliches Thema auch für das Controlling selbst dar. Es reicht nicht, das Innovationsmanagement an anderen Stellen im Unternehmen zu unterstützen und zu begleiten, so wie wir es in diesem ZfCM-Sonderheft für den F&E-Bereich gezeigt haben. Innovation muss auch ein fester Bestand-

---

> • Controlling hat zwar mittlerweile eine starke Position im Unternehmensgefüge inne, diese ist aber nicht ungefährdet.
> • Hoher exogener Veränderungsdruck und steigende Anforderungen betreffen auch das Controlling.
> • Controller müssen daher bereit sein, sich dem stetig wandelnden Umfeld anzupassen und Innovationen zuzulassen.
> • Potenzial für Innovationen bieten die beiden Haupttätigkeitsbereiche der Controller „Informationsversorgung" sowie „Planung und Kontrolle".
> • Auch im technischen, administrativen und organisatorischen Bereich ihrer Tätigkeit können Controller innovativ sein.
> • Neues konzeptionelles oder praktisches Wissen in die Organisation einzubringen, ist ein erster Schritt zur erhöhten Innovationstätigkeit im Controllerbereich.

Prof. Dr. Dr. h.c. Jürgen Weber ist Inhaber des Lehrstuhls für Controlling & Telekommunikation der WHU – Otto Beisheim School of Management, Burgplatz 2, 56179 Vallendar, www.whu.edu/control, und schriftleitender Herausgeber der Zeitschrift für Controlling & Management, www.zfcm.de

teil im Management der Controlling-Funktion selbst werden.

In der Vergangenheit ist dies weitestgehend unterblieben. Das Stichwort „Innovation im Controlling" findet sich in den Stichwortverzeichnissen der einschlägigen Lehrbücher nicht (vgl. Horváth 2003, S. 932; Küpper 2005, S. 590; Steinle/Bruch 2003, S. 1376; Weber/Schäffer 2006, S. 487). Auch spezifische Einzelbeiträge fehlen weitgehend (vgl. als eine Ausnahme Weber/Vinkemeier 2007). Diese Ausgangssituation war auch ein wesentlicher Grund, dieses Sonderheft der ZfCM dem Thema Innovation zu widmen.

Der folgende Beitrag ist wie folgt dreistufig aufgebaut: Im ersten Schritt geht es darum, Aussage über Inhalte und Formen von Innovationen im Controlling zu treffen. Anschließend wird überlegt, welche Fähigkeiten Controller besitzen müssen, um diese Innovationen zu leisten und welche speziellen Schwierigkeiten dabei auftreten. Der dritte Schritt beleuchtet dann die Frage, wie die Innovationen konkret umgesetzt werden können. Eine kurze Zusammenfassung schließt den Beitrag ab.

In welchen Feldern können Innovationen der Controller erfolgen?

Unterscheidung von Produkt- und Prozessinnovationen

Der Controllerbereich besitzt seit jeher ein sehr breites Aufgabenspektrum. Standardtätigkeiten wie das monatliche Zusammenstellen von Daten zählen ebenso dazu wie das kreative Erarbeiten einer komplexen Entscheidungsvorlage oder ein sensibles Schlichten von Interessenkonflikten im Rahmen der Allokation knapper Mittel. Wie an anderer Stelle dieses Sonderhefts ausgeführt wird, lassen sich zwei grundsätzliche Arten von Innovationen unterscheiden: Produktinnovationen stehen Prozessinnovationen gegenüber, wobei letztere noch in zwei Unterarten zerfallen (technische und administrative Prozessinnovationen). Welche Art von Innovation vorliegt, ist bei komplexen Dienstleistungen, wie sie von Controllern erbracht werden, nicht immer leicht zu entscheiden: Ist etwa die Standardisierung eines Antragsprozesses für Investitionen („how to do") ein Produkt oder ein Prozess?

Für die folgenden Überlegungen sei der Grad der Einbeziehung des Managers (als Kunde der Controller) zur Unterscheidung herangezogen. Von *Prozessinnovation* im Controlling sei dann gesprochen, wenn der Manager diese nicht gesondert bemerkt. Ihm ist es z. B. nicht wichtig, wie es der Controller schafft, einen Monatsbericht drei Tage schneller als bisher bereitzustellen. Der Grund hierfür kann in einer grundlegenden Reorganisation der Buchungsprozesse ebenso liegen wie in einer gesteigerten Arbeitsintensität und -zeit der Controller. Im ersten Fall handelt es sich um eine Prozessinnovation, im zweiten Fall um eine Überlastung der Controller in den gewohnten Prozessen. Von *Produktinnovationen* sei dann gesprochen, wenn der Manager eine neuartige Leistung erhält (z. B. ein neues Instrument präsentiert bekommt) oder eine bekannte Leistung (z. B. eine monatliche Ergebnisrechnung) eine deutliche Qualitätssteigerung erfährt (z. B. um eine kundenbezogene Auswertungsperspektive ergänzt wird).

Produktinnovationen im Controlling

Betrachtet man die beiden Haupttätigkeitsbereiche der Controller, die Informationsversorgung sowie die Planung und Kontrolle, im Überblick, so ist in den vergangenen Jahren nur eine begrenzte Innovationstätigkeit festzustellen.

Im Bereich der *Informationsversorgung* wird man dabei zuerst an die Prozesskostenrechnung denken, obwohl deren „Erfindung" nun auch schon ca. 20 Jahre zurück liegt. Eine weitere Innovation im Bereich des internen Rechnungswesens ist das Thema Kundenerfolgsrechnung, die in vielen Unternehmen heute zumindest rudimentär verankert ist, deren Durchbruch aber immer noch aussteht. Als Neuerung mit dem breitesten Veränderungsimpuls ist schließlich die bereits angesprochene Harmonisierung des Rechnungswesens zu nennen. Durch die Internationalisierung des externen Rechnungswesens können – so die heute herrschende Meinung – deren Informationen nun auch für interne Steuerungszwecke genutzt werden. Die Veränderung hat von dem Verzicht auf unterschiedliche Bewertungsansätze bis hin zur Zusammenlegung der Abteilungen Externes Rechnungswesen und Controlling geführt.

Im Bereich von *Planung und Kontrolle* liegen die wichtigsten Veränderungen weniger auf dem Gebiet isolierter Instrumente als auf dem Feld der grundsätzlichen Steuerungslogik. Beispiel für ein neues Instrument sind Realoptionen, die ihren Einsatz im Bereich der Bewertung von Investitionen finden. Sie unterscheiden sich von der klassischen Kapitalwertrechnung insbesondere durch eine andere Abbildung von Chancen und Risiken eines Investitionsprojekts und haben ihre konzeptionelle Basis in der Kapitalmarkttheorie. Sie haben sich allerdings u. a. wegen ihrer hohen Komplexität bis heute nur in Ausnahmefällen in der Praxis durchsetzen können. Im Bereich der grundsätzlichen Steuerungslogik trifft man dagegen auf mehrere Innovationen, die sich breit im Unternehmensalltag verankert haben. Insbesondere drei wesentliche Entwicklungen lassen sich hier beobachten:

1. *Änderung der Basisgröße der monetären Steuerung*: Die interne Unternehmenssteuerung basierte in der Vergangenheit auf Informationen der Kosten- und Erlösrechnung, also auf solchen des innerbetrieblichen Rechnungswesens („Produktergebnis", „Betriebsergebnis"). Mit dem Aufkommen des Value Based Management – Synonyme für diesen Begriff sind Wertmanagement oder wertorientierte Steuerung – sind an die Stelle interner Steuerungsgrößen solche getreten, die sich aus der externen Rechnungslegung ableiten. Zugleich haben mit diesen Größen Einschätzungen des Kapitalmarkts Eingang in die interne Steuerung gefunden („Kapitalmarkt-Beta"). Glaubt man den Geschäftsberichten großer Unternehmen und den einschlägigen Publikationen, so hat das Wertmanagement geradezu einen Siegeszug hinter sich.

2. *Ergänzung der monetären Steuerungsgrößen durch nicht-monetäre*: Hier ist exponiert die Balanced Scorecard zu nennen, die auf eine in etwa genauso lange Vergangenheit zurückblicken kann wie das Wertmanagement. Ihr Charakteristikum ist die Emanzipation nicht-monetärer Steuerungsgrößen gegenüber den traditionellen Finanzgrößen. Sie werden nicht losgelöst von und parallel zu monetären Größen geführt, sondern fest und systematisch mit diesen verknüpft. Weiterhin ist die enge Verbindung zur Strategie als ein wesentliches USP (Unique Selling Proposition/Alleinstellungsmerkmal) der Balanced Scorecard festzuhalten. Auch für dieses neue Steuerungsinstrument gilt der Befund einer hohen Verbreitung in der Unternehmenspraxis.
3. *Änderung des Steuerungsprinzips*: Die wohl am weitesten reichende Veränderung innerhalb der Unternehmenssteuerung ist mit dem Begriff „Beyond Budgeting" verbunden. Nur vordergründig geht es um eine Entschlackung der traditionellen Budgetierung. Bei näherem Hinsehen sieht das Konzept eine Überwindung der klassischen Koordination an Hand von Plänen durch einen Mix aus Rahmenplänen und Selbstabstimmung vor. Angesichts dieser sehr weitgehenden Veränderung mag es nicht verwundern, dass sich der Ansatz zumindest bislang noch nicht in der Praxis durchgesetzt hat.

Um eine Produktinnovation im weiteren Sinne handelt es sich schließlich auch bei der Entwicklung des Controllings von einer primär informationsversorgenden Funktion zu der der Rationalitätssicherung des Managements (vgl. zu den einzelnen Sichten des Controllings z. B. Weber/Schäffer 2006, S. 16 – 24). Die Veränderung der Leistungen der Controller betrifft zum einen das Aufgabenspektrum. Insbesondere zwei Tätigkeiten nehmen zu. Aus der einen Seite ist dies die Beratung, mit der Controller den Managern helfen, neue Einsichten zu gewinnen. Auf der anderen Seite steht das Wirken als kritischer Counterpart, das hilft, Führungsfehler zu vermeiden, die aus Unkenntnis resultieren oder auf opportunistisches Verhalten der Manager zurückzuführen sind. Zum anderen wird aber nicht nur das Aufgabenspektrum, sondern auch die Art der Aufgabenerfüllung von der von den Controllern verfolgten Grundauffassung beeinflusst. Ein Controller, der das Management möglichst umfassend mit betriebswirtschaftlichen Informationen versorgen will, wird weniger darauf achten, ob der einzelne Manager die gelieferten Informationen wirklich versteht und wie er sie konkret verwendet, als ein der Rationalitätssicherung verpflichteter Controller, der stets an mögliche kognitive Begrenzungen und individuelle Präferenzen „seiner" Manager denkt und die Informationsversorgung darauf ausrichtet. Konkret kann das dazu führen, deutlich weniger Standardinformationen regelmäßig bereitzustellen und strikter zwischen regelmäßigem und fallweisem Informationsbedarf zu differenzieren (vgl. zu solchen Überlegungen ausführlich Weber 2004).

Prozessinnovationen im Controlling

Wie angesprochen, lassen sich die Prozessinnovationen in technische und administrative bzw. organisatorische Innovationen unterteilen. *Technische Prozessinnovationen* im Controlling waren in der Vergangenheit stark IT-getrieben. Über einen Zeitraum von ca. 20 Jahren wurden sehr große Fortschritte erzielt im Hinblick auf Komplexitätsbewältigung, Schnelligkeit und Sicherheit der Datenbereitstellung. Es ist derzeit kaum zu erwarten, dass dieses Innovationstempo in der Zukunft beibehalten werden kann. Kaum als Innovation zu bezeichnen ist dagegen das Outsourcing von Routineprozessen („offshoring"); hier nutzen die Unternehmen im Wesentlichen nur Personalkostenvorteile.

Administrative bzw. organisatorische Innovationen schließlich werden in der Regel in der ganzen Innovationsdiskussion zu wenig beachtet. Dies gilt für die Praxis und für die Wissenschaft gleichermaßen. Gerade auf diesem Feld sind erhebliche Verbesserungen möglich. Dies sei an mehreren Beispielen verdeutlicht:

- In vielen Unternehmen wird die strategische Planung unter der Ägide der Strategen betrieben, während die Mittelfristplanung und die operative Planung in die Hoheit der Controller fallen. Eine Integration der unterschiedlichen Planungsebenen statt eines isolierten Nebeneinanders erhöht die Planungsqualität und reduziert Abstimmungskosten.
- Um ein weiteres Thema besserer Abstimmung an Schnittstellen handelt es sich bei der Bildung von interfunktionalen Teams von Controllern, Accountants, internen Revisoren und Strategen. Hiermit können die Barrieren, Know-how-Defizite und gegenseitigen Vorurteile ebenso wirksam abgebaut werden wie in gemeinsamer themenspezifischer Weiterbildung - eine aktuelle empirischen Studie zeigt, dass damit erhebliche Performance-Steigerungen im Controlling erzielt werden können (vgl. u. a. Birl 2007, S. 157). Mit anderen Worten: Kooperation lohnt sich!
- Ein drittes Schnittstellenthema (Rechnungswesen und Controlling) sei mit der Integration der internen und der externen Rechnungslegung angesprochen. Die meisten Großunternehmen haben diesen Schritt bereits vollzogen, der zu einer erheblichen Vereinfachung führt.
- Als rein Controllerbereichs-intern ist schließlich die Durchführung einer systematischen Analyse der Zufriedenheit der betreuten Manager anzusprechen (vgl. zu einem solchen Konzept Ernst/Reinhard/Vater 2007). Diese zu messen, signalisiert die Bereitschaft zu einer professionellen Dienstleistungsqualität, liefert wertvolle Anstöße für Veränderungen und führt zu einem Wandel der Kultur im Controllerbereich. Ein solches Vorgehen ist sowohl selbst eine Innovation als auch Anstoß für viele weitere Innovationen.

Insgesamt zeigt sich also für die Controller ein weites Feld, Innovationsmanagement für den eigenen Bereich zu betreiben. Hierbei gilt die Regel: Wenn ein Controller selbst innovativ ist, kann er anderen Bereichen deutlich besser bei deren Innovationen helfen, als wenn er die

Erfahrung nicht gesammelt hätte. Ihm ist dann auch bewusst, wie schwer es ist, laufend Veränderungen anzustoßen. Die meisten Menschen haben die Präferenz, Bewährtes beizubehalten. Ausreden gibt es viele („passt hier nicht", „habe keine Zeit", „bekommen wir nicht hin"). Widerstand gegen Veränderung ist quasi „natürlich" und in den Unternehmen sehr häufig anzutreffen. Die Überzeugung für die Notwendigkeit von Innovation zu schaffen, eine Innovationskultur aufzubauen, ist hiergegen die beste Maßnahme. Allerdings sind in der Praxis derzeit nicht viele Controller anzutreffen, die diesen Weg zu gehen bereit sind.

Innovation als notwendige Denkhaltung im Controlling

Innovation erfordert – wie angesprochen – Kreativität, ein Abweichen vom Gewohnten, das Eingehen des Risikos, nach einem ungewissen Weg nicht am Ziel anzukommen. Viele Innovationen scheitern. Innovation ist weiterhin weniger auf die geniale Idee eines Einzelnen denn auf eine intensive Diskussion vieler zurückzuführen. Unterschiede in Qualifikationen und Sichtweisen zu kombinieren, die Arena für Zusammenarbeit und Austausch zu geben, ist die organisatorische Herausforderung, nicht das „Durchorganisieren"

fester Abläufe (vgl. zu dieser Thematik grundsätzlich Kehrmann 2002).

Controller haben vor dem Hintergrund eines solchen Kontextes eher schlechte Ausgangsbedingungen, um auf dem Feld der Innovation reüssieren zu können. Sie begegnen in ihrer täglichen Arbeit einem Abgehen vom Gewohnten zumeist als Rationalitätsdefizit, als Ausrede, die eingesetzt wird, wenn man mit dem Normalen nicht mehr die geforderten Ziele erfüllen kann. Controller suchen Felder mit hohem Risiko primär, um Prozesse zu dessen Senkung anzustoßen; nicht, weil sie sich gerne in solchen bewegen. Controller wollen, dass gesetzte Ziele erfüllt und nicht, dass sie verfehlt werden; Prozesse mit hoher Wahrscheinlichkeit des Scheiterns sind ihnen deshalb eher suspekt. Ungerichtete Diskussionsprozesse haben für sie eher den Makel von vertaner Zeit denn von potenziell hoher Wertschöpfung; feste organisatorische Ordnungen lassen sich besser controllen als informelle Gruppen.

Controller tun sich also – so das Fazit der kurzen Überlegungen – mit Innovationen grundsätzlich schwer. Ihr „Mindset" ist mit dem von Innovationen nur schwer vereinbar. Hierfür ist das Bild des Bremsers geradezu sprichwörtlich. Auf der anderen Seite ist bekannt, dass Controller gerade diese Rolle hinter sich las-

sen wollen: Die im Internationalen Controller Verein (ICV) organisierten Controller wurden in einer aufwendigen Studie u. a. nach dem derzeitigen und dem zukünftigen Rollenbild der Controller gefragt. Die Ergebnisse der Erhebung sind in der zweiteiligen Abbildung 1 wiedergeben. Die Rolle des Change Agent und die des Innovators rangieren mit 7,9 % bzw. 7,8 % der Nennungen derzeit noch im letzten Drittel und damit weit hinter dem Kontrolleur oder dem Spürhund. Allerdings soll sich dies in der Zukunft deutlich ändern: Für den Change Agent steigt die Zahl der Nennungen auf 30,2 %, für den Innovator auf 14,5 %. Beide lassen damit den Kontrolleur und den Spürhund (weit) hinter sich.

Wenn sich Controller in Zukunft stärker dem Innovationsgedanken öffnen, besteht die Hoffnung, dass sie auch in ihrem eigenen Bereich innovativ werden. Bisher steht das Thema „Innovationen im Controllerbereich" – wie angesprochen – nur selten auf der Agenda. Welcher Controller kann etwa die folgende Analogie mit Leben erfüllen: „X % des Umsatzes wird mit Produkten gemacht, die nicht älter als 1 Jahr sind"? Innovative Firmen werben damit; ein Controllerbereich, der sich eine solche Aussage auf die Fahnen schreibt, ist bislang empirisch noch nicht aufgefallen. Viele Themen

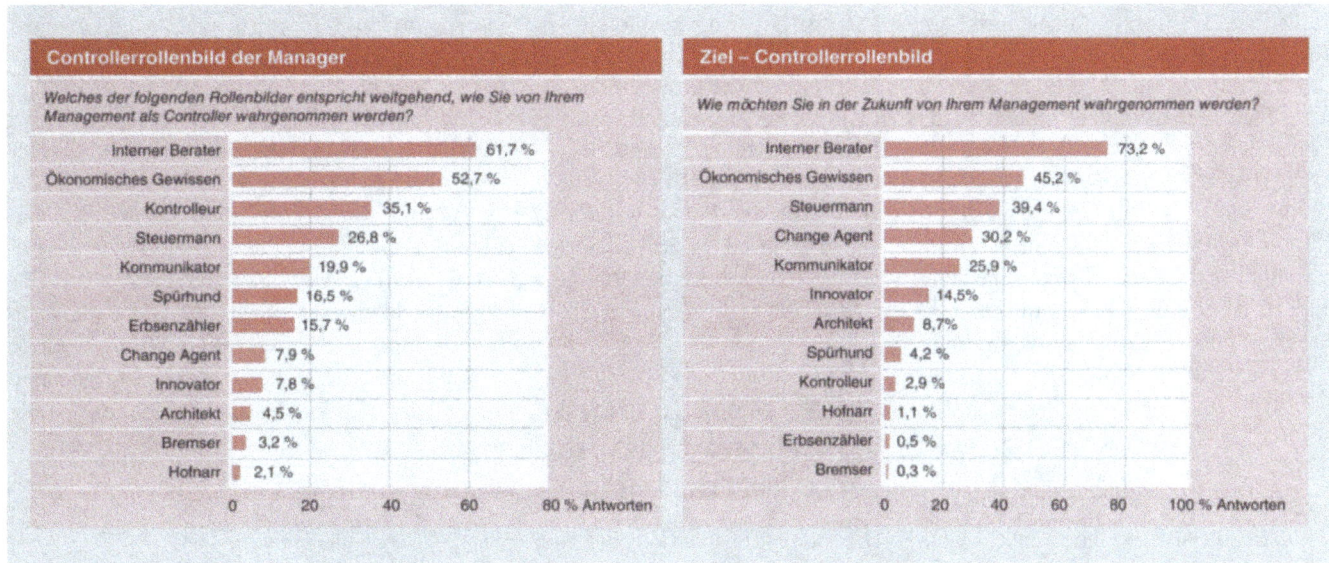

Abbildung 1: Derzeitige und zukünftige Rollenbilder der Controller (entnommen aus Weber et al. 2006, S. 44 f.)

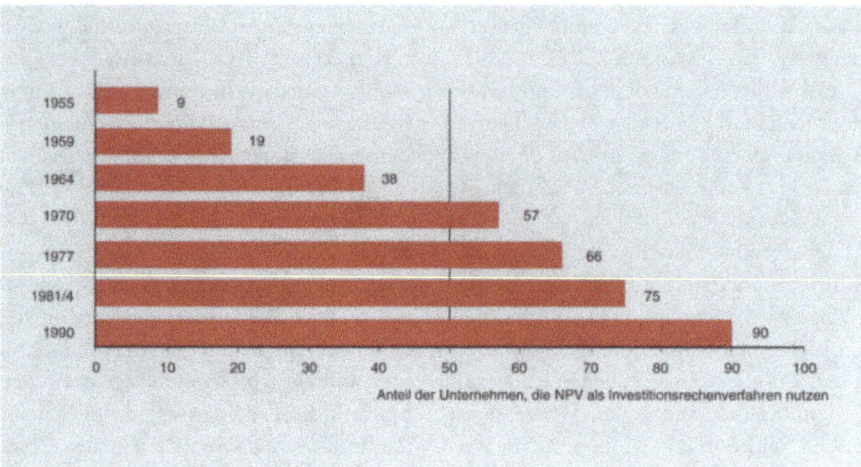

Abbildung 2: Diffusionsdauer der Kapitalwertmethode (entnommen aus Pritsch 2000, S. 377)

brauchen vielmehr sehr lange Zeit, um im Controlling umgesetzt zu werden. Zu diesen zählt etwa das Logistik-Controlling, das seit mehr als 20 Jahren propagiert wird, aber sich erst ganz langsam in der Praxis verankert. In der soeben zitierten ICV-Studie (Weber et al. 2006, S. 24) findet sich nur in 16,4 % der befragten Unternehmen eine solche Spezialisierung im Controlling. Dies mag man vorschnell auf die starke technische Orientierung der Logistik schieben. Glaubt man vielen Logistikverantwortlichen, so ist der Grund hierfür allerdings eher in der mangelnden Bereitschaft des Controllerbereichs für eine Öffnung zu sehen und nicht in einer Abwehrhaltung der Logistiker, Transparenz in den eigenen Bereich bringen zu lassen.

Innovationen im Controlling werden schließlich auch davon beeinflusst, ob die Controller ihre Aufgaben als von den Managern vorgegeben ansehen („Role taking"), oder ob sie für sich einen eigenen Gestaltungsspielraum erkennen („Role making") (vgl. zu dieser Unterscheidung und zu empirischen Erkenntnissen hinsichtlich ihrer praktischen Verbreitung Weber et al. 2006, S. 46f.). Nur in letzterem Fall haben die Controller einen Anreiz, nach neuen Aufgabenlösungen zu suchen, die sie dem Management dann entsprechend präsentieren können. In einer role taking-Perspektive beschränkt sich die Innovationsmöglichkeit der Controller dagegen nur auf Prozessinnovationen.

Insgesamt setzt Innovationstätigkeit eine Innovationsfähigkeit voraus, die wiederum nur zur Wirkung kommt, wenn eine entsprechende Einstellung zu Innovationen besteht. Fehlt diese, ist es ausgesprochen schwer, Menschen zu einem innovativen Verhalten zu bringen. Grundsätzliche neue Sichten sind aber nur äußerst schwer zu erlernen. Dies wird schon bei so einfachen Themen wie betriebswirtschaftlichen Instrumenten deutlich. Die Abbildung 2 zeigt am Beispiel der Kapitalwertmethode den – überaus langen – Zeitraum, den seine Umsetzung als Standardinstrument zur Beurteilung von Investitionen in der Unternehmenspraxis erfordert hat. Viel schwerer noch als kognitives Lernen fällt aber eine Veränderung von Einstellungen.

Damit sind wichtige Rahmendaten für die konkrete Organisation der Innovationen im Controllerbereich geliefert. Daran zu glauben, jeden Controller zum Innovator zu entwickeln, zeugt von Naivität. Mit der Frage, welche Möglichkeiten offen stehen, trotzdem eine Veränderung zu erzeugen, beschäftigt sich der nächste Abschnitt des Beitrags.

Wie könnte der Prozess der Innovation im Controlling gestaltet werden?

Die Innovationstätigkeit des Controllerbereichs kann in einem ersten Schritt dadurch angestoßen oder gestützt werden, dass neues konzeptionelles oder praktisches Wissen in die Organisation gebracht wird. Hierfür gibt es ganz unterschiedliche Möglichkeiten:

- *Besuch von Kongressen:* Hierfür bietet sich z. B. der jährlich veranstaltete ControllerCongress des ICV in München oder die – ebenfalls jährliche – Schmalenbach-Tagung an, die allerdings eher auf Rechnungswesen- denn auf Controlling-Fragestellungen ausgerichtet ist.
- *Teilnahme an Seminaren:* Als wichtiger Anbieter ist hier z. B. die ControllerAkademie zu nennen.
- *Lesen der einschlägigen Literatur:* Hierzu zählen insbesondere einen Überblick gebende Fachzeitschriften – wie die ZfCM – und stärker ins Detail gehende Bücher. Allerdings fehlt den Controllern für ein systematisches Lesen in der Regel die Zeit.
- *Enger persönlicher Kontakt zu einzelnen Lehrstühlen:* Eine unmittelbare Möglichkeit, theoretisch up to date zu bleiben, besteht darin, eng und über einen längeren Zeitraum hinweg mit einzelnen Controlling-Professoren zusammenzuarbeiten. Wie eine aktuelle, Ende des Jahres publizierte empirische Studie zeigt (Weber 2007), machen die Controller hiervon aber nur selten Gebrauch.

Das Thema „Innovation" kann über den einzelnen Controller hinaus auch dadurch im Controllerbereich vorangebracht werden, dass man es zu einem herausgehobenen Punkt auf der Agenda macht. Dies kann durch die Verabschiedung konkreter Veränderungsprojekte ebenso geschehen wie durch die Einrichtung einer entsprechenden Stelle, z. B. in der Controlling-Grundsatzabteilung eines Großunternehmens. Eine weitere Möglichkeit besteht darin, eine Art von Vorschlagwesen einzurichten oder aber einen Innovationspreis innerhalb des Controllings auszuloben. Ist das Unternehmen dafür zu klein, kann man zumindest den Anstoß geben, sich bei unternehmensübergreifenden Wettbewerben zu beteiligen, etwa beim alljährlich vergebenen Controllerpreis des ICV.

Bedenkt man, dass das Thema Innovation in der Vergangenheit bei den Controllern keine besondere Bedeutung besaß und die Veränderung von Einstellungen äußerst schwer fällt, ist die Gewinnung neuer, innovationsfähiger und innovationsbereiter Controller der vermutlich wichtigste Schritt der Implementierung eines Innovationsmanagements im Controlling. Dies kann bei der verstärkten Vergabe von Praktika beginnen, die Studenten mit neuen Einsichten in das Unternehmen führt, speist sich weiterhin wesentlich aus einer geschickten Rekrutierungspolitik von Hochschulabsolventen und lässt sich schließlich auch durch die Gewinnung von Controllern aus anderen Unternehmen und/oder Kulturkreisen voranbringen. Hier sind die Potenziale – wie ebenfalls die soeben angesprochene Studie zeigt (Weber 2007) – noch längst nicht ausgeschöpft.

■ Zusammenfassung

Controller tun sich mit Innovationen schwer. Dies gilt schon für die Innovationstätigkeit des Unternehmens, erst recht für den eigenen Bereich. Das Thema steht derzeit nur sehr selten auf der Agenda und spielt damit im täglichen Handeln keine wichtige Rolle. Angesichts der großen Herausforderungen, die auf die Controller zukommen, und der steigenden Bedeutung, die die Innovationsfähigkeit für die Wettbewerbskraft der Unternehmen besitzt, sollten sich Controller auch im eigenen Bereich viel stärker mit dem Innovationsthema beschäftigen.

Wer die Innovationskraft des Controllings stärken will, sollte dabei nicht auf revolutionäre Innovationen warten, auf neue Konzepte oder Instrumente, die das Controlling grundlegend verändern werden. Entwicklungen dieser Art sind nicht zu erwarten. Controlling handelt nicht von naturwissenschaftlich-technischen Problemen, für die fundamental neue Lösungen gefunden werden können, sondern von Menschen, deren Verhalten zu verändern ist. Dafür, dass Manager sich rational verhalten, ist stets ein ganzes Bündel an Tätigkeiten erfolgsentscheidend, für die es längst ausgereifte Werkzeuge gibt. Das Problem besteht eher darin, dass sie sich zum einen in ihrer Anwendung häufig überschneiden und dass sie zum anderen zu wenig konsequent von den Controllern kommuniziert, erklärt und betrieben werden. Der Erfolg liegt also eher in einer instrumentellen Beschränkung und konsequenten Anwendung der ausgewählten Instrumente, weniger im Verpassen der aktuellsten Entwicklungen bei den Controlling-Werkzeugen. Der Engpass ist in der Implementierung und im Betrieb zu suchen, nicht in der konzeptionellen Gestaltung.

Fortschritt ist auch im Controlling in erheblichem Maße möglich. Er liegt insbesondere im konkreten Detail. Das Thema Innovationsmanagement sollten Controller deshalb nicht der F&E-Abteilung überlassen, sondern es auch selbst ganz konkret für den eigenen Bereich angehen. Bislang gibt es hierfür in der Praxis kaum systematische Ansätze und auch die häufig vorzufindende „Sprachlosigkeit" zwischen Theorie und Praxis liefert nicht gerade den Nährboden für ein solches controllinginternes Innovationsmanagement. Dieses wird durch kleine, aber beständige Schritte zum Erfolg führen. Überspannte Erwartungen auf schnelle Erfolge sollte man nicht hegen. Dafür sind die anzustoßenden Veränderungen zu sehr auf das Verhalten von Menschen gerichtet, und Menschen verändern sich viel langsamer, als es die meisten wahrhaben wollen.

Literatur

BIRL, H. (2007): Kooperation von Controllerbereich und Innenrevision. Messung, Auswirkungen, Determinanten, Wiesbaden 2007.
ERNST, E./REINHARD, H./VATER, H. (2007): Post-IMPACT – Ergebnisse eines Programms zur Weiterentwicklung des Controllings, in: ZfCM, 51. Jg. (2007), S. 188 – 193.
HORVÁTH, P. (2003): Controlling, 9. Aufl., München 2003.
KEHRMANN, T. (2002): Rationalitätssicherung bei hohen Wissensdefiziten. Entwicklung eines Modells zum Controlling strategischer Problemlösungsteams, Wiesbaden 2002.
KÜPPER, H.-U. (2005): Controlling. Konzeption, Aufgaben, Instrumente, 4. Aufl., Stuttgart 2005.
PRITSCH, G. (2002): Realoptionen als Controlling-Instrument. Das Beispiel pharmazeutische Forschung und Entwicklung, Wiesbaden 2002.
STEINLE, C./BRUCH, H. (Hrsg.) (2003): Controlling. Kompendium für Ausbildung und Praxis, 3. Aufl., Stuttgart 2003.
WEBER, J. (2004): Controlling einfach gestalten. Schriftenreihe Advanced Controlling, Bd. 37, Vallendar 2004.
WEBER, J. (2007): Von Top-Controllern lernen. Controlling in den DAX 30-Unternehmen, Weinheim 2007.
WEBER, J./HIRSCH, B./RAMBUSCH, R./SCHLÜTER, H./SILL, F./SPATZ, A. C. (2006): Controlling 2006 – Stand und Perspektiven, Vallendar 2006.
WEBER, J./SCHÄFFER, U. (2006): Einführung in das Controlling, 11. Aufl., Stuttgart 2006.
WEBER, J./VINKEMEIER, R. (2007): Controlling und Innovation. Beitrag des Controllings zu Zukunftsorientierung und Innovationsmanagement, Schriftenreihe Advanced Controlling, Bd. 56, Weinheim 2007.

Anforderungen an ein gesamthaftes Controllingkonzept – eine empirische Perspektive

Johann E. Wieland

Die Ergebnisse der empirischen Untersuchung von Weber/Hirsch/Spatz (2007) haben die Diskussion um die Erfolgsfaktoren des Controllings in der Praxis neu belebt, belegt diese Studie doch eindrucksvoll, dass die an der Unternehmensrechnung ausgerichteten Konzepte allenfalls die notwendigen Bedingungen für das Controlling in der Praxis erfüllen können, aber nicht ausreichend sind, um exzellentes Controlling zu erklären. Die Ergebnisse zeigen, dass Sozialkompetenzen und Geschäftsverständnis „als sehr relevant für den beruflichen Erfolg von Controllern" (Weber/Hirsch/Spatz 2007, S. 63) gesehen werden. Dies gibt einem Praktiker die willkommene Gelegenheit, diese empirische Erfolgsfaktoren-Rangliste mit seinem Verständnis von einem exzellenten Controlling zu erklären.

Zur Rolle der Unternehmensrechnung

Die Unternehmensrechnung hat eine lange Tradition, allem voran die externe Rechnungslegung, die Kosten- und Leistungsrechnung sowie die Investitionsrechnung. Der Inhalt dieser Unternehmensrechnungsgebiete kann als Ansammlung von verschiedenen Rechnungsmethoden und -ansätzen beschrieben werden.

Der über die traditionelle Unternehmensrechnung hinausgehende Anspruch des Controllings wurde noch zu Anfang der 90er-Jahre sehr kritisch kommentiert, es wurde aus profiliertem Munde „vom Gespenst des Controlling als einer Selbstbeweihräucherung zum Supermann" (Schneider 1991, S. 765) gesprochen.

In den letzten Jahren stand die Diskussion um methodische Weiterentwicklungen und um externes und internes Reporting im Vordergrund der betriebswirtschaftlichen Diskussionen. Die Harmonisierung des Berichts- und Rechnungswesens hat viele Controllingkonzepte nachhaltig verändert und dabei nicht selten eine Erwartungshaltung erzeugt, dass damit exzellentes Controlling erreicht wird.

Häufig wird Controlling deshalb nach wie vor als Kompetenz für Unternehmensrechnung verstanden. Die meisten Darstellungen von Controllingkonzepten beschränken sich nach wie vor auf Methoden und Prozesse. Dabei sind noch nicht alle wichtigen Bereiche der Steuerung des Unternehmenswertes bisher hinreichend durchdrungen wie z. B. die finanzielle Steuerung des Wertes von Marken (vgl. Wieland 2006). Die Kompetenz für Methoden der Unternehmensrechnung und Planungsprozesse reicht aber nicht, um ein exzellentes Controlling in der Praxis darzustellen.

- Ein exzellentes Controlling geht über die traditionellen Konzepte der Unternehmensrechnung hinaus.
- Neben Methodenwissen müssen Controller zusätzlich über Erfahrungen im Bereich der Verhaltenssteuerung verfügen und die Geschäftsprozesse und Produkte des Unternehmens kennen.
- Controllern muss es gelingen, Verhalten von Führungskräften und Mitarbeitern zu antizipieren und negative Effekte von asymmetrisch verteilter und unvollkommener Information zu minimieren.
- Mitarbeiter des Controllings sollten das Unternehmen in seiner Breite kennenlernen und Expertenwissen in den unterschiedlichsten Bereichen aufbauen.

Dr. Johann E. Wieland ist Leiter des Konzerncontrollings der BMW Group, Petuelring 130, 80788 München. Vor seinem Eintritt bei der BMW Group war Dr. Wieland Assistent am Lehrstuhl für Investition, Finanzierung, Banken der Universität Regensburg bei Prof. Dr. Dr. h.c. Jochen Drukarczyk

Warum reicht die Kompetenz zur Unternehmensrechnung nicht aus?

Die Kompetenz für Unternehmensrechnung und Planungsprozesse ist die notwendige Bedingung, aber nicht hinreichend für ein exzellentes Controlling in der Praxis. Warum?

In der Realität sind zentrale, häufig kaum erwähnte Prämissen von theoretischen Modellen nicht erfüllt. Viele der Modelle und Verfahren der Unternehmensrechnung beruhen auf Prämissen, die in der betrieblichen Praxis nicht anzutreffen sind, wie z. B. rationales Verhalten, vollkommene Information, symmetrische Informationsverteilung, keine Transaktionskosten, Risikoneutralität usw. Gleichwohl wird die Anwendung dieser Modelle meistens undifferenziert empfohlen. Den Anwendern muss zumindest die Begrenztheit der abgeleiteten Modellergebnisse bewusst sein, um dieser Abweichung der erklärenden Argumente von beobachteten Zuständen der Rechnung tragen zu können.

Der Unterschied zwischen Unternehmensrechnung und Unternehmenssteuerung (Controlling kommt von to control = steuern) bringt eine wesentliche zusätzliche Komponente ins Spiel, die Steuerung von Verhalten. Das Verhalten von Führungskräften in einem Unternehmen kann mit dem Begriff rationales Verhalten nur schwerlich hinreichend beschrieben werden. Spätestens seit Kahneman/Tversky (1979) sind die Grenzen der Prämisse rationalen Verhaltens für die Unternehmenssteuerung auch wissenschaftlich akzeptiert, obgleich dies schon frühzeitig von Cyert/March (1964) eindrucksvoll beschrieben worden ist. Die Relevanz von üblichen, häufig ungeschriebenen Verhaltensweisen und der Antizipation von Verhalten ist für eine Unternehmenssteuerung unbestritten. Ein exzellentes Controlling setzt deshalb die Kompetenz zur Verhaltenssteuerung voraus.

Zudem erfordert die extreme Bandbreite von Wissen Spezialisierung. Ein Unternehmen lässt sich durch seine Branche, seine Produkte, seine Prozesse, seine Mitarbeiter, seine Kompetenzen, seine Unternehmenskultur usw. spezifizieren. In der Regel entwickelt ein Unternehmen dabei eine eigene Prozesswelt, eine eigene Begriffswelt (z. B. Abkürzungswelt) und eine eigene Methodenwelt. Diese Spezifizierung erzeugt einen Relevanzbereich für einen Controller, der zur Grundlage seiner Akzeptanz und seiner Steuerungskompetenz im Unternehmen wird. Ein exzellentes Controlling setzt deshalb auch Geschäftskompetenz voraus.

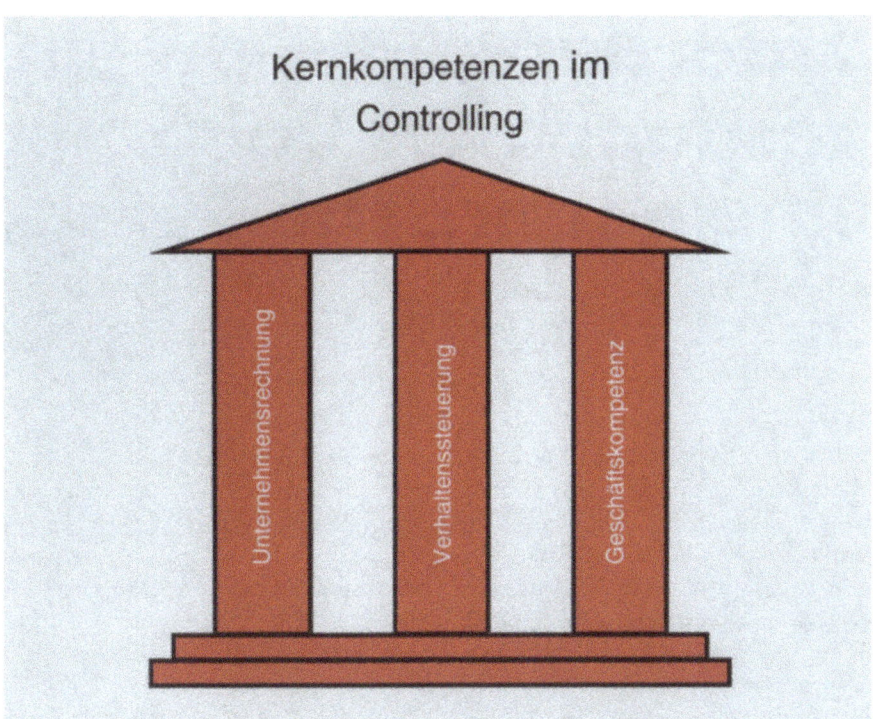

Abbildung 1: Erfordernisse an ein exzellentes Controlling

Ein exzellentes Controlling – wie in Abbildung 1 veranschaulicht – erfordert ingesamt
- die Kompetenz für Unternehmensrechnung und -planung,
- die Kompetenz für Verhaltenssteuerung und
- die Kompetenz für das spezifische Geschäft.

Die beiden letzteren Punkte sollen nachfolgend kurz beschrieben werden.

Zur Bedeutung der Verhaltenssteuerung

Controlling muss die Wertsteigerung des Unternehmens steuern. Dazu sind mit den jeweils verantwortlichen Stellen eines Unternehmens entsprechende Ziele zu vereinbaren und die Zielerreichung zu steuern. Das beinhaltet vor allem die Steuerung des Verhaltens von anderen Führungskräften und Mitarbeitern, mit denen diese Ziele vereinbart werden. Damit sind nicht nur betriebswirtschaftliche Daten zu beachten, sondern auch verhaltenspsychologische Aspekte wie persönliche Ambitionen und Emotionen (z. B. Ängste). Die neuroökonomische Forschung hat gezeigt, dass bei jeder Entscheidung im Gehirn ein Wettbewerb zwischen Emotionen und Ratio stattfindet.

Controlling im Sinne von Unternehmenssteuerung ist ein Zielbildungs- und Zielführungsprozess. Wie Cyert und March bereits 1964 beschrieben haben, wird durch interne Zielbildungs- und Planungsprozesse Unsicherheit reduziert. Ein Planungsprozess ist ein interner Verhandlungsprozess, dessen Ergebnisse wesentlich vom Verhalten und vom Verhandlungsgeschick der Beteiligten geprägt werden. Mit der Verleihung des Nobelpreises 2002 an Kahneman und Smith für ihre Arbeiten an der Schnittstelle zwischen Psychologie und Wirtschaftswissenschaft wurde die Frage der

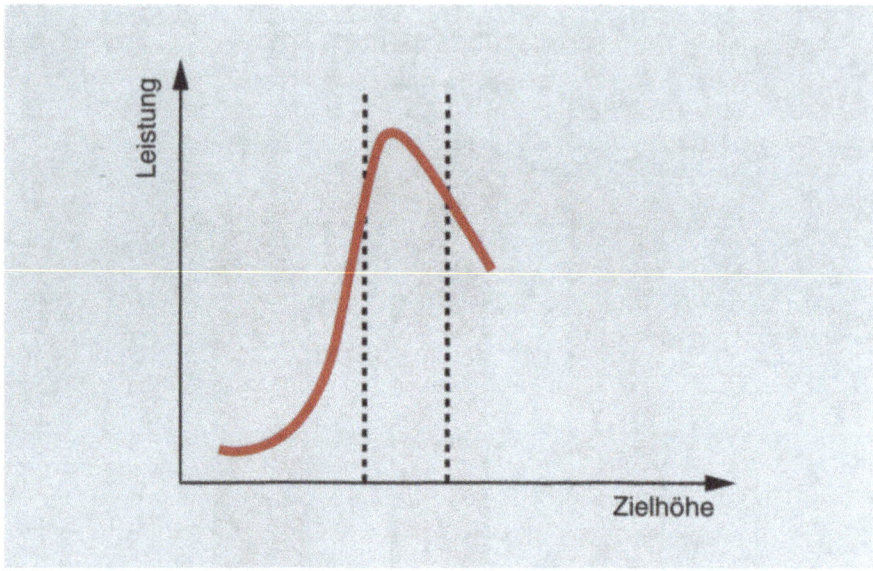

Abbildung 2: Interdependenz von Zielhöhe und Leistung

Auslegung von Controllingkonzepten in der Theorie neu belebt.

In der Praxis ist unbestritten, dass Controlling in einem Spannungsfeld von zahlreichen verhaltensbestimmten Determinanten erfolgt. Exzellentes Controlling wird ganz wesentlich davon bestimmt, wie es gelingt, Verhalten von Führungskräften und Mitarbeitern zu antizipieren und negative Effekte der asymmetrischen und unvollkommenen Information zu minimieren. Controlling ist Verhaltenssteuerung.

Beispielhaft sind folgende typischen Rahmenbedingungen des Controllings in der Praxis, die in der klassischen Betriebswirtschaftslehre nur selten adressiert werden:

Anspruch auf gleiche Zielanspannung

Eine der wesentlichen Erfahrungen von Zielbildungsprozessen in der Praxis ist die ständige Auseinandersetzung mit Forderungen nach „Gleichverteilung der Zielanspannung", die ganz wesentlich von psychologischen Grundbedürfnissen, persönlichen Karrierezielsetzungen, aber auch dem unvollkommenen, selektiven Wissensstand aller Beteiligten bestimmt werden. Phänomene wie der Wunsch nach Fairness und Gleichbehandlung sind keine vernachlässigbaren Randerscheinungen, sondern Wesensbestandteile in Zielvereinbarungsprozessen. Was dabei als „gleich" oder „gerecht" gilt, wird auch von der Unternehmenskultur beeinflusst. Als ungleich empfundene Zielanspannungen reduzieren die Zielakzeptanz und die Leistungsmotivation. Zuweilen werden Ressourcen vergeudet, um ex post die „Falschheit der Zielsetzung oder der Entscheidung zu beweisen".

Interdependenz von Zielhöhe und Leistung

Zielsetzung beeinflusst die Leistungsmotivation. In der betriebswirtschaftlichen Theorie wird das empirische Phänomen kaum beachtet, dass Zielhöhe und Leistung nicht unabhängig voneinander sind, sondern eng miteinander korrelieren (vgl. Abbildung 2). Ein zu hohes Ziel wirkt demotivierend ebenso wie ein Ziel, das ohne größere Anstrengung erreicht werden kann. Die höchste Leistungsmotivation und damit die höchste Effektivität wird durch ein Ziel erreicht, das anspruchsvoll, aber erreichbar ist.

Antizipation von Verhalten

Verhalten antizipiert Verhalten anderer. Ein Beispiel ist die Berücksichtigung von erwarteten Nachlässen bei der Preisfestsetzung. Das Bewusstsein von asymmetrischer Informationsverteilung und unterschiedlichen individuellen Zielsetzungen verändert die Verhaltensweisen der Beteiligten und führt vor allem zu opportunistischem Verhalten („rational cheating"). So nehmen antizipierte Verhaltensweisen des Verhandlungspartners Einfluss auf Planungswerte, aber auch auf die Zielbildung, weil der Verhandlungspartner „die Antizipation antizipiert". Diese spieltheoretischen Phänomene bilden regelmäßig einen relevanten Handlungsrahmen für die Zielgeberseite. Der effektive Umgang mit dieser Erfahrung ist eine wesentliche Determinante für ein exzellentes Controlling.

Bekannt sind die empirischen Phänomene der „Hockeysticks" in den Planungen, typischer Planungsverläufe in der innerjährigen Steuerung (z. B. Tiefstapeln) oder auch typischer Verhaltensmuster bei der Beantragung von Ressourcen (z. B. Überbeantragung wegen Antizipation von späteren Kürzungsrunden, vgl. Zayer/Hirsch 2006). Diese Verhaltensmuster müssen bei der Beurteilung der Planung und insbesondere der Zielbildung Berücksichtigung finden.

Akzeptanz, Vertrauen und Integrität

Bei asymmetrischer Informationsverteilung sind Informationsdefizite zu überwinden. Wichtige Instrumente im Planungs- und Entscheidungsprozess sind dabei Vertrauen und Akzeptanz. Erfolgreiche Unternehmen weisen nicht zufällig einen deutlich höheren Vertrauensindex auf. Vertrauen ersetzt weitere Informationssuche und Analyse und verkürzt damit Planungs- und Entscheidungsprozesse. Vertrauen ist damit von zentraler Bedeutung für die Effizienzsteuerung in der Unternehmensführung.

Akzeptanz reduziert bzw. verkürzt Verhandlungsprozesse und erhöht die Motivation zur Zielerreichung. Die Integrität des Controllings im Sinne einer absoluten Verlässlich- bzw. Glaubwürdigkeit ist dabei die wesentliche Grundlage jeder dauerhaften Vertrauens- und Akzeptanzbildung. Sprunghafte Entscheidungen, Nichteinhalten von Zusagen oder der Bruch von Vereinbarungen unterminieren jede Form der Akzeptanz des Controllings als verlässlicher Partner.

Verständlichkeit betriebswirtschaftlicher Aussagen

Controlling ist Kommunikation. In einer komplexen Welt wird die Effektivität von Controlling auch maßgeblich durch den Grad des Verstehens betriebswirtschaftlicher Bewertungen bestimmt. Voraussetzung dafür ist, dass betriebswirtschaftliche Bewertungen durch einfache Plausibilisierungen bestätigt werden können, dass grobe Zusammenhänge schnell nachvollzogen werden können, aber auch dass die Sprache des Controllings verstanden wird. Finanzierungstheoretische Profilierungen oder Anglizismen dienen diesem Ziel nicht. Ein effektives Controlling setzt eine einfache, von allen verstandene Sprache und die pragmatische Anwendung komplexer Methoden voraus.

Organisationen lernen

Organisationen sind lernfähige Systeme. Lernen führt zu Verhaltensänderung. Die Bereiche und Abteilungen passen ihr Verhalten an gemachte Erfahrungen an. Sie sind dabei in der Lage, bestehende betriebswirtschaftliche Methoden und Prozesse aufgrund von Lernprozessen zu ihrem Vorteil zu nutzen. Deshalb können Methoden- und Prozessänderungen in der Praxis per se einen Steuerungseffekt haben. Das heißt aber auch: Die Effektivität von Methoden und Prozessen kann nur im Kontext ihres Umfeldes beurteilt werden. Eine immer und überall richtige Methode gibt es damit nicht.

Zur Bedeutung der Geschäftskenntnisse

Um die Wertsteigerung des Unternehmens zu steuern, sind durch das Controlling sowohl die Effizienzpotenziale als auch die Leistungspotenziale bestmöglich auszuschöpfen. Dies erfordert ein inhaltliches Mindestwissen über die Controllingobjekte im gesamten Unternehmen. Dieser Anspruch bestimmt die Rollenerwartungen, die Anforderungsprofile und die Einstellungspolitik im Controlling.

Rolle des Controllers

Die oben beschriebenen Ziele, bessere Planungs- und Entscheidungsprozesse durch Akzeptanz und Vertrauen zu schaffen, können nur über inhaltliches Know-how und inhaltliche Kompetenz erreicht werden. Betriebswirtschaftliche Erfahrung allein reicht dazu nicht. Controllingkompetenz erfordert deshalb auch die Beurteilungskompetenz inhaltlicher Sachverhalte und die Kompetenz, Alternativvorschläge machen zu können.

Wenn Controller aktiv bei der Zielsetzung und Steuerung beteiligt sind, dann nehmen sie auch aktiv Einfluss auf den Erfolg von Projekten bzw. des Unternehmens. Controller sind üblicherweise auch Mitglieder in Entscheidungsgremien der Unternehmen. Sie sind damit mitverantwortlich für den Erfolg von Projekten und des Unternehmens. Die Rolle des Controllers ist so deutlich mehr als die des Berichterstatters des Unternehmenserfolges. Der Controller kommentiert sozusagen nicht nur von der Seitenlinie, er wirkt auf dem Spielfeld mit.

Anforderungsprofile

Diese Rollenerwartung stellt hohe Anforderungen an die Know-how-Breite des Controllings. Der Controller muss das Geschäft, die Produkte und die Prozesse kennen und beurteilen können. Die extreme Bandbreite von Wissen in einem Großunternehmen führt zu hohen Graden der Spezialisierung, die von den Controllern angenommen werden müssen. Die Spezialisierung im Unternehmen erfordert eine Anpassung der Anforderungsprofile im Controlling. Sowohl die Kompetenz zur Identifikation weiterer Potenziale als auch die Vereinbarungsfähigkeit der definierten Ziele hängen maßgeblich an einer spezialisierten Controllingkompetenz, sei es Vertriebscontrolling, Produktcontrolling, Entwicklungscontrolling oder Produktionscontrolling.

Einstellungspolitik und Personalentwicklung

Diese Anforderungsprofile müssen bei der Einstellung von Mitarbeitern im Controlling berücksichtigt werden, um ein entsprechendes Know-how aufbauen zu können. Homogene Qualifikationsprofile sind im Hinblick auf diese Anforderungen kritisch zu hinterfragen, vielmehr ist eher die Kombination unterschiedlicher Ausbildungen und Erfahrungen zielführend. Daneben kann über eine aktive und strukturierte Personalentwicklung sichergestellt werden, dass Controllingmitarbeiter die Breite eines Unternehmens kennenlernen und entsprechendes Expertenwissen in den unterschiedlichsten Bereichen aufbauen.

Fazit

Zahlreiche Untersuchungen bestätigen, dass Controllingkonzepte sich nicht länger nur auf betriebswirtschaftliche Methoden beschränken können, wenn sie den Anspruch erheben wollen, exzellentes Controlling zu beschreiben. Gerade auch Forschung und Lehre müssen noch intensiver an einer „Behavioral Controllingtheorie" arbeiten und die Methodenzentriertheit überwinden.

Die vorgestellten Gedanken zu einem erweiterten Controllingkonzept fordern neben der Unternehmensrechnung auch Kernkompetenzen in der Verhaltenssteuerung und dem Geschäftsverständnis. Ohne diese beiden Kernkompetenzen ist ein exzellentes Controlling im Sinne einer wertorientierten Unternehmenssteuerung nicht hinreichend erklärbar.

Literatur

CYERT, R. M./MARCH, J. G.: The Behavioral Theory of the Firm, A Behavioral Science-Economics Amalgam, in: COOPER, W. W./LEAVITT, H. J., SHELLY, M. W., New Perspectives in Organization Research, New York 1964, S. 289 – 299.

HIRSCH, B.: Verhaltensorientiertes Controlling – Könnensprobleme bei der Steuerung mit Kennzahlen, in: ZfCM, 49. Jg. (2005), S. 282 – 288

KAHNEMAN, D./TVERSKY, A.: Prospect theory: An analysis of decision under risk, Econometrica, 47. Jg. (1979), Nr. 2, S. 263 – 291.

KRAUSE, S./SCHMIDBAUER, R.: Umsetzung des (unternehmens-)wertorientierten Controlling bei der BMW Group, in: Controlling, 15. Jg. (2003), S. 441 – 450.

SCHNEIDER, D.: Versagen des Controlling durch eine überholte Kostenrechnung, in: Der Betrieb, 44. Jg. (1991), S. 765 – 772.

WEBER, J./HIRSCH, B./SPATZ, A.: Perspektiven des Controllings, Advanced Controlling, Band 55, Weinheim 2007.

WIELAND, J.: Bewertung und Berichtswesen außerbilanzieller Wertgenerierung am Beispiel Marken, in: BÖRSIG, C./WAGENHOFER, A.: IFRS in Rechnungswesen und Controlling, Stuttgart 2006, S. 229 – 248.

ZAYER, E./HIRSCH, B.: Fehlerquellen und Gegenmaßnahmen, in: Controlling, 18. Jg. (2006), S. 647 – 657.

Auf den Inhalt kommt es an!

Das Fachmagazin Controlling & Management liefert Ihnen zu allen Themen in Controlling, Kostenrechnung, Rechnungswesen und IT die entscheidenden Informationen - aktuell und lösungsorientiert.

Die Herausgeber Prof. Dr. Dr. h.c. Jürgen Weber, Prof. Dr. Thomas Hess, Prof. Dr. Dirk Hachmeister und Prof. Dr. Utz Schäffer bringen die Experten der Community zusammen und bürgen für fundiertes Know-how.

 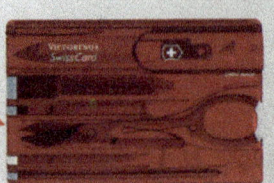

2 x Controlling & Management testen für nur € 19,90 und die edle Victorinox Swiss Card gratis dazu!

Das legendäre Schweizer Multitool im HighTech-Gewand: SwissCard Classic mit 11 Funktionen im Kreditkartenformat.

Controlling & Management Probeabo: Bestellfax: 0611.7878-423

Gabler Verlag | Kundenservice | Abraham-Lincoln-Str. 46 | 65189 Wiesbaden |
Tel.: 0611.7878-615 | www.zfcm.de

311 07 200

Name, Vorname

Firma, Abteilung

Straße, Postfach

PLZ, Ort

Datum　　　Unterschrift

Vertrauensgarantie: Dieser Auftrag kann schriftlich innerhalb von 10 Tagen nach Bestelldatum beim Gabler Verlag widerrufen werden. Zur Fristwahrung genügt die rechtzeitige Absendung des Widerrufs. Die Kenntnisnahme dieses Hinweises bestätige ich mit meiner zweiten Unterschrift.

☐ **Ja**, ich möchte das *Controlling & Management* - Mini-Abonnement für € 19,90 bestellen. Bitte schicken Sie mir als Präsent die Victorinox Swiss Card.

Bitte senden Sie mir die nächsten 2 Ausgaben, damit ich sie in Ruhe prüfen kann.

Möchte ich dann die Zeitschrift weiter lesen, brauche ich nichts weiter zu tun. Andernfalls sende ich innerhalb von 10 Tagen nach Erhalt des zweiten Heftes eine kurze Nachricht an den Gabler Verlag, Kundenservice. Zur Fristwahrung genügt die rechtzeitige Absendung. Die Hefte und mein Präsent darf ich auf jeden Fall behalten. Hören Sie nichts mehr von mir, erhalte ich die Zeitschrift *Controlling & Management* (6 Ausgaben pro Jahr) zum Jahrespreis von € 135,00 (Ausland € 141,00) inkl. MwSt. und Versand. Die Rechnungsstellung erfolgt jährlich. Das Abonnement verlängert sich automatisch um ein Jahr, wenn es nicht 6 Wochen vor Ablauf des Bezugszeitraumes schriftlich abbestellt wird.

Datum　　　Unterschrift

Geschäftsführer: Dr. Ralf Birkelbach, AG Wiesbaden HRB 9754

GPSR Compliance

The European Union's (EU) General Product Safety Regulation (GPSR) is a set of rules that requires consumer products to be safe and our obligations to ensure this.

If you have any concerns about our products, you can contact us on

ProductSafety@springernature.com

In case Publisher is established outside the EU, the EU authorized representative is:

Springer Nature Customer Service Center GmbH
Europaplatz 3
69115 Heidelberg, Germany

www.ingramcontent.com/pod-product-compliance
Lightning Source LLC
LaVergne TN
LVHW080250260326
834688LV00042BA/1211